40 Years of
Family Business Ecology in China

中国家族企业生态40年

中国民营经济研究会家族企业委员会 ◎ 编著

中华工商联合出版社

图书在版编目(CIP)数据

中国家族企业生态40年 / 中国民营经济研究会家族企业委员会编著. -- 北京：中华工商联合出版社，2019.7

ISBN 978-7-5158-2517-5

Ⅰ.①中… Ⅱ.①中… Ⅲ.①家族−私营企业−企业发展−研究−中国 Ⅳ.①F279.245

中国版本图书馆CIP数据核字（2019）第 108722 号

中国家族企业生态 40 年

主　　编：	中国民营经济研究会家族企业委员会
策　　划：	李红霞
责任编辑：	郑永杰　孟　丹
封面设计：	周　琼
责任审读：	郭敬梅　李　征
责任印制：	迈致红
出版发行：	中华工商联合出版社有限责任公司
印　　刷：	北京毅峰迅捷印刷有限公司
版　　次：	2019年8月第1版
印　　次：	2019年8月第1次印刷
开　　本：	710mm×1000mm　1/16
字　　数：	274千字
印　　张：	21.5
书　　号：	ISBN 978−7−5158−2517−5
定　　价：	88.00元

服务热线：010−58301130
销售热线：010−58302813
地址邮编：北京市西城区西环广场A座
　　　　　19−20层，100044
http://www.chgslcbs.cn
E-mail: cicap1202@sina.com(营销中心)
E-mail: gslzbs@sina.com(总编室)

工商联版图书
版权所有　侵权必究

凡本社图书出现印装质量问题，请与印务部联系。
联系电话：010−58302915

中国家族企业要创造无愧时代的新业绩

改革开放四十年来，我国在经济、政治、文化、社会、生态文明等各个领域都取得了举世瞩目的伟大成就，民营经济也经历了从小到大、从弱到强不断发展壮大的过程。如今，我国民营经济在经济社会发展中的地位举足轻重，在支撑增长、促进创新、增加就业、改善民生等方面发挥了不可替代的重要作用，已成为稳定经济的重要基础、国家税收的重要来源、技术创新的重要主体、金融发展的重要依托、经济持续健康发展的重要力量。与改革开放相伴相生的民营经济，已经成为我国基本经济制度的内在要素、党长期执政的重要力量和重要基础。

2018年11月1日，习近平总书记在民营企业工作座谈会上充分肯定了民营经济对我国经济社会发展做出的贡献，批驳了所谓"民营经济离场论"和"新公私合营论"。总书记特别强调，要坚持"两个毫不动摇"，重申"三个没有变"。这"三个没有变"就是非公有制经济在我国经济中的地位作用没有变，我们鼓励支持引导非公有制经济发展的方针政策没有变，我们为民营经济发展营造更好的发展环境和提供更多的机会方针政策没有变。习总书记强调，我国的基本经济制度是写入宪法、写入党章的，是不会变也是不能变的。民营经济是我国经济制度的内在要素，民营企业和民营企业家是我们自己人。总书记的这些重要讲话可以说是一锤定音，力拔千斤，扫除了在企业家们心头的雾霾，给企业家们打了"强心剂"，吃了"定心丸"，激励我国广大民营企业家们为我国经济社会发展再创辉煌。

通过相关调查显示，在我国民营企业中，80%以上的企业为家族企业。中国的家族企业随着社会主义市场经济体制的建立和完善而迅速发展壮大，已经成为中国经济结构中最活跃、最富有创造力、最具竞争力的经济成分，一大批优秀的家族企业也成长起来，它们已经走在我国经济发展方式转变的前列，成为中国在世界的名片。改革开放以来，中国的家族企业获得了新生，成为我国经济体系中一股不可忽视的力量。

近年来，中国家族企业的重要性也得到了学术界及理论界越来越多的人士的重视与关注。自2011年至2017年，在中央统战部、全国工商联的指导下，中国民营经济研究会家族企业委员会先后发布了《中国家族企业发展报告》、《中国家族企业社会责任报告》、《中国家族企业传承报告》以及《中国家族企业年轻一代状况报告》等四本报告，分别从不同的理论角度对中国家族企业进行全面的研究。事实上，对家族企业的研究并非一朝一夕，无论是理论还是实践上都是值得不断探索的课题。

时值新中国成立七十周年，在多方共同努力下，我们欣喜地看到了《中国家族企业生态40年》一书的出版发行。这本书深入地剖析了中国家族企业在中国历史上不同阶段的发展状况，尤其是改革开放以来中国家族企业的变化与发展，多角度专业化地展示了，从1978年改革开放之后至今中国家族企业的崛起，到崭露头角，并逐步得到社会认可，日益成长壮大，成为经济发展的一股不可忽视的重要力量这一发展过程。其中有关家族企业案例，摘选的均是中国家族企业中的优秀代表及行业中佼佼者的成功事迹。阅读他们的经历与成长过程，感受改革开放的春风带给中国家族企业不一样的巨变，他们成功的企业经历与优秀的企业家精神，为中国企业的发展和成长添上光辉的一笔。

《中国家族企业生态40年》得以顺利出版，这其中有编撰者们付出的巨大努力和心血。多家研究机构与学者为书中涉及的专业内容进行较为全面的调查、研究和考证；数位企业家于百忙中亲自参与企业案例的撰写和修改。在此，对于该书的编写和出版给予大力支持的李锦记家族、方太家族、泉州匹克家族等表示诚挚感谢。在本书中，我们可以看到这些中国家族企业的代表在改革开放初期是如何借势而为艰苦奋斗的；也可以看到他们在困难逆境中如何化解危机力挽狂澜的；更可以看到他们高瞻远瞩，不断创新突破，创造一个又一个奇迹的。他们是中国千千万万家族企业的缩影，是中国千千万万企业家的代表。他们的故事引人入胜，他们的经验值得学习、借鉴和推广。

可以说，《中国家族企业生态40年》一书的出版，对于提升中国家族企业的整体地位和推动民营经济的发展都具有重要的意义。当前，我国由高速增长阶段转向高质量发展阶段，正处在转变发展方式、优化经济结构、转换增长动力的攻关期，民营经济发展面临着一系列不可忽视的问题和挑战。希望通过《中国家族企业生态40年》的出版，使社会各界对中国家族企业特别是改革开放后的中国家族企业有更加全面深刻的了解，就家族企业目前面临的困境、挑战、转型、升级等问题进行思考，也借此希望能引起社会各界，特别是家族企业的企业家们、相关专家学者、研究机构、社会组织的广泛关注。

改革开放四十年来，中国取得了举世瞩目的伟大成就，我们的民营经济，尤其是家族企业在其中贡献了重要的力量。"纪念改革的最好方式，就是以逢山开路、遇水架桥的精神，不断在改革开放上有新作为，将改革进行到底。"党的十九大为我们描绘了新时代的宏伟蓝图，这对于民营经济发展、家族企业转型升级、民营企业家成长进步都是一次难得的历史机

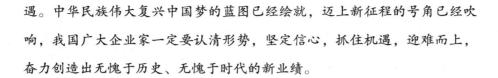

遇。中华民族伟大复兴中国梦的蓝图已经绘就，迈上新征程的号角已经吹响，我国广大企业家一定要认清形势，坚定信心，抓住机遇，迎难而上，奋力创造出无愧于历史、无愧于时代的新业绩。

全国工商联原副主席、

中国民营经济研究会会长

庄聪生

家族企业何以持续辉煌

打造"百年老店"，应该是所有家族企业追求的梦想。国内外的丰富实践告诉我们，就家族企业这一组织生命体而言，要创造持续辉煌不是不可实现的"幻想"，而是家族企业创始人和"继创者"不断适应环境变化、持续管理自己人性，进而引导家族企业健康发展的自然呈现。

不要羞于谈论家族企业

在调研企业或与企业家交谈过程中，我们很少问及该企业是不是家族企业，除非该企业在发展过程中碰到了许多源于自身的问题和困难，为了寻求这些问题和困难的内在原因，才会问到这个企业是否属于家族企业，以便从企业所有权及其管理制度等方面探讨企业出现困难的缘由。现实中，大多数家族企业家也羞于谈论自己企业的家族性质，生怕被别人误会、扭曲乃至忽视企业的社会贡献及存在的社会价值，更怕别人将家族企业等同于管理落后的企业。

何谓家族企业？家族企业可以说是一个古老而"短暂"的企业组织形态。在深受儒家文化影响的我国，家族企业更是有其特殊性。一般而言，家族企业是指资本或股份主要控制在一个家族手中，家族成员出任企业的主要领导职务的企业，或是依据"家文化"管理的企业。美国学者克林·盖克尔西认为，判断某一企业是否属于家族企业，不是看企业是否以家族来命名，或者是否有好几位亲属在企业的最高领导机构里任职，而是看家族是否拥有企业所有权，一般是看家族成员拥有股票以及拥有多少。这一定义强调企业所有权的归属。中国学者孙治本将是否拥有企业的经营权看作家族企业的本质特征。他认为，家族企业以经营权为核心，当一个家族或数个具有紧密联系的家族直接或间接掌握一个企业的经营权时，这个企业就是家族企业。企业所有权和经营权的分离只是近几十年来推行现代企业制度的结果，况且就大多数家族企业，特别是深受"家文化"影响的我国家族企业，更是企业所有权和经营权难以分离。因此，纯粹从企业所有权或经营权来区分何以为家族企业，确实有点难度。根据目前我国家族企业现状来看，不管是企业所有权，还是企业经营权，大都掌控在第一代创始人手中。即使是那些顺利交班给第二代或职业经理人的企业，其所有权亦控制在创始人或创始人家族手中。看来，那些企业所有权或经营权控制在家族手中的是家族企业，那些企业所有权和经营权控制在家族手中的也是家族企业。当然，如果以"家文化""家方式"管理企业的模式来区分是否为家族企业，那家族企业所包括的范围会更大、数量会更多。实际上，不管是依据企业所有权或（和）经营权，还是依据企业管理方式来判定是否为家族企业，都不是最重要的。我们关注家族企业的关键在于企业能否保持持续健康发展。正是家族企业对持续健康发展目标和价值导向的坚守，家族企业大都沿着家庭式企业—企业家族化—家族企业化—公众公司的路径演进。

如何看待家族企业的价值？习近平总书记在2018年11月1日民营企业座谈会上指出，"民营企业具有'五六七八九'的特征，即贡献了50%以上的税收，60%以上的国内生产总值，70%以上的技术创新成果，80%以上的城镇劳动就业，90%以上的企业数量。"看来民营经济作为推动我国经济社会发展不可或缺的力量，在创业就业、技术创新、国家税收、国际市场开拓等方面发挥了重要作用。正如习近平总书记所说，"我国经济发展能够创造中国奇迹，民营经济功不可没！"按照目前国内的通行理解，广义的民营经济是指除国有和国有控股以外的多种所有制经济的统称，包括内资民营经济（含个体工商户、私营企业、集体企业等）、港澳台投资企业和外商投资企业。狭义的民营经济则不包括外商投资企业。另外，集体企业极少，也有专家把集体企业归为公有制经济。由此我们把私营企业和个体工商户视作内资民营经济。按此定义不难推定，我国家族企业主要包括在狭义的民营经济范畴之内。据最新统计，我国私营企业已达3200万家，个体工商户已超7000万家。也就是说，内资民营经济市场主体已超过1亿家。就现实情况来看，我国绝大部分民营企业都是家族企业或具有家族企业性质。据2016年调查统计，中国的家族企业在民营企业中的比重已达到80%。有专家测算，家族企业占A股市场上市的所有私营企业的比例从2016年的48.9%增加到2017年的55.7%。美国学者克林·盖尔西克认为，即使根据最保守的估计，家庭所有或经营的企业在全世界企业中也占到65%到80%之间，全世界500强企业中有40%由家庭所有或经营。2018年全国私营企业问卷调查发现，家族企业是实体经济的重要组成部分，超过80%的家族企业所处行业以实体经济为主，29%的家族企业主营业务为传统制造业。普华永道2018年中国家族企业调查报告指出，87%的中国内地家族企业承诺履行社会责任（高于国际平均值77%）。根据以上调查，尽管难以估算出家族企业的具体数据和贡献大小，但可以肯定的是，家族企业数量巨大，民营企业与家族企业或具有家族企业性质的企业具有高度的一致性。

家族企业持续辉煌的关键在"继创"

随着上一代家族企业管理者的渐渐老去，不管承认与否或愿意与否，代际传承都是家族企业不可回避的重要课题。只是时至今日，家族企业的传承问题显得尤为紧迫，备受社会关注，不仅是因为接班顺利与否决定着家族及企业的命运，而且我国家族企业大都面临第一代创业者到了退休年龄这一客观现实。可以说，如何做好代际传承已成为当下家族企业必须思考的时代课题。

"继创"才可以传承家族企业的辉煌。据美国一所家族企业学院的研究表明，约有70%的家族企业未能传到下一代，88%未能传到第三代，只有3%的家族企业在第四代及以后还在经营。在中国，家族企业更有"富不过三代"之说。有资料显示，家族企业的平均寿命为24年，恰好与企业创始人的平均工作年限相同；有30%的家族企业可以传到第二代手中，其中有不到2/3的企业能够传到第三代，后者中大约仅有13%的企业能够传出第三代。从这些数据我们可以看到，家族企业能够持续发展下去的并不多见。值得关注的是，普华永道2018年中国家族企业调查报告指出，仅有21%的内地家族企业制定了接班人计划，比2016年下降了14%，远低于香港（43%）和全球平均值（49%）；内地受访企业中愿为家族企业工作的下一代家族成员人数为58%，比2016年下降了13%。《孟子·梁惠王下》有言："君子创业垂统，为可继也"。当今时代，对不少家族企业来说，"传承"与"稳定"越来越多地面临着"创新"与"变革"的冲击。面对日新月异的市场竞争环境，仅有传承是远远不够的。况且新一代家族企业管理者的新思维常常遭遇老一代家族企业管理者的老办法，最容易"擦枪走火"，引发各种各样的矛盾。继承与维持现状固然重要，但求新求变，与时俱进，就成了家族企业持续繁荣的关键点。根据国内外家族企业成功传承经验，新一代家族企业管理者只有在继承老一代家族企业管理者精神财富和物质财富的基础上不断创新创业，也就是通过"继创"，才是家族企业永葆持续辉煌的根本所在。

　　"继创"是个复杂的蜕变过程。习惯过去总是个舒适的事情，也是大多数人所期盼的。当然这需要有一个假定前提，那就是外在环境是不会变化的。可恨的是外在竞争环境总是在不断变化着。家族企业作为有生命的组织体唯有克服惰性、摆脱"舒适区"，创新求变适应变化的竞争环境，才有"继创"辉煌的可能。这实际上是一个不断否定自我、超越自我的蜕变过程。除非"小富即安"，任由家族企业自生自灭。我想这不是家族企业创始人的初衷，社会大众亦会为之惋惜，政府也不会听之任之、让那些具有市场竞争能力的企业随意倒下。为了家族企业持续健康发展这一目标，家族企业"继创者"唯有因应时势、市场环境等变化，通过"继创"实现浴火重生、凤凰涅槃，才能延续家族企业的持续辉煌。一般而言，家族企业的"继创"过程可以理解为，一是适应经济社会发展的过程。就外在环境而言，国际竞争环境变化、国家发展战略调整、人民美好生活追求、技术革命和产业变革等都会倒逼家族企业创新求变，不断适应环境变化，以求更好生存发展。二是分享企业权力的过程。就企业所有权和经营权而言，为了保证家族企业的持续健康发展，势必要推进企业制度变迁，和家族以外的非核心层人员共享企业的产权、剩余索取权及经营管理权，一部分素质较低的家族核心层人员将从重要的经营管理岗位退下来，把权力交给专业管理人员。三是"继创"意愿与能力的冲突管理过程。就企业创新发展而言，新一代家族企业管理者创新求变的意愿通常受制于老一代家族企业管理者的保守倾向，没有能力对家族企业重新定位，以赢得社会的敬仰。有"继创者"认为自家企业的经营方式太过传统，即使他们可能有着很好的创意，但只要父母还在身边，他们就难以将想法变为现实。最重要的是，家族企业所有者的超长任期，可能会导致企业僵化，并阻碍对业务进行彻底改革的尝试。因此，两代企业管理者加快自身知识更新，加强沟通、疏解矛盾、管理好分歧和冲突，达成企业"继创"共识就变得极为关键。这是确保家族企业稳定和持久的关键，也是多数情况下企业治理质量的标志。四是贡献社会的过程。就企业的社会价值而言，任何时候任何企业，当然也包括家族企业必须统筹考虑企业存在的经济效益和社会价值，树立良好的社会形象。否则一个不被社会认可的企业是难有生存空间的。五是弘扬企业家精神和防范风险的过程。就企业管理者而言，上一代创业者把企业管理权交给比自己能力强者去掌握，会面临战胜家族亲情的内心纠结，这会远比克服一般人情更困难。这个过程充满了风险和不定因素，要求作为变革主体的创业者必须具备强烈的创新意识和开拓魄力，成为真正熊彼特意义上的企业家，具备优秀的"企业家精神"，推动家族企业"继创"发展。

融入国家发展战略是家族企业的"继创"方向

未来总是充满不确定性。正是这种不确定性让家族企业对未来感到彷徨。但是，经验，特别是体现一般性规律的成功经验总能给"继创"指明方向。

家族企业积累的普遍成功经验是"继创"的内核。与全国各地的家族企业创始人或"继创者"交流，让我真切地感受到，那些成功的家族企业不是因袭找门道、走关系、圈资源、凭胆量等传统做法的结果，而是在改革开放的历史大潮中顺应国家发展大势、专注于"四性"的成就。一是寻求市场的广阔性，二是实施竞争的差异性，三是秉持专业的精益性，四是保持心胸的开放性。这不是仅仅局限于寻求温饱、力保生存的家族企业的做法，而是把家族企业经营作为一种事业追求，成就自己、奉献社会的更高要求。在企业经营管理实践中，所有技术、业态、管理、商业模式的创新及股权的开放不过是"四性"的理性推进。具体而言，主要表现为五个方面。一是市场准入的争取，基于发展诉求，推动改革释放更多的发展空间；二是政策措施的保障，基于问题导向，不断推动支持企业发展的金融、财税、技术、信息、人才等政策措施的完善；三是持续创新的实践，基于做好企业的理想目标追求，不断创新推动企业的产品服务更好满足客户需求；四是治理规范的遵循，基于合规合法原则，开展诚信守法市场竞争，树立良好的企业形象；五是社会认同的营造，基于企业作为社会主体的要求，积极履行社会责任，赢得社会的广泛认可和尊重。家族企业的如此实践，不仅是一种创造经济价值的企业经营行为，也是参与国家建设、推动社会进步、贡献社会的一个特殊社会主体的价值导向。

"继创"家族企业的未来在于积极参与国家发展战略。短缺经济时代，或许只要有勇气创业，创业者就能开拓一片天地，乃至成为优秀企业家。但是，在人民追求美好生活的新时代，需要的不仅是创业勇气，更应具备能够满足人们美好生活需要的战略方向、国际视野和经营能力，等等。战略方向在哪里？根据家族企业的成功经验，积极参与国家发展战略就是企业必须遵循的战略发展方向。党的十九大报告明确提出要紧扣我国社会主要矛盾变化，坚定实施科教兴国战略、人才强国战略、创新驱动发展战略、乡村振兴战略、区域协调发展战略、可持续发展战略、军民融合发展战略、健康中国战略以及"一带一路"倡议等。同时，国家部署了诸如京津冀协同发展、长江经济带发展、粤港澳大湾区发展、长三角区域一体化发展、海南全面深化改革开放等一系列重大区域战略。这些国家发展战略，不仅是家族企业的发展方向，更是发展机遇。新时代，我国经济已由高速增长阶段转向高质量发展阶段，正处在转变发展方式、优化经济结构、转换增长动力的攻关期，对于那些传统的家族企业要践行新发展理念，实现高质量发展，基于创新的转型升级、提质增效就是必然的路径选择。普华永道2018年中国家族企业调查报告指出，77%的内地家族企业领导者认为，为保持领先而需要的创新成为他们面临的主要挑战。同时，超过半数的受访者认为挑战来自经济环境（58%）和企业缺乏专业化（52%）。互联网时代为了满足人们多元化、人性化、高品质的需求，企业的创新是多层次的、多方面的、多样化的，既可能是产业、技术、工艺、流程、外观层面的，也可能是管理、商业模式、业态、组织层面的，关键是能满足人民对美好生活的需要。正是无处不在的"创新泛在"势必会给企业创造并获取"创新红利"，提升竞争力。当然，在当下复杂多变的经济形势下，知晓政策、用好政策就是最大的红利，也是家族企业健康发展的强大保障。另外，在全面依法治国和国际竞争的大背景下，家族企业要把守法诚信作为安身立命之本，依法经营、依法治企、依法维权。我坚信，在实现中国梦的伟大实践中必然会培育一大批优秀家族企业"继创者"，继承和发扬老一代企业家听党话、跟党走的光荣传统，担负起家族企业代际传承与转型升级的重任，积极投身国家发展战略，自觉做爱国敬业、守法经营、创业创新、回报社会的表率和践行亲清新型政商关系的典范。

全国工商联研究室主任、

中国民营经济研究会副会长

林泽炎

目　录

第一章

中国家族企业概述

一、世界范围的家族企业悖论

就家族企业而言，黑格尔的名言"存在的就是合理的"或许应该改为"存在的就是不合理的"，因为家族企业现象给理论和实践带来了无尽的困惑。就实践而言，全世界至少有65%～80%的企业是家族企业，即使世界500强企业也有三分之一左右是家族企业。家族可以说是一种超越制度、技术、文化、时间、空间、经济发展水平和规模的社会存在。

对家族企业内涵的界定虽然五花八门，但可以肯定的是家族企业的基本特性是家族性与企业性的统一。家族企业区别于其他企业的是其家族性，而区别于作为社会基本细胞的家的是其企业性，因此，也可以说家族企业是经济性与社会性的统一。家族、企业、所有权构成了家族企业发展的"三环"，"三环"模型充分说明了家族企业发展的复杂性。而在其基础上形成的家族企业"三极发展"模型，既弥补了"三环"模型只能反映特定时间段内家族企业状态的缺陷，又揭示了家族企业之家族、企业及其所有权动态变化的规律。

家族企业虽因其家族性带来的封闭性而饱受争议，但是家族企业源远流长，它以其活力和变形虫般的适应力而得到普遍认可。就整个企业史而言，可以说是无家族不企业。家作为人类历史最悠久、最有生命力的组织，始终源源不断地给企业等经济、政治甚至宗教等各种组织提供人力资源及特有的家庭亚文化影响，更为关键的是人进入这些组织以后，一般还同时承担着家人的角色。家庭是人最重要的生活单位，这也就从根本上决定了各类组织都难免会被打上家族的烙印。如果说现代政府、宗教等可能在个人职业期从制度上杜绝其家族因素，强调非人格化的职业性的话，那么就企业而言，一般并没有正式从制度方面限制个人的家族性，甚至从法律角度保障其权益家族内共享与传承的合法性。事实上，世界上最长寿的企业几乎都是家族企业。就家族企业业绩而言，大量统计表明家族企业在业务增长率、投资回报率、利润等方面都丝毫不逊色于非家族企业。尤其难能可贵的是，家族企业在危机时刻的生命力和适应性远远超过非家族企业。

而遗憾的是，家族企业在现实世界的耀眼与其理论地位的黯然形成了鲜明对比。首先，当代社会各界，尤其理论界意识到家族企业普遍存在的同时，却不同程度地表达了对家族企业的不屑。现代管理学之父德鲁克在20世纪90年代中期指出："大部分企业——包括美国的和所有其他发达国家的——都是由家族控制和管理的。家族管理并不局限于中小型企业——某些世界最大的公司也是由家族经营的。然而有关管理的书籍和课程却几乎完全是针对公共的和专业管理的企业——它们难得提到家族经营的企业。"如果家族企业在实际运作中与非家族企业并无二致，那么理论界对家族企业的轻视尚情有可原，但德鲁克接下来的论述指出："但是在管理方面，家族企业需要有其自身的完全不同的规则。这些规则必须被严格遵守，否则，家族企业就难以生存，更不用说发达了。"虽然德鲁克注意到广泛存在的家族企业需要相应的理论支撑，但其本人对家族企业也只是偶有涉猎，而且是在其年过古稀之后，《管理家族企业》一文后并未见其有影响的家族企业论文，而德鲁克的持续高产与影响力在管理学界令人叹为观止，亦从侧面反映出理论界对家族企业的歧视积重难返。

其次，近年来关于家族企业的研究虽然有所升温，但理论界仍有学者认为，家族企业是非理性的集合，"去家族化"是其必然趋势，研究目的大多是为了如何更好、更快地淘汰家族企业。正如加拿大学者米勒等在回顾了世界家族企业研究历程后指出："直到现在，对于家族控制企业的研究主要集中在它的问题和不足上。每天的报纸上几乎都有有关家族所有者和经理不合、浪子回头以及各种奢侈消费的流言。事实上，纵观两本研究家族企业的知名杂志《家族企业评论》（*Family Business Review*）和《家族企业》（*Family Business*），过去十年的文章多数是关注家族企业所面临的特殊挑战。毫无疑问，家族企业作为一个阶层几乎没有获得任何尊重。"

再次，家族企业研究与传统家族企业的分布存在明显时空错位。从历史纵向来看，虽然国内外普遍认为早期企业基本是家族企业，也逐渐认同了当代家族企业的普遍性，但从历史维度考察，在当代学者对家族企业的描述中，工业化开始到当代之前的很长一段时间只能根据理论推理，其基本逻辑是当代有大量社会化企业的延续，而早期则是典型的业主制家族企业，故而中间阶段是逐渐开放的，但却缺乏必要的实证支撑，即使有，也往往建立在个案的基础上。值得注意的是，被视作现代企业理论奠基之作的伯利和米恩斯的《现代公司与私有财产》（1932）的"现代性"很大程度上指的就是家族所有权和经营权的社会化，而著名企业史学家钱德勒（1987，1999）则认为企业现代化就是"去家族化"的过程。

聚焦各国的理论和研究会发现，一般被认为家族企业底蕴深厚的中国、日本，其理论界对家族企业相当不屑；而被普遍看作没有家族传统的美国，其学术界对家族企业却表现出了相对浓厚的兴趣，成为现代家族企业理论的策源地和研究中心。尤其我国历来被认为具有深厚的家文化底蕴，甚至一些中外学者认为中国文化的本质就是家文化，社会就是一个家的社会。但计划经济时期对家族企业的意识形态歧视自不待言，即使在当代，无论理论还是实践部门所推崇的现代企业制度并没有给家族企业留有空间，近年来家族企业研究虽然略有升温，但难以进入主流，而且这些研究的动机更多是适应现代企业制度的改造、加速淘汰家族企业这种企业组织形式。

就中国家族企业而言还有更多的疑惑，尤其在中外家族企业效率方面，一般认为中国家族企业落后于西方，而其根源则是中国传统的家族文化，如诸子均分、子承父业等，甚至中外学术界一度有倾向认为中国近现代的落后根源就是儒家文化、家族制度、家族文化。然而，中国大陆经济崛起，或者说奇迹的出现，对传统观点提出了质疑，其中理论界推崇的现代企业制度则出现了与现实很难对接的情况。

此外，由于理论界对家族企业关注不够，世界各国和地区基本都没有就家族企业特殊性给予特殊的政策支持，但家族企业在缺乏充分的学术与政策支持的情况下仍然取得了卓越的成就，更加说明家族企业有着不容忽视的特殊的核心竞争力，有待我们发掘。

二、中国家族企业作为"隐形发动机"的源起

中国是一个家文化传统深厚的国家，传统中国文化的本质就是家文化，家与国对应的"忠孝两全""家国一体""保家卫国"构成了中国主流文化的始终。西方学者韦伯认为企业来源于家户经济体，就中国历史来看，市场化的企业来源于家户经济体是无可置疑的，但是企业并不是韦伯所说的家户经济体的终结，而是家户经济体的延续和拓展。家族可以通过企业更好地融合外部人力资本、金融资本以及社会关系资本为家族服务，作为交换，家族让渡部分控制权、企业资产，家族企业也由传统封闭走向

开放。早在宋代，中国工商业就非常发达。明清资本主义萌芽时期，十大商帮的形成和发展均以家族力量为基础，著名的徽商甚至将其扩展到宗族，其商业的成功正是得益于家族化的管理，并以此为基础向外拓展，产生了大量的工商业家族。十大商帮向外成功扩张的经验表明，家族并非封闭、保守、落后的代名词。

进入近代，西风东渐的结果，是西方近代公司制度的涌入，但是西方的公司并非否定家族经营，客观上还予以保护，助力家族经营的壮大。中国近代著名的荣氏企业系统在《公司律》后，反其道而行之，放弃了在常人、学术界看来更能融合社会各类资本，更加有助于企业成长的有限责任，反而选择了无限责任，家族所有、家族经营、家族责任，结果荣家茂新、申新、福新企业系统成为了近代面粉和棉纱业执牛耳者，荣氏兄弟也成为近代著名的"面粉大王""棉纱大王"，荣氏家族则成为新中国公私合营时期最富有的企业家族。集"煤炭大王、火柴大王、毛纺大王、水泥大王"等于一身的"企业大王"刘鸿生，虽然以充当西方在华企业买办起家，按照现代管理理论其应该深受西方相对社会化的近代企业制度理念影响，一度刘鸿生也曾给人以选择社会化企业的印象，但其实际是囿于家族人力资源不足，在家族子弟成长起来后，其家族化经营的理念得到充分彰显，成为新中国公私合营时期仅次于荣家的民营企业。遗憾的是，新中国成立后，中国的家族企业被终结。1956年，全行业公私合营完成后，家族企业在相当长一段时间内失去了基本的生存土壤。有学者研究表明，在社会经济环境动荡的近代，当环境恶劣时，家族企业更倾向于回归传统封闭的家族企业，也可以说越是动荡的环境，越需要家族因素所蕴含的韧劲与适应性。

1978年的改革开放使家族企业获得了新生，经过40年的发展，民营经济实现了从"几乎绝迹"到"得到补充"，再到"重要组成部分"的重大跨越，使它们日益成为中国经济的重要力量。与此同时，围绕民营经济发展的争论一直没有停止。家族企业从一开始的不被认可到如今的各项权利受到保护，家族企业经营者的地位得到明确和尊重，这中间走过了一条漫长路程。而在此过程中，家族企业对国家经济发展的重要驱动，或主动或被动地成为了"隐形发动机"。

（杨在军）

第二章

再生期的家族企业（1978—1988）

一、拨乱反正，解放思想

1. 所有制从一元到以公有制为主体的多元

经历"文革"的十年浩劫，中国经济陷入了前所未有的困局。1976年粉碎"四人帮"后，局势得到缓和。从粉碎"四人帮"到1978年十一届三中全会，这两年成为"徘徊中前进的两年"。

1977年可以说是承上启下的一年，就在这一年，政治和经济领域均出现新动向，尤其值得关注。在2月，虽然《人民日报》《红旗》和《解放军报》均发表社论拥护"两个凡是"，但就在当月下旬北京经济学界及随后很多地区纷纷召开理论讨论会，讨论主题集中于两个方面：一是按劳分配的阶级属性、社会属性；二是政治与经济、革命与生产的关系。讨论会肯定和明确了按劳分配是社会主义原则，且生产力决定论等观点占据了主导地位。

3月，中央党校恢复，并在胡耀邦主持下进行了长达数月的整风运动。4月，尚未恢复工作的邓小平给中共中央写信，针对"两个凡是"，提出必须世世代代用准确的完整的毛泽东思想来指导全党、全军和全国人民，5月初中共中央转发邓小平的信，肯定其意见。5月下旬，邓小平在一次谈话中明确指出，"两个凡是"并不符合马克思主义，毛泽东思想是一

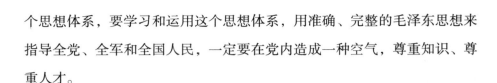

个思想体系，要学习和运用这个思想体系，用准确、完整的毛泽东思想来指导全党、全军和全国人民，一定要在党内造成一种空气，尊重知识、尊重人才。

6月，《光明日报》发表题为《资产阶级法权是产生资产阶级的经济基础吗？》的文章，指出将按劳分配中的资产阶级法权作为产生新的资产阶级分子的重要经济基础，这是不顾历史事实，将按劳分配中的不平等与阶级差别混为一谈，马克思、恩格斯和列宁从来没有这样的表述。

7月，中共十届三中全会恢复邓小平原任的党政军领导职务，并在此后逐渐确立了邓小平第二代中央领导集体的核心。邓小平再次指出，要完整地准确地理解毛泽东思想，群众路线和实事求是是毛泽东倡导的作风中最根本的东西。8月，邓小平主持召开了科学和教育工作座谈会，指出我国绝大多数知识分子是劳动者。8月中旬，召开了党的十一大，会上华国锋所做报告总结了同"四人帮"的斗争，宣告"文化大革命"结束，提出20世纪内把我国建设成为社会主义现代化强国是新时期党的根本任务。

11月中旬，安徽省委制定下发了《关于当前农村经济政策几个问题的规定》，就农村经营方式等方面提出了很多灵活政策，比如允许生产队根据农活建立不同的生产责任制，可以责任到人，尊重生产队自主权，落实按劳分配政策，兼顾国家、集体和个人利益，允许和鼓励社员经营自留地和家庭副业等。12月，中央将大寨工作座谈会提出的意见转发各地研究执行，肯定"三级所有，队为基础"的制度与全国多数地区农村生产力相适应，强调实现基本核算单位由生产队向生产大队过渡是大势所趋，会议确定"今冬明春"全国将选择10%左右的大队实行大队核算。

1977年除政治、经济领域出现的一些动向，对此后中国的发展影响深远，不能不说的还有8月初刚刚复出不久的邓小平主持召开了中共中央科学和教育工作座谈会，将此前一段时间高校招生政策"自愿报名，基层推荐，领导批准，学校复审"，改为"自愿报考，严格考试，择优录取"，并且收回当年已经下发的高校招生方案，这预示着自由、平等、公正、公开的高校招生制度揭开了历史序幕。当年录取的"77级"以及次年的"78级"，已经成为改革开放至今的中国社会的中坚力量。

1978年1月31日，《人民日报》刊登《农村集市贸易是资本主义的自由市场吗？》一文，文章指出在社会主义公有制条件下，社员的自留地和家庭副业生产是依附于社会主义的从属经济，以这种从属经济为主要基础的集市贸易不是资本主义的东西。并指出农村集市具有两重性：一重是作为社会主义商业的补充，可以促进农副业生产，满足人民多方面需要；另一重是集市贸易有比较明显的旧社会的痕迹。

2月初《人民日报》以《一份省委文件的诞生》为题，介绍安徽省落实农业经济政策文件的制订过程和产生效果，该文件即上年11月的《关于当前农村经济政策几个问题的规定》。事实上，安徽省的文件形成于1977年11月，而1978年2月四川省的《关于当前农村经济政策几个问题的规定》与安徽省文件类似。这两个文件的基本内容是尊重生产队自主权，鼓励生产责任制，减轻生产队和社员的负担；坚持按劳分配，保证社员分配兑现；开展多种经营；慎重对待基本核算单位由生产队向大队过渡；允许和鼓励社员经营少量自留地和正当的家庭副业。这些政策得到农民欢迎并很快取得成效。

2月下旬和3月上旬的全国人大五届一次会议，华国锋在所作政府工作报告中，提出20世纪内把我国建设成为农业、工业、国防和科学技术现代化的伟大的社会主义强国的任务。3月，全国科学技术大会在京召开，邓小平作重要讲话，强调科学技术是生产力，"四化"关键是科学技术现代化。同月，邓小平肯定了国务院政策研究室起草的《贯彻执行按劳分配的社会主义原则》，肯定按劳分配是社会主义的，不是资本主义的。

5月，《光明日报》发表评论员文章《实践是检验真理的唯一标准》，引起强烈反响和共鸣，被其他主要媒体转载，并得到中央的肯定，对思想上拨乱反正、减少争论，起了至关重要的作用。可以说，其解决了此后不久揭开帷幕的中国改革开放的方法论问题。当年6月《解放军报》发表特约评论员文章《马克思主义的一个最基本原则》，不但从马克思主义与历史事实的角度进一步阐明实践是检验真理的唯一标准，并厘清了林彪、"四人帮"在这个问题上造成的混乱，同时有力地辩驳了当时有人对实践是检验真理的唯一标准的责难。

5月下旬，《人民日报》发表国务院财贸小组理论组文章《驳斥"四人帮"诋毁社会主义商品生产的反动谬论》，指出在社会主义条件下的商品生产和商品流通，本质上都不能提供资本主义生产条件，并不能产生资本主义，并指出我国社会主义商品生产和流通发展得不够，必须大力发展。

6月，《人民日报》报道四川省落实农村经济政策经验，按照放宽政策、休养生息的方针，允许和鼓励社员经营少量的自留地和家庭副业，特别肯定了四川农村不少地方已经实行的定额到组、评工到人的办法。7月，《人民日报》报道原来小商品生产较为集中的城市芜湖，由于小商品生产在"四人帮"时期遭到破坏，许多小商品从市面消失，一年多以来恢复和新增的小商品达200余种。

9月，邓小平在东北、天津视察期间多次发表谈话，提出要高举毛泽东思想，但不是"两个凡是"，"两个凡是"是形式主义的高举，他强调的是要实事求是。强调要注意干部路线，要教育所有干部开动脑筋，实事求是，提出问题，解决问题，不要搞禁区，揭批"四人帮"运动不能时间过长，"我们现在必须发展生产力，改善人民生活条件"。10月，《人民日报》发表胡乔木文章《按经济规律办事，加快实现四个现代化》。11月，《人民日报》破天荒地以《群众创造了加快发展养猪事业的经验》为题，长篇报道了广西及北京养猪的成功经验。

11月10日到12月15日，在北京召开了中共中央工作会议，会议讨论了从1979年起把全党工作重点转移到社会主义现代化建设上来等问题。其间，12月13日，邓小平作《解放思想，实事求是，团结一致向前看》的讲话，主要内容包括：解放思想是当前一个重大政治问题；民主是解放思想的前提条件；处理遗留问题为的是向前看；研究新情况，解决新问题。邓小平指出："在经济政策上，我认为要允许一部分地区、一部分企业、一部分工人农民，由于辛勤努力成绩大而收入先多一些，生活先好起来。一部分人生活先好起来，就必然生产极大的示范力量，影响左邻右舍，带动其他地区、其他单位的人们向他们学习。这样，就会使整个国民经济不断地波浪式向前发展，使全国各族人民都能比较快地富裕起来。"

紧随中央工作会议，在12月18至22日，影响深远、决定中国命运的中国共产党十一届三中全会在北京举行，实现了思想路线、政治路线和组织路线的全面拨乱反正，这实际上是1976年粉碎"四人帮"以来党的路线方针在徘徊中前进的结果，其明确了未来发展方向，此后，虽然有反复、有争议，但整体方向没有变化。具体而言，十一届三中全会根据中央工作会议精神，做出把中央工作着重点转移到社会主义现代化建设上来的战略决策，指出实现现代化是一场广泛、深刻的革命，要求大幅度提高生产力，多方面改变与生产力发展不适应的生产关系和上层建筑，改变一切不适应的管理方式、活动方式和思想方式。全会确立了解放思想、实事求是的思想路线，否定了"两个凡是"的错误方针，停止使用以阶级斗争为纲的错误口号。就经济而言，制定了加强农业的措施；决定改进国民经济失调问题，提出对我国高度集中的经济管理体制和经营管理方法进行改革，并且在自力更生基础上积极发展同世界各国平等互利的经济合作，努力采用世界先进技术和设备，大力加强实现现代化所需的科学和教育工作。

12月22日，在发布的十一届三中全会公报中，为市场和商品经济开了一道口："社员自留地、家庭副业和集市贸易是社会主义市场经济的必要补充部分，任何人不得乱加干涉""社队的多种经营是社会主义经济，社员自留地、家庭副业和农村集市贸易是社会主义的正当补充，决不允许把他们当作资本主义经济来批判和取缔""社员自留地、家庭副业和农村集市贸易，是社会主义经济的必要补充，不能当作所谓"资本主义尾巴"去批判。相反地，在巩固和发展集体经济的同时，应当鼓励和辅助农民经营家庭副业，增加个人收入，活跃农村经济。"

2. 从鼓励个体经营到认可私营企业

十一届三中全会后中央迅速对原工商业者的政策进行了调整，1978年12月26日，中共中央批转了上海市委《关于落实党对民族资产阶级若干政策问题的请示报告》。12月30日，中共中央做出了《关于进一步落实党对民族资产阶级若干政策的决定》（以下简称《决定》），而民族资产阶级在近代是民营工商业的主体，《决定》的出台昭示着民营工商企业已经摆脱了意识形态歧视。《决定》的具体内容有八个方面：第一，全额连本带息一次发还工商业者在"文革"中被查抄的存款；第二，恢复并补发"文革"中工商业者被扣减的薪金；第三，经过社会主义改造明确为工商业者个人所有的房屋，受法律保护，而"文革"中被占的私房，应当归还；第四，"文革"被下放从事体力劳动的资方代表，应当对其工作进行调整……第八，对工商业家庭子女不再唯成分论，在政治、经济和社会上不应歧视。

1979年对工商业者的政策相比前一阶段明显改观。从1979年1月1日到21日，《人民日报》五次报道了四川广汉、开阳、元谋三县和安徽、广东普遍实行的农业生产责任制情况，其核心是"五定一奖"。1月17日，邓小平约请胡厥文、胡子昂、荣毅仁、古耕虞、周叔弢等五位老一辈工商业者座谈，并于中午和他们一边吃火锅一边继续谈话，后被称为著名的"五老火锅宴"。邓小平在座谈中第一次提出要吸引外资，第一次提出希望原工商业者利用落实政策以后的资金办私人企业。除鼓励外资和华侨、华裔回国投资外，还强调要落实原工商业者政策，尤其指出："落实政策以后，工商界还有钱，有的人可以搞一两个工厂，也可以投资到旅游业赚取外汇，手里的钱闲起来不好。总之，钱要用起来，人要用起来。"

这期间理论上也有突破。1月到2月近一个月的时间，由中宣部、中国社科院召开的理论工作务虚会，对多年被歪曲的一些重大理论问题，除就"两个凡是"进行尖锐批评外，还就社会主义时期阶级斗争、无产阶级专政下继续革命等提法和口号进行了讨论。1月下旬，中央统战部召开落实党对民族资产阶级政策问题座谈会，统战部部长乌兰夫在会上提出党对民族资产阶级落实政策八项措施，这是在1978年《关于进一步落实党对民族资产阶级若干政策的决定》的基础上，增加了一条："所有爱国人士和工商界人士过去蒙受的假案、错案，必须逐个平反、纠正和昭雪。"

2月初到3月中旬，召开了"文革"结束后第一次全国工商行政管理局局长大会，会议的报告指出："各地可以根据当地市场需要，在取得有关业务主管部门同意后，批准一些有正式户口的闲散劳动力从事修理、服务和手工业个体劳动，但不准雇工。"

3月30日，邓小平在理论工作务虚会上发表了《坚持四项基本原则》讲话，指出：现在的建设也要和民主革命一样，要走出一条中国式的现代化道路。坚持四项基本原则是实现四个现代化的前提。四项基本原则是指必须坚持社会主义道路；坚持无产阶级专政；坚持党的领导；坚持马列主义、毛泽东思想。要求既要肃清"四人帮"散布的"左倾"思想，又要反对右倾，与怀疑和反对四项基本原则的思潮做斗争。

6月15日，邓小平在全国政协五届二次会议上所作的《新时期的统一战线和人民政协的任务》的讲话中深刻分析了中国社会各阶级的根本变化，指出我国的资本家阶级原来占有的生产资料早已转到国家手中，定息已停止13年之久，其中有劳动能力的人绝大多数已改造为社会主义社会的自食其力劳动者。各民主党派已成为各自所联系的一部分社会主义劳动者和一部分拥护社会主义的爱国者的政治联盟，其都是在中国共产党领导下为社会主义服务的政治力量。邓小平的讲话使广大工商业者受到极大鼓舞，称邓小平为其"脱帽"（脱资产阶级的帽子）"加冕"（加劳动者之冕）。

6月18日到7月1日的全国人大五届二次会议审议并通过了7部法律，其中《中华人民共和国中外合资经营企业法》是新中国第一部有关吸收外商投资的法律，并在7月8号公布实施。实施当天国务院还批准成立中国国际信托投资公司，其主要任务是接受各部门、各地方委托，根据《中华人民共和国中外合资经营企业法》的有关法令，引进外国资本和先进技术、设备，共同举办合资企业。10月公司宣告成立，荣毅仁任第一任董事长。

7月5日，经济学家薛暮桥在中央党校给省部级领导干部作题为《对于劳动就业问题的一点意见》的报告，再次重申恢复和发展个体经济的主张，并就一些敏感问题谈了自己的观点，如"我国的经济理论工作者有必要坦率地讨论我国现有的所有制结构，为什么会如此严重地束缚生产力的发展。""在目前，留一点个体经济和资本主义的尾巴，可能利多害少。"不久，他又在《北京日报》发表《关于城镇劳动就业问题的几点意见》，提出了后来被概括为"广开门路，三扇门（国家、集体、个体）就业"的观点。

而继国务院扩大国有企业经营自主权之后，更值得关注的是中共中央和国务院批转广东、福建两省实行特殊政策和灵活措施的报告，给予它们在对外经济活动中更多的自主权，让其先走一步，把经济搞上去，并率先在深圳、珠海试办出口特区。

9月底，先有中央统战部等六部委制定的《关于对原工商业者的若干具体政策的规定》出台，取消了对原工商业者的政治歧视，是前一阶段党和国家主要领导讲话的制度化。后有叶剑英在新中国成立30周年大会上指出："目前在有限范围内继续存在的城乡劳动者个体经济，是社会主义公有制经济的附属和补充"，实际上赋予了城乡劳动者个体经济的合法性。而在10月召开的全国工商联第四次全国代表大会上，胡子昂作了《坚定不移跟党走，尽心竭力为四化》的报告，要求大家全心全意、坚定不移、千方百计为实现新时期的总任务贡献全部力量。大会通过的政治决议指出："要充分运用我们长期从事工商业，做经济工作中积累起来的生产技能，经营管理经验，以及其他任何一技之长、一得之见，在四化建设，特别是当前……要充分利用我们的特殊有利条件，遵照党的政策，加强同在港澳的和国外的亲属、故旧的联系，努力在发展国际友好关系、促进贸易往来、引进先进技术设备、利用国外资金等方面多做工作，为祖国的建设事业做出更多贡献。"可见当时工商业者受到了极大的鼓舞。

11月12日，中共中央批转中央统战部等六部门的《关于把原工商业者中的劳动者区别出来问题的请示报告》，文件下达后经过一年多的努力，到工作结束时，全国有70多万名小商、小贩、小手工业者被从原工商业者中区分开来，恢复劳动者身份。在执行区别工作的同时，各地还贯彻执行中央12月17日批转的《关于对原工商业者的若干具体政策的规定》，正式给原手工商业者的资本家和资本家代理人摘帽。

11月26日，邓小平在会见外宾时指出："说市场经济只存在于资本主义社会，只有资本主义的市场经济，这肯定是不正确的。社会主义为什么不可以搞市场经济，这个不能说是资本主义。我们是计划经济为主，也结合市场经济，但这是社会主义的市场经济。"12月初，邓小平在会见日本首相大平正芳时首次提出"小康",指出中国的现代化不是日本那样的现代化,而是"小康之家",从邓小平恢复工作以来的思想智慧,挖掘其轨迹,不难发现邓小平认为国家的富强,需要发展生产力,发展生产力需要工商业的发展,除了国有企业改革、吸引外资外,更需要搞活民间经济,而最终实现国强民富,民富的标准是小康之家,是全社会个人和家庭的普遍富裕。

十一届三中全会后,经过1979年的政策法律调整,发展工商业已是大势所趋。1980年4月初的全国工商行政管理局局长会议,强调要进一步把集市贸易搞活,并对转手贩卖农副产品等区别对待。另外,对农业生产责任制和包产到户的肯定,为集市贸易作为市场主体出现准备了物质基础。

5月,中共中央和国务院批准《广东、福建两省会议纪要》,决定在广东深圳、珠海、汕头、福建厦门划地试办经济特区。强调经济特区的管理,主要实行市场调节,在坚持四项基本原则和不损害国家主权的条件下,可以采取与内地不同的体制和政策。9月,中共中央召开了各省、自治区、直辖市第一书记座谈会,在印发的国务院经济体制改革办公室《关于经济体制改革的初步意见》中指出:"我国现阶段的社会主义经济,是生产资料公有制占优势、多种经济成分并存的商品经济。"同月,中共中央印发的《关于进一步加强和完善农业生产责任制的几个问题》指出:"要充分发挥各类手工业者、小商小贩和各行各业能手的专长,组织他们参加社队企业和各种集体副业生产;少数要求个体经营的,经过有关部门批准,与生产队签订合同,持证外出劳动和经营。"

10月17日,国务院发布《关于开展和保护社会主义竞争的暂行条例》,这应该是十一届三中全会以后党和政府在重要文件中第一次公开提"竞争"。该条例指出,在社会主义公有制经济占优势的情况下,允许和提倡各种经济成分之间、各个企业之间发挥所长,开展竞争;对于有利于国计民生的集体经济和个体经济，注册开业后，应当予以支持，在货源、贷款、税收、劳动力、产品等方面，统筹安排，给予方便，他们的正当利益，应受到国家法律的保护，任何单位、任何人不得平调他们的资产，强加给他们不合理的负担，侵犯他们的利益。该条例的出台，实际为个体工商户依法经营提供了法律依据。

11月初，全国十大城市商业局长座谈会，提出发挥大城市商业经济中心作用的四条建议，为商业的发展繁荣创造条件。这四条建议包括：第一，尽快恢复传统商业流通渠道；第二，挖掘大城市商业潜力，增设网点，改善布局；第三，打破行业、地区隶属关系的界限，组织工商、商商、农商等多种形式的联合企业，把生意做好做活；第四，新建城市贸易中心机构。这样中国工商业市场化改革，就从农村逐渐迈向城市。

1981年初，中央统战部和中央组织部在印发全国工商联、民建中委会常委联席会议《关于协助党和政府做好对原工商业者的安排使用工作的决议》时，通知全国各地相关部门、单位，切实解决好原工商业者安排使用中的问题。3月底的《关于积极发展农村多种经营的报告》强调搞好多种经营是发展商品经济的关键环节。

6月下旬到7月初，可谓高潮迭起。先有6月22日国家工商行政管理局等六部门发出的《关于对城镇个体工商业户货源供应等问题的通知》，规定地方各部门应对有城镇户口、有营业执照的个体工商户经营范围积极响应，并同国营和集体单位享受同样价格。紧接着，6月27日，国务院批转的《国家工商行政管理局向国务院的汇报提纲》明确指出："承认集体和个体多种经济成分的组成部分，恢复和发展个体经济，是搞活经济的一项重大措施，是社会的需要，是一项长期的经济政策，也是安排城市就业的一个途径。""要特别鼓励、支持集体和个体工商户经营那些群众需要的行业，如饮食业、服务业、修理业和有特殊工艺技术的行业。对这些行业，在政策上可以放宽一些，准许带帮手，准许带几个徒弟，以利于满足社会需要，扩大青年就业。""在我国现时情况下，个体工商业的从业人员，是劳动者，在政治上不得歧视他们。他们的正当经营活动和收入，应当受到保护，任何单位和个人不得乱加干涉和限制。"随后，中共十一届三中全会审议通过的《关于建国以来党的若干历史问题的决议》就个体经济进一步指出："社会主义生产关系的变革和完善必须适应于生产力的状况，有利于生产力的发展。国营经济和集体经济是我国基本的经济形式，一定范围的劳动个体经济是公有制经济的必要补充。必须实行适合于各种经济成分的具体的管理制度和分配制度。"7月7日，国务院发布的《关于城镇非农业个体经济若干政策性规定》明确规定了城镇个体经济的性质、经营范围及扶持与保护城镇个体经济发展的政策。该规定首次具体规定了雇工的数目，指出个体经营户，一般是个体经营或家庭经营；必要时，经过工商行政管理部门批准，可以请一至两个帮手；技术性较强或者有特殊技艺的，可以带两三个最多不超过五个学徒。虽然规模极为有限，但这对个体工商户的规模化发展起到了保护作用。因此当年个体工商户注册出现井喷现象，年底注册户数达到1828586户，从业人员2274947人，注册资金为45840.5元，营业额211399.2万元。至于其中的雇工平均人数有限，应该与经营者谨慎瞒报，以及利用核心家族人员不在雇佣范围有关。

7月19日，中共中央和国务院批转了《广东、福建两省和经济特区工作会议纪要》，为四个特权的全面建设统一了思想，提供了具体指导，而特区"特"在市场化，市场化的结果必然是促进家庭、家族经营的发展。10月，中共中央、国务院在《关于广开门路，搞活经济，解决城镇就业问题的若干决定》中强调，今后要着重开辟集体经济和个体经济的就业渠道，并增加自谋职业的渠道，而其背后，显然是或明或暗的家庭、家族经营的复苏与崛起。

1982年1月8日，全国工商联、民建中央向党中央、国务院报送的《关于贯彻执行<中共中央、国务院关于广开门路，搞活经济，解决城镇就业问题的若干决定>的请示报告》，除了谈到各种支持集体经济和个体经济的工作外，还特别强调"根据需要和可能，自筹资金或与有关方面共同集资，举办独立核算、自负盈亏的集体企业"，而这种集体企业在实践中很多被个人化、家族化，因为自筹，又独立核算、自负盈亏，后又成为在政治环境趋紧时一些个人、家族经营的保护伞。

3月8日，全国人大常委会通过的《关于严惩严重破坏经济罪犯的决定》，对《中华人民共和国刑法》中有关条款作了相应的补充和修改，并于4月13日向全国公布，提出两个"决不能"，即决不能忽视、放松经济领域的严重犯罪活动，也决不能对已经被时间证明是正确的政策发生动摇。

7月28日，经国务院批准，国家工商行政管理局设立个体经济司。9月的中共十二大报告《全面开创社会主义现代化建设的新局面》指出："在农村和城市，都要鼓励劳动者个体经济在国家规定的范围内和工商行政管理下适当发展，作为公有制经济的必要的、有益的补充。只有多种经济形式的合理配置和发展，才能繁荣城乡经济，方便人民生活。"10月16日，国家工商行政管理局召开的全国小商品市场现场会，推广以个体商贩为主的经营日用小商品为主的武汉汉正街小商品市场。

12月初，全国人大通过的宪法修正案第11条规定："在法律规定范围内的城乡个体劳动者经济，是社会主义公有制经济的补充。国家保护个体经济的合法权利和利益。国家通过行政管理，指导、帮助和监督个体经济。"12月20日的《光明日报》刊登《个体经营的"傻子瓜子"价廉物美信誉高，国营企业的"迎春瓜子"面临挑战赶上去——芜湖市果品公司改革经营管理制度，实行承包责任制，使"迎春瓜子"质量提高，价格下降，销路扩大，目前两种瓜子的竞争并未结束》，以及《"傻子"年广久向阜阳再次捐款五千元——个体户劳动致富争为社会作贡献》，这可能是"文革"后，中央大报第一次公开肯定个体户个体，尤其倡导国营企业向个体户学习。

1983年1月初，《当前农村经济政策的若干问题》指出："我们现在正进入城乡社会主义商品生产大发展的时期……适当发展个体商业。"随后，胡耀邦等中央领导对引起争议的中科院物理所陈春先等创办民办机构予以肯定，3个月后陈春先等在北京等离子体学会先进技术发展服务部的基础上创办了华夏新技术开发研究所，随后带动了科海新技术开发公司、北京京海计算机机房技术开发公司。3月初，中共中央国务院《关于发展城乡零售商业、服务业的指示》为个体工商业、家庭经营提供了政策支持。

也是在3月，哈尔滨个体户白士明在递交入党申请书三年之后，成为首个入党的个体户，这在全国引起轰动，当天各大报纸刊登了同一则新闻《个体户白士明入党》，当月下旬白士明成为首个当选全国人大代表的个体户。4月13日和14日，国务院连续发布《关于城镇非农业个体经济若干政策问题的暂行规定》等三个文件，强调："城镇个体经济是公有制经济的必要的、有益的补充……"这些文件对如何支持发展个体经济及与个体经济关系密切的集体经济的政策做了明确具体的规定。8月12日，国家工商行政管理局发出《关于工商行政管理部门向个体工商业户收费问题的通知》规定对个体工商户征收"个体工商业户管理费"和"市场管理费"，使管理更为规范，更有利于个体工商业户发展。8月30日，党和国家领导人在中南海接见全国集体经济和个体经济的先进代表并召开座谈会，鼓励个体老板们干光彩的事。12月26日，中国人民银行发出通知，决定从1984

年起，对个体经济的贷款利率比照集体经济执行，这给个体经济的发展提供了资金保障。

1984年2月，国务院发布《关于农村个体工商业的若干规定》，强调国家保护农村个体工商户的合法权利和利益，内容包括农村个体工商户经营范围、经营规模、异地采购原材料和图章、账户、组织等。3月1日发布的《关于开创社队企业新局面的报告》同意将社队企业改为乡镇企业，将农村企业包括个体企业在内的企业统称为乡镇企业。

10月，邓小平在中顾委第三次全体会议上明确提出对"傻子瓜子"的处理方针，把"傻子瓜子"上升到发展整个个体经济的高度上来，提出多看一看。11月1日，柳传志领头创办的中国科学院计算技术研究所新技术发展公司成为后来联想集团的前身。

1985年4月，第一个私营企业执照以国务院特批方式颁布，国家工商行政管理局授权大连市工商局，向大连市摄影个体户姜维颁发了改革开放后首个私营企业执照。5月，《解放日报》发表《乡镇工业看苏南，家庭工业看浙南，温州33万人从事家庭工业》的报道，配发的《温州的启示》一文首次提出以发展个体私营经济为主体的温州模式。8月，国家工商行政管理局公布《公司登记管理暂行规定》，解决了公司登记问题。可见，在1985年虽然有关家族、个体经营的文件和讲话不多，但其作用不可小觑。

1986年8月，首家民营金融企业——上海爱建金融信托投资公司正式成立。9月，北京市政府颁布《北京市集体、个体科技机构管理若干规定》，就个体科技机构的诸多方面做出了规定。当月，中国共产党十二届六中全会通过《关于社会主义精神文明建设指导方针的决定》，首次在中央文件中提出"多种经济成分"。12月，召开了全国个体劳动者第一次代表大会，成立了中国个体劳动者协会，使全国2000万个体劳动者有了自己的组织。

1987年元旦，第一家以经营家用电器为主的全国性连锁零售企业国美电器成立。1月下旬，中共中央在发出《把农村改革引向深入》的通知中明确指出，对农村各类自营专业户、个体经营者实行长期稳定方针，保护其正当经营和合法权益，尊重其生产经营方式。个体经营者不但可以按原来规定的规模雇请帮手、带学徒，还可以扩大经营规模，雇工人数可以超过对个体户的规定。在社会主义初级阶段，个体经济和少量私人企业的存在是不可避免的。当然，伴随着改革开放，个体私营经济的发展出现了资产阶级自由化倾向，当月底，中共中央发出《关于当前反对资产阶级自由化若干问题的通知》，值得注意的是该通知没有针对个体经济和私人企业。

8月，国务院发布《城乡个体工商业户管理暂行条例》，共28条，从当年9月1日起实行。该条例的主要内容包括统一城乡个体工商户法规，既要扶持个体经济，又要规范其管理，个体工商户必须在工商管理机关登记并办理执照，个体工商户有在银行开户，开发票的权利。

10月的中共十三大主题是进一步加快和深化改革，大会报告《沿着有中国特色的社会主义道路前进》在改革开放后首次正式承认并允许私营经济发展。该报告认为，允许私营经济存在和发展是由社会主义初级阶段生产力水平所决定的，明确承认私营经济的合法存在，并阐述了私营经济的地位、性质和积极作用，提出党对私营经济的基本政策是鼓励、保护、引导、监督和管理，这也是我国私营经济发展的一个重要转折点。

12月11日，国家工商行政管理局下发的《关于处理个体、合伙经营及私营企业领有集体企业〈营业执照〉问题的通知》要求各地将挂靠集体企业的个体工商户、私人经济的企业按相关规定加以纠正，以便司法机关在审理刑事案件或经济纠纷，相关部门向司法机关介绍情况时能够本着实事求是的精神。

1988年是重要的一年，3月下旬到4月中旬的七届全国人大一次会议通过了宪法修正案，规定国家允许私营经济在法律规定的范围内存在和发展，私营经济是社会主义公有制经济的补充。国家保护私营经济的合法权利和利益，对私营经济实行引导、监督和管理，宪法首次赋予"私营经济"在社会主义经济制度中的合法地位。在这一背景下，6月25日，《中华人民共和国私营企业暂行条例》《中华人民共和国私营企业所得税暂行条例》和《国务院关于征收私营企业投资个人收入调节税的规定》出台。两个暂行条例和一个规定，在对私营企业进行明确界定的基础上，具体规定了私营企业的标准、特点、作用、种类、开办条件、登记内容、权利义务以及国家对其监督管理的基本内容，从而把私营企业的发展和管理纳入法制轨道。这标志着中国在20世纪50年代对私营工商业进行社会主义改造之后，在新的历史条件下，重新确认了私营经济在社会主义所有制结构中的合法地位。对于私营企业地位的承认，为适应市场而生的家族经营走向壮大奠定了基础。

当然，1988年对个体、民营企业发展影响比较大的由中共中央办公厅牵头的《"中关村电子一条街"调查报告》对科技型民营、个体经济的发展起了推动作用。《关于集体、个体科技机构管理的补充规定》对扶持、引导民办的科技机构发展起到了积极作用。当年有第一家股份制科技金融机构——成都城市信用社的成立。科海高技术公司承包海淀区建筑工程公司则是首例民营企业承包国营企业。祥云火花成为全国首家民营科技机床公司。12月，王文京创办的用友财务软件服务社，即用友财务技术有限公司，后来转为私营科技企业，其财务管理软件对促进中国民营家族企业的财务、管理规范做出了重要贡献。

二、自下而上，发轫于草根的家族企业

1. 联产承包和市场发育催化家族企业

改革开放前并不是没有家族经营，只是这种家族经营主要表现为家庭经营。新中国成立初期，我国有个体工商户和个体劳动者900多万，私营工商户16万。经过20世纪50年代对个体工商户、私营工商户的社会主义改造，到1966年个体工商户和个体劳动者只剩下156万，到1978年，个体工商户只剩下15万。在强调公有制的背景下，这些个体工商户基本上是家庭所有、家庭经营，无论是从物质资本还是人力资本的角度考察都很难突破家庭边界。虽然不能否认确有一部分假借"红帽子"挂户经营，但其毕竟在体制外生存，更多发生在人地矛盾突出的政治、经济边缘地带，并不是主流，数量应该相对有限。同样，虽然国有、集体企业不乏在一定时期内为家族控制，但由于其基础产权所有权姓"公"，因此不但家族控制是少数，而且其控制缺乏产权基础，因此一般谈到家族企业时，基本上涉及的是非公有制经济中的个别家族在所有权或经营权上处于控制地位的企业。虽然学术界对家族企业的定义有很多种，但一般认为家族所有、家族经营是家族企业的基本特征。因此在改制之前，家族控制公有制经济显然缺乏产权基础，即使在某个阶段、某个企业长期为某个家族所控制，但其显然是非法的、隐性的，故而一般认为，家族企业普遍存在于非公有制经济中。

改革开放后家庭经营率先获得新生，个体工商户大发展，家庭作坊广泛地存在于前工业化社会，但在我国改革开放前的20多年里一直被视为异端。改革开放以后，家庭小作坊被允许经营并迅猛发展。在沿海一带，家庭作坊甚至成为当地经济发展的重要力量之一，它对人们经济收入的贡献甚至超过了国有和集体企业。其中，温州模式便是以较早发展家庭私有经济而著名。自新中国成立后一段时间，由于个体工商户的从业人员极为有限，特别是在对剥削、雇工、私有敏感的年代，个体工商业者的从业者基本上在一家之内，而一家之内，长者年纪太大，幼者尚幼，还要有人操持家务，且若全家参与经营，规模太大，又可能成为"资本主义尾巴"，故而个体工商户从业数极为有限，平均不到2人，从业人数基本上能反映个体工商业发展情况。图1-1是1949年到1988年个体工商户从业人数变化图。从图中可以看出，在新中国成立之初，由于国家采取了一些恢复国民经济的政策和有利于个体工商业发展的措施，1953年以前个体工商户从业人员整体上有所增长。此后国家逐渐对个体工商业进行社会主义改造，个体工商业经营逐渐下降，到1956年在全行业公私合营的大背景下，个体手工业锐减，当年个体工商业劳动者从1955年的640万人陡然下降到16万人，下降了97.5%。

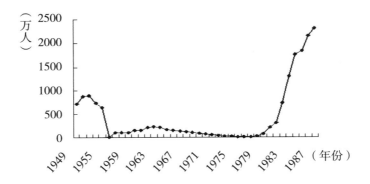

图1-1 1949—1988年个体工商户从业人员数量变化图

数据来源：张厚义、明立志：中国私营企业发展报告（1978—1998），社会科学文献出版社，1999年版，第92～93页。

改革开放后一度被意识形态排斥的非公有制经济逐渐获得了生存空间，家庭联产承包责任制推动了生产力的发展，从而为私营企业发展创造了条件。家庭联产承包责任制使农业劳动者创造的产值超过个人需要。伴随劳动生产率提高的是，由于分配方式的变革，使多数农民拥有数量不等的剩余资金。农民家庭由计划经济时期的单纯生活消费功能向传统多元化家庭功能回归，其中最为重要的就是生产功能的回归。家庭有了对土地的自主经营权，使家庭劳力向土地经营外转移成为可能，因为农地规模相对较小，意味着仅仅经营土地，家庭内部必然出现剩余劳动力。结果，农村土地经营制度的变革，虽然其初衷并不是为了促进私营经济的发展，但却间接为个体经济的发展准备了资金、劳动力、土地。

企业的生存前提是市场，改革开放后在私营经济的兴起过程中，城乡市场拉力起了关键作用。城镇1957年尚有零售、饮食、服务商业网点100万个，到1979年10月反而只有17万个，其分布特征由1957年的"小、密、多"变成了"大、稀、少"，因供不应求，处于完全卖方市场，企业吃大锅饭，注定了这些商业网点普遍缺乏服务意识，根本满足不了居民日益增长的消费需求。实际上，无论是从个体还是整体来看，消费都比1957年或者改革开放前大为提高，这体现在收入水平和人口的增加，关于这一点，这里不再赘述。计划经济时期虽然是短缺经济，但是相对于人们的购买力而言似乎短缺并不明显。改革开放后，随着经济发展，尤其分配体制的改革，无论是从整体还是个体来看都有更多商品需求。1979年到1983年农民人均纯收入由133.6元增长到309.8元，增长1.3倍，年增长率为18.3%。同时农村由自给自足的自然经济向商品经济转化，传统计划经济带来的买难、卖难在这个时期暴露无遗。当然，上述市场需求在整个计划经济时期都是需要的，只是程度差异而已，越是计划经济后期对市场这种资源配置方式的需求越强烈，但在当时经济政治化的背景下，根本就没有给市场提供丝毫空间。

就整体而言，十一届三中全会以后，个体工商户无论总户数还是就业人数都显著增加。1980年12月11日，19岁的温州姑娘章华妹从温州市工商行政管理局领到一份个体工商业营业执照"工商证字第10101号"，成为改革开放后中国第一个合法的个体工商户。而个人是家庭的细胞，家庭是社会的细胞，个体工商户的出现，实际是家庭企业的起点，其出现意味着在农村非市场化的农业家庭经营的合法化之后，真正面向市场的工商业家庭经营合法出现了。

从1979年到1980年，年均从业人数比上年增加一倍以上，尤其在1981年正式确认了个体工商户的法律地位之后，从业人数陡然从1980年的81万增加到227万（见图1-2）。自1970年以来，其首次突破百万大关，增加了1.8倍。由于个体工商户从业人员肯定多于非个体工商户，可以肯定个体工商户数量也首次突破百万。这可能是由于《关于城镇非农业个体经济若干政策性规定》出台后，已经存在的个体工商户从"地下"走向公开的结果。而1982年宪法中增加了个体工商户的内容，进一步强化了其法律地位，结果当年个体工商户和从业人员数均比1981年增长40%以上。1983年1月，中共中央印发的《当前农村经济政策的若干问题》对个体工商户规模化发展采取摸着石头过河的观望态度，进一步促进了个体工商户的发展。结果1983年无论是工商户数量还是从业人员，都在1982年的基础上翻了一番还多，接下来的1984年再在此基础上总户数增长接近60%，就业人数增加近四分之三，首次突破千万人，1985年也保持了较高增长（分别为25.5%和35.5%），个体工商户数量首次过千万。此后，除1987年增幅超过10%外，其余年份增幅都不是很明显，但仍然保持了正增长。1979年至1988年个体工商户从业人员增加了150倍，1981年至1988年个体工商户数量增加了将近7倍。总之，家庭所有、家庭经营的具有企业性质的个体工商户在改革开放后取得了迅速发展，并进入一个相对兴盛的阶段。

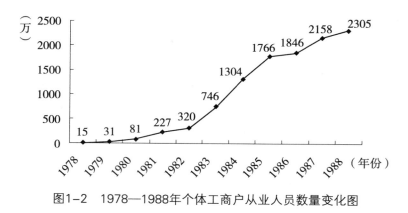

图1-2　1978—1988年个体工商户从业人员数量变化图

数据来源：张厚义、明立志：中国私营企业发展报告（1978—1998），社会科学文献出版社，1999年版，第92~93页。

　　1978年至1988年间的个体工商业在城市和农村的表现形式各有侧重，城镇是个体工商业，农村是"两户一体"①，两者都有一个共同的发展方向即"私营企业"。从图1-2可以看出，党中央在改革开放后逐步出台的一系列关于个体、私营企业的法规中，有的明确以就业为目的，或者在劳动就业问题上展开，其初衷并不是发展个体、私营企业，而是为了缓解巨大的就业压力。改革开放之初的城镇，一方面公有制企业活力不强，人浮于事，人多事少，解决就业能力已经极为有限，这种情况下国家通过发展个体经济来解决就业就很自然。结果在城镇从1979年起就鼓励、支持发展个体经济，1981年出台的《关于城镇非农业个体经济若干政策的规定》允许个体请帮手、带学徒，而后来的私营企业标准恰恰是以此时规定的帮工、学徒数量为划分依据。结果，我国的城镇个体劳动者从1979年开始恢

----

　　① 即专业户、重点户和新经济联合体。其中专业户是指主要劳动力专门从事某项生产，收入成为其家庭主要经济来源，专业收入占家庭收入60%以上的农户、重点户；重点户是指家庭主要劳动力或辅助劳动力，利用业余时间从事某项专业生产，收入占家庭总收入50%以上的农户；新经济联合体则是指农户之间的经营合作，其性质比较复杂，有合作经济、合伙经营和雇工经营方式，但多数处于松散的、不稳定状态。

复，1981年至1983年由105.9万人增加到208.6万人，每年增加51.35万人；户均注册资金由242元增加到464.8元，增长了90%以上；虽然户均从业人数没有变化，但营业额却由1981年不到1300元增加到4200多元，增长了两倍多。^①在这个过程中，一些个体工商户在争议声中逐渐向"私营经济方向"艰难演变。之所以产生争议，主要是因公有制部门吃大锅饭，而个体工商户则以家庭为单位，加上一些能人充分利用了当时短缺情况，获得了比较高的经济收入。

有趣的是，当时个体工商业者应该普遍是社会"边缘人"，即使个别人获得较高收入必然也会引起主流社会的强烈反响，将其视为不正常现象。比如，20世纪80年代盛行"拿手术刀的不如拿剃头刀的"，"搞原子弹的不如卖茶叶蛋的"，但实际上剃头的个体户与卖茶叶蛋的个体户在收入上应该普遍不如拿手术刀的医生和搞原子弹的科学家，但由于这些人往往是文盲半文盲，偶尔又有人暴富，在社会普遍对市场竞争缺乏认识的当时，难免有些人会心理失衡。比如，据1986年上半年对北京、上海、浙江、福建、沈阳、武汉和重庆等12个省市5万多个城乡个体工商户的抽样调查，1985年我国个体户的人均年收入为3063元，约高于工薪人员实际收入1倍。其中，年收入在1500元以下的占48.9%，1500～3000元的占20%，3000～5000元的占18.3%，5000～10000元的占7.1%，10000元以上的占5.7%。^②但是，这些个体工商业者付出的劳动、面对的风险，绝不是普通人浮于事的"工薪"人员所能相比的，而且他们没有任何福利和保障可言。

值得注意的是，虽然十一届三中全会以后个体工商户的数量一直保持

①　张厚义、明立志：中国私营企业发展报告（1978—1998），社会科学文献出版社，1999年版，第16页。

②　薛暮桥主编：中国经济年鉴（1987），经济管理出版社，1987年版，第50页。

了高速增长（见图1-3），但是因为对个体经济的发展方向还存在争议，尤其对雇工规模等问题还比较敏感，规模较大的个体工商户毕竟是少数，而且他们法律地位不高，不得不借助于包括个体工商户在内的各种"帽子"。以此规避所有制歧视隐藏的政治风险，并且尽可能多地获得贷款、税收、购销和人事管理等方面的国民待遇。

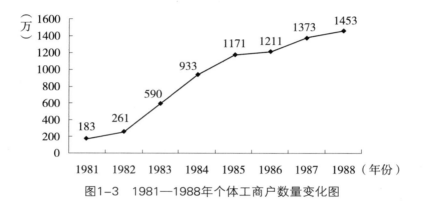

图1-3　1981—1988年个体工商户数量变化图

数据来源：张厚义、明立志：中国私营企业发展报告（1978—1998），社会科学文献出版社，1999年版，第93页。

在这种情况下，个体工商户的平均从业人员虽然持续增加，但并不明显，从1981年到1988年，个体工商业户均从业人员只从1.2人增加到1.6人，只增加了0.4人（见图1-4），增幅只有33%，远逊于个体工商户数量和从业人员总数的增长。这有多方面原因，一方面市场化空间还极为有限，多数个体工商户只能从事小商品、小服务，只适合个人经营；另一方面无论是在理论还是实践中对雇工、剥削等还比较敏感，即使在某些间隙有规模化的市场，个体工商户也只能在"地下"进行，或者借助于"红帽子"庇护。总之，这段时间的非公有制经济中具有企业性质的主体主要是采取家庭经营的方式，并没有拓展到家族的范围。

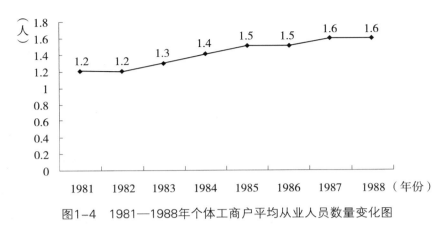

图1-4　1981—1988年个体工商户平均从业人员数量变化图

注：1979—1980年缺个体工商户数量。其他数据根据各年个体工商户从业人员数量与个体工商户
数之比。个体工商户从业总人数与个体工商户数量参见张厚义、明立志：中国私营企业发展
报告（1978—1998），社会科学文献出版社，1999年版，第93页。

　　1978年到1987年间有一些能人将雇工扩大，超越对个体经济对雇工规
模的规定，其中尤以2018年被评为"改革开放40年百名杰出民营企业家"
的年广久早在1979年已使用12个雇工，引起了广泛争议，但"傻子瓜子"
在争议声中成长到1982年竟然雇工达105人，争议也进一步加剧，直到邓
小平在中央政治局提出对这种超规模雇工采取"看一看"的态度，这一
争议才告一段落。这种情况在其他地方也存在，比如广东高要县的陈志
雄承包鱼塘，雇长工1人，临时工400多人，也在当地引起激辩，而且究竟
雇多少人才算合法，都没有定论。直到1987年中共中央发出《把农村改革
引向深入》的通知，才第一次明确了个体户的雇工规模为8人，但也允许
超规模"私人企业"的存在。但从法律意义上，产生大规模的家族经营
则是1988年的《中华人民共和国私营企业暂行条例》出台并实施，私营企
业才正式以合法的方式登上历史舞台。从当年7月1日该条例开始实施到年
底，全国各地开展了私营企业登记注册工作，到年底除山西、黑龙江、西
藏没有开展登记注册外，全国各地登记注册私营企业40634户，从业人员
723782人，注册资金328575.47万元。当然这个数据，应该是偏保守的，因

为私营企业刚出现，有些谨慎的经营者在没有利益诱导的情况下不大可能放弃以前的形式，尤其是戴着"红帽子""洋帽子"的规模较大的企业。

2. 政策偏好与摇摆和"红帽子"

"红帽子"家族企业是指由于国家对公有制企业所有制的偏好，国家政策对个体私营经济的摇摆导致一些民营家族企业以各种方式假借公有制而谋取更有利的生存空间。在"红帽子"企业中政府、集体处于有利地位，政府与私人投资者之间存在的是不平等博弈，由于产权不清，纠纷不断，而随着民营经济法律地位的提高，这种现象逐渐减少，但在脱帽过程中私人投资往往难以得到有效保护，政府与公民间合作博弈机制的构建显得尤为重要。[1] "红帽子"家族企业在转型期相当普遍，据统计，1985年全国已有"红帽子"企业22万家，浙江省起码有10万家（吴晓波，1994）；在人称"私营之都"的温州，工商部门登记在册的私营企业只有1200多户，而归口乡镇企业局的股份合作企业却高达24000多户，其中大多数为"红帽子"企业（孙冬梅，1994)；据保守估算，截至1995年全国各种"红帽子"企业至少有60万户（何菁菁，1995）。[2]

由于改革开放后相当长一段时间存在所有制的争论，中央和地方最初都有意识将个体工商户引向联营、合作，以便让其具有社会主义公有性质，而个体工商户也迫切需要"红帽子"来保全自己，结果"红帽子"家族企业在早期成为普遍现象。直到1985年、1986年，国家对规模化的个体工商户仍然是"看一看"的政策，对其存在和发展既不提倡也不反对，而要求有关方面引导其向合作经济方向发展。但由于当时联营、合作的法律体系不完善，加上个体工商业者多是文化素质不高的"边缘人"，本身经

---

① 湛中乐、韩春晖："红帽子"企业的财产权与法律保护——从温州"鹿运事件"出发，公法研究，2005年第2期。

② 周冰："红帽子"企业产权现象的理论命题，中国流通经济，2005年第1期。

营管理水平有限，就很难保证其联营、合作效果，而且联营本身是一种产权极为模糊的企业组织形式，这进一步加剧了其管理的复杂性，结果不得不惨淡收场，在这一点上，以早期规模化个体工商户的标志性人物年广久的经历最为典型。

年广久自幼随父做商贩，后来做小工、卖水果，1972年开始炒卖瓜子，1981年创制了一磕三开、风味独特的"傻子瓜子"，同年9月《芜湖日报》对"傻子瓜子"的专题报道为已小有名气的"傻子瓜子"锦上添花，加上年广久不失时机地采用了一些适应市场需求的营销策略，"傻子瓜子"的经营规模迅速扩大。1981年到1984年，雇工由几个人陡增至鼎盛时的100多人，年产销量由几万斤增加到近千万斤，资产由几千元增加到几百万，仅1984年就纳税30万元。"傻子瓜子"的迅速发展引起了社会各界广泛争论，改革开放的总设计师邓小平、时任中共中央总书记胡耀邦、当时的国务院副总理姚依林和安徽省委书记黄璜等都在这一阶段发表了对"傻子瓜子"规模化经营要"看一看"的言论。在地方政府的推动下，1984年"傻子瓜子"开始与芜湖市新芜区劳动服务公司、芜湖县清水镇工业公司开始联营，由这两家公有制企业提供资金，年广久以其商标、技术入股并担任总经理。虽然最初产销两旺，但其规模化的管理不善，加上国家政策调整，联营公司从1985年因有奖销售受到国家规制（直接经济损失约62万元），违约损失（直接损失88万元，间接损失百万元以上）开始走下坡路，傻子公司声誉锐减，只能以小批量生产和代销来维持生存，1989年联营期满，公司已资不抵债，经营性亏损28万元。[①] 结果1989年年广久被以贪污、挪用公款罪逮捕，但经法院审理，年广久并不存在上述两项罪名，但由于当时对私营经济尚存争议，结果又以可能的"莫须有"罪名将

年广久"判三缓三"。有学者认为，年广久本人是文盲，在完全家庭所有、家庭经营时，收支都在家庭范围内，故而没有财务纠纷，联营后仍然不了解现代企业财务管理，不做帐也很正常，但联营的公有制企业在政策推动下，不对其制约也似有不作为之嫌。年广久之所以遭受牢狱之灾，根本原因在于企业亏损，社会影响不好，而与其联营的两家企业是名副其实的公有制企业，在存在所有制歧视的背景下，有关方面总是千方百计为公有方开脱，而将责任推到私人，而各种法规的不完善导致受害的往往是私方，即私人家族资本的代表者。在这一阶段，由于家族经营风险较大，家庭保持了高度的适应性，年广久为适应这种复杂的形势，与儿子们分开经营，在自己招致牢狱之灾时，儿子们仍然继续经营"傻子瓜子"，这虽然为其20世纪90年代中期以后的家族产权之争埋下了伏笔，但却在多事之秋保住了"傻子瓜子"这一品牌。

另外，早期个体工商业者，为了扩大经营千方百计采取一些规避国家政策的措施，一些地方政府也出台一些变通措施，让个体工商户突破其边界，越轨致富比较普遍。这在中国民营经济最具活力的地区之一温州最为典型。比如温州大致从1980年起就开始了大规模的挂户经营。这首先表现在供销员挂户朝普遍化、公开化、系统化方向发展。其中，提供挂户业务的机构，不仅有集体，还有众多的县属行政事业单位与县办公司，凡是个体供销员在法律和规章上不能办的事，都由其挂户机构提供，这逐渐发展成"公司式挂户"，提供挂户者通过提供各种挂户服务，收取管理费来经营。与此同时，挂户经营也公开扩展到工业生产领域，美其名曰"分户经营"[①]，一些地方又逐渐发展成"一村一厂，全面挂户"为主要特征的

---

① 企业由集体统一兴办，设厂长、会计和出纳行使有关职能，在企业名下允许个人办家庭分厂，可以一户独办，也可以联营合办。家庭分厂须自筹资金、自找生产场地、自行联系业务、自负盈亏，由挂靠企业提供公章、合同书、发票和银行账户，并向挂靠企业缴纳税金、集体积累和管理费。

"总厂式挂户"①，挂户经营成为家庭工业起步时期的主要经营方式。结果有的乡镇几乎所有的农户都参与进来，形成"假集体，真家庭"的经营特色，当然这主要发生在集体积累较少，又缺乏财政来源的温州基层，这可以说是地方政府与农村家庭市场出现朦胧之时的不得已选择。通过这种方式，温州等地的个体工商户成功"借壳上市"。

挂户经营可以说是在体制缝隙之中由家庭走向企业，而在挂户经营的早期还有一种情况，即由真正的集体企业转变为"挂户体"，因为集体企业同样产权不清，缺乏激励机制，活力相对不强，更为重要的是，温州等地的政策导向更倾向于支持家庭创业，真正的集体企业逐渐陷入挂户家庭企业的汪洋大海中。而企业改革已经在尝试承包、租赁等方式，结果在温州一些地方先是分车间核算，后来这些集体企业逐渐演变从集体走向家庭的挂户经营。之所以出现这种情况，除了上述原因之外，还由于温州等地多数农村集体企业发展很不充分，集体企业规模一般不大，这在大队以下尤其明显，让各车间得到相对充分的产权，其规模并不会比家庭经营规模大多少，加上有的车间本身是兄弟车间、父子车间，有的虽然不是，但其内部关系往往难以协调，而温州等地早期多是对国家控制产品拾遗补阙的小商品，固定资产投资并不多，多方博弈的结果还不如以家庭为单位进行生产，集体企业个体化、车间个体化也在一些集体企业中流行。结果，集体企业成了"虚拟企业"②。

挂户经营是典型的"红帽子"行为，虽然其确实部分代表乡村集体各

① 即一个村庄只设立一个村级集体企业，各家各户自办家庭工厂，每一个家庭工厂都挂靠在村集体企业名下从事生产经营。厂部由厂长、会计、出纳、开票员组成，厂长由村庄领导人兼任。村庄对外只有一个法人代表，统一银行账户和发票、统一纳税和提取集体积累；在村庄内部各家各户自筹资金办厂、自找业务、自负盈亏。

② "虚拟企业"本意是指将非核心业务外包给其他企业，而自己专注于某一核心环节业务的企业，其典型是从事品牌运作的耐克公司，而给家庭经营提供"挂户服务"的集体企业几乎不从事业务经营，而只是提供挂户服务。

家各户的利益，但其本质上却只是私人家庭经营的简单松散联合，各家各户间在利用集体企业这一资源方面存在竞争，是转型期国家对私人经营持谨慎观望态度之时，地方基层以及企业经营者普遍采取的权宜之计，这决定了其不可能有旺盛的生命力，反而由于其天然产权缺陷，决定了其不可能走得更远。其显著缺陷主要体现在严重的"品牌公地悲剧"，加上商品同质性带来的恶性竞争，在20世纪80年代中期温州地区的产品几乎成了假冒伪劣的代名词，温州经济、温州市场、温州企业，甚至温州各级政府都进入了一个艰难的时期，温州皮鞋业的经历就是温州经济当时的一个缩影。[1] 当然并不能将"品牌公地悲剧"等导致的违法经营归咎于家族企业缺乏社会责任，这是家族经营在法律歧视下的不得已而为之，这些企业不仅缓解了20世纪80年代乃至90年代初的中国经济短缺状况，还为下一步的合法经营完成了资本原始积累。

除了挂户经营这种"假集体"外，联营也往往演化为假集体，因为集体企业在各方面具有优势，而集体资源的拥有者便奇货可居、高价待沽，但其具有天然的产权缺陷，结果给集体、私人等都带来一些不必要的麻烦。比如1981年河北邯郸农民冯天印与某街道办事处联合开办一家商店，协议规定，资金由冯天印筹集，日常经营管理也完全由冯天印负责，由办事处办理集体营业执照，但需将30%纯利交办事处。结果冯天印既依法纳税（以集体名义），也向办事处交了30%纯利，后因从利润中拿出4.75万元偿还借款，被人告发有贪污罪，结果冯天印在1982年被司法机关收审，1984年被市中级人民法院判处死刑。冯天印不服，上诉到最高人民法院，最高人民法院采信了国家工商行政管理局意见，认为这家企业不是集体企业，而是私营企业，冯天印才于1987年被无罪释放。值得注意的是，企业

---

[1] 叶建亮："次品市场"是如何恢复为"正品市场"的？——温州皮鞋业从制假售假到创保品牌的案例研究，浙江社会科学，2005年第6期。

被定性为私营企业，冯天印的释放发生在1987年国家刚刚从法律上承认私营企业的时候。因此虽然冯天印因为"假集体"被关押了6年，自己的经营收入也可能在这期间丧失殆尽，但他已经够幸运，如果他不上诉，如果不拖6年，等到国家私营企业法规的出台，恐怕他连命都保不住。

　　20世纪80年代家族经营的发展，某些地方主要体现在联户经营的大发展，因为这是一种披着"合法外衣"的家族经营。在民营经济较为发达的福建省晋江市，1983年至1986年，乡镇企业中乡办和村办企业数分别下降了16.9%和51.8%，联户办企业则增长了5.06倍，结果乡镇企业总数增长了1.39倍。1986年，参加联户集资的达34600户，占全县总户数的16%以上；到1986年，联户办企业的户数、从业人数和总收入，分别占全县乡镇企业总数的79.9%、67.7%和67.9%。[①] 由此看出，越是基层、越是公有制程度不高的企业，其家族化特性越为明显，而联户经营地位的显著上升，很大程度上是家庭、家族经营发展的结果。联户经营绝大多数都是家族企业，比如乐清"在1984年前后出现的'经济联合体'，实质上就是合伙制企业，是富有中国特色的家族企业和'结义企业'。它们大多以血缘或友情为纽带……"[②] 联户经营主要是市场竞争的加剧，需要将资金、设备、劳动力整合起来，而联户经营还可以"染红"，从而降低规模化的家族经营政治风险。1984年，中共中央下发的《关于1984年农村工作的通知》提出引导个体工商户向联营方向发展，使联户经营合法化，这在1986年以后在温州等地几乎普遍化了。

　　家族（家庭）经营的兴起应该是一种自下而上的革命，虽然有学者（张曙光，2002）指出，"红帽子"是悬在这类企业头上的定时炸弹，但

---

　　① 张厚义、明立志：中国私营企业发展报告（1978—1998），社会科学文献出版社，1999年版，第34页。

　　② 史晋川：中国民营经济发展报告，经济科学出版社，2006年版，第188页。

"红帽子"家族企业在这场革命中确实起到了承上启下的作用。"红帽子"虽然是政府与家族企业主共同的行为，但更多的是家族企业主边缘化生存的无奈选择，在这个过程中，"红帽子"企业也让长期以来高高在上的政府认识到草根企业——家族企业的重要性并进而承认其合法地位。从私营企业主来讲戴"红帽子"首先是为了政治上安全，其次是得到信贷、税收、平价和中价生产资料、无偿的技术服务和信息服务，以及在存在所有制歧视背景下先天享有一定市场声誉。而在地方政府方面则有两方面考虑，一方面是截流——在中央实行财政集权的背景下，以管理费方式将国家应得税金变为地方计划外收入，另一方面是在所有制还存在意识形态争议的背景下，地方政府支持家族企业戴"红帽子"有利于减少政治风险。温州模式的形成过程就相当典型地反映出了这种民间创新实践及基层政府的态度逐步同化地方高层领导的过程。20世纪70年代末80年代初，温州家庭工业迅速兴起，乡镇乃至县级政府的官员随之采取暗中保护和支持的态度，并因此承受着一定的政治压力。而在温州模式成型并形成气候的20世纪80年代及90年代前期，前后几任市委书记都是在肩负纠正温州经济发展的"资本主义化"嫌疑的使命下而赴任的，几任书记到任之初或多或少也都有过压制温州市场化改革的举动。但耐人寻味的是，当他们主政一段时间之后，最终都演变成了以家庭、家族经营为基础的温州模式最坚定的支持者和辩护者，并演变为自上而下的政治压力的抵制者和化解者。除了《中华人民共和国私营企业暂行条例》外，1988年温州试验区同样也是家族经营获得法律认可的标志性成果之一。因为此前法律支持的个体工商户平均从业人员均不到两人，因此从控制权的角度来说基本上是家庭经营，因为规模有限，一般由家庭解决资金来源，而雇工8人以上的私营企业的法律地位的取得，意味着企业规模扩大，不仅人力资源逐渐对外开放，而且企业资金需要量增大，往往不是单个个体家庭所能解决的。因此，此后中国家族经营的主体从以个体家庭经营为主逐渐向以私营家族经营为主转变。

转型经济学家对转型期"红帽子"企业进行分析后指出，"红帽子"企业是一种特殊的转型现象。从20世纪80年代中期到90年代中期，中国的计划经济体制经过走向市场经济的初步改革，形成了一种非常典型的但又很不规范的双轨经济体制。在这种体制环境中，"红帽子"企业这种法律形式与经济内容不一致的、名实不符的、不规范的产权制度安排，就是一种最有效率的产权制度安排，因此大量涌现，并迅速发展。而到了20世纪90年代后期，中国社会主义市场经济体制的基本框架已经建立，市场机制在资源配置中已经开始起到基础性作用的时候，"红帽子"企业这种法律形式与经济内容脱节的私有企业，或者说"挂羊头，卖狗肉"的公有制企业，不再是最适应新的体制环境的产权制度安排，其本来固有的弊端开始凸显为一种相对劣势，"红帽子"企业就纷纷开始进行产权制度改革，想摘掉这顶"帽子"。[①]

此外，改革开放后相当长一段时间，与温州模式或者说浙江模式以私营家族企业相对应的，另一发端于农村带动区域经济迅速发展的典型是苏南模式。苏南模式的基本特点是以乡镇集体企业（早期称社队企业）为依托，除其毗邻上海、南京等大都市，农村集体积累较多外，家族传统的发达也是一个不容忽视的因素。实际上，苏南的乡镇集体企业始终都在家族的影子之下。对此社会学家费孝通有如下精辟的描述："在苏南模式中的社区所有制在一定意义上也是家庭所有制的发展。……在生产队的具体运作中，我看到了传统大家庭的影子。一大二公，何尝不是大家庭推而广之到一个家族的指导思想？家长做主，统一指挥，有福同享，有难同当，又

---

① 周冰："红帽子"企业产权现象的理论命题，中国流通经济，2005年第1期。

岂不是一个家庭或家族的根本组织原则吗？从这个角度看去，社队企业的发生它的经营方式，招工和分配原则，无处不能从传统的大家庭模式中找到对应。"①

（杨在军）

① 费孝通、鹤见和子等：农村振兴和小城镇问题，江苏人民出版社，1991年版，第9页。

第三章 ///

动荡期的家族企业（1989—1991）

一、从动荡到调整

1989年到1991年，面对错综复杂的国际国内形势，以及前一阶段经济发展过快，出现了一些异常致富行为，无论是改革还是经济发展都面临着各种争议，因此这一阶段的宏观背景是从动荡到调整。

1989年3月出台的《一九八九年经济体制改革要点》，已经针对前几年经济发展过快，以及一些发展乱象，定调当年经济体制改革的指导原则是：紧紧围绕治理经济环境、整顿经济秩序这个中心，把深化改革的重点放在发展、完善已经出台的各项改革措施上，同时要利用治理整顿的有利时机、积极稳妥地推行深层改革的试验和探索。宏观方面，强调建立市场规则，加强市场监督，促进市场发育，认真做好各项基础性工作。微观方面，对家族经营有直接影响的是提出有计划有步骤地拍卖小企业。

1989年，私营企业、个体工商户不但出现了一些经营不规范的情况，而且与"资产阶级"的关系尚存争议。在这种情况下，同年7月，国家工商行政管理局发布了《关于对个体工商户和私营企业加强管理的通知》，该通知在肯定十一届三中全会以来个体私营企业贡献的同时，尤其强调"在广大个体工商业者和私营企业者当中，大多数人是守法经营的，但有一部分人缺乏职业道德，从事违法经营活动。为了贯彻十三届四中全会关于继续治理经济环境、整顿经济秩序的精神，保护合法经营，制止违法经营，促进个体工商业和私营经济的健康发展，必须加强监督管理和教育工作"。基于此，该通知要求各地工商业行政管理机关会同有关部门对个体工商户和私营企业进行全面的清理和检查。

8月28日的中共中央政治局会议讨论并通过的《中共中央关于加强党的建设的通知》明确指出："私营企业主同工人之间实际上存在着剥削与被剥削的关系，不能吸收私营企业主入党。已经是党员的私营企业主，除应规范地遵守国家政策法令、依法经营、照章纳税外，还必须坚持党的理想和宗旨，严格履行党员义务，自觉接受党组织的监督；在企业的收入分配方面，领取作为经营管理者应得的收入，而把企业税后利润的绝大部分用作生产发展基金，增加社会财富，发展公共事业；要平等对待工人，尊重工人的合法权益。做不到这些的，不能再当党员。"从一定程度上说，个人家族经营者的政治地位可以说出现倒退。

8月30日，国务院印发的《关于大力加强城乡个体工商户和私营企业税收征管工作的决定》指出，在个体经济、私营经济的发展过程中出现了一些值得注意的问题，特别是少数人采取种种非法手段，牟取暴利，造成社会成员之间收入差距过大，引起群众不满。这与邓小平提出的让一部分人先富起来相矛盾，影响了家族企业的正常发展，家族企业的合法性遇到挑战。

9月21日，劳动部发布的《私营企业劳动管理暂行规定》对劳动者进行了规范，但在当时情况下，要按规定签订合同可能给私营企业增加较大成本，关键是中间没有过渡。9月29日，江泽民在庆祝新中国成立40周年大会上的讲话，虽然再次肯定发挥个体经济、私营经济等有益的、必要的补充作用，但更强调绝不是要削弱或取消公有制经济的主体地位，更不是要实行经济私有化，而是既发挥其积极作用，又限制其消极作用。在当时相对紧张的政治气氛之下，这一讲话被少数对个体私营经济发展一直存疑的"左倾"人士过度解读。当年11月中共十三届五次会议审议通过的《中共中央关于进一步治理整顿和深化改革的决定》则是将江泽民国庆讲话思想正式化。

1990年1月，国务委员兼国家科委主任宋健在国家科委迎春茶话会上指出，民办科技机构存在这样那样的问题，要加强整顿和管理，但总的政策是要继续支持和引导。这是第一次公开就此前党和国家多次肯定的民营科技企业专门提出整顿和管理。3月，国家科委和国家工商行政管理局颁发的《关于加强科技开发企业登记管理的暂行规定》，明确规定积极鼓励、扶持和发展以公有制为主体的开发企业，并重点对科技开发企业的经济性质做出若干规定，其中也涉及对民办科技企业的经济性质、维护其合法权益、加强登记管理等方面的积极作用，但很显然民营科技企业的影响受到一定限制。

4月，国务院下发的《关于做好劳动就业工作的通知》又提出除全民所有制单位按照国家计划安排就业外，更多要发挥集体经济和个体、私营经济的作用。

二、1991年的"小阳春"

如果按照此前的节奏，政策趋严趋紧，中国可能重回到过左、计划经济的老路。那么，路在何方？

庆幸的是，1991年开始，气氛逐渐缓和。1月下旬到2月中上旬，邓小平在视察上海时同上海市负责同志的谈话中，强调："改革开放还要讲。光我一个人讲话还不够，我们党要讲话，要说几十年。"他指出，不要以为，一说计划经济就是社会主义，一说市场经济就是资本主义，不是那么回事，两者都是手段，市场也可以为社会主义服务。

2月23日，国家税务局发出《关于对私营企业若干税收政策规定的通知》，对《中华人民共和国私营企业所得税暂行条例》和《国务院关于征收私营企业投资者个人收入调节税的规定》实施需要明确的问题做出具体规定，涉及"红帽子"企业转为私营企业、私营企业出口、私营企业承揽来料加工、新办私营企业、归国华侨新办私营企业征税、私营企业技术转让收入征税问题。其内容姑且不论，但明确标准，可以安定人心，尤其避免地方的过左行为。

2月底到3月1日的全国经济体制改革工作会议讨论了《经济体制改革"八五"纲要和十年规划》，提出20世纪90年代我国经济体制改革的总目标是：初步建立社会主义有计划商品经济的新体制和计划经济与市场调节相结合的运行机制。在这一总目标之下提出了包括建立以市场经济为主体、多种经济成分共同发展的所有制结构等五大任务。在此期间，2月27日，《人民日报》报道，1979年以来我国经济体制改革取得的六个突破性进展，其中第一个就是"改变了与现实生产力水平不相适应的单一公有制结构"，实际上肯定了个体、私营和其他非公有经济成分的作用。

3月2日、22日，《解放日报》发表了皇甫平《改革开放要有新思路》和《扩大开放的意识要更强些》两篇文章，就计划与市场、"姓社"与"姓资"、扩大改革开放等问题厘清部分思路。

4月，新华社内参编发了20世纪80年代初以家族方式创业，而且极为稀缺的非草根型私营企业"希望集团"《四兄弟创造"希望"，敢竞争超过"正大"》的长篇通讯，与此同时，国内外很多媒体都报道了这家典型的家族企业。4月7日，全国个体劳动者第二次代表大会通过了《中国个体劳动者协会章程》。

7月1日，江泽民在建党70周年大会上发表的讲话指出，中国特色社会主义经济，必须允许和鼓励其他经济成分的适当发展，要在实践中，经过调查研究，采取适当措施，逐步使各种经济成分在国民经济中所占比例趋于合理。

7月6日，中共中央下发《关于批转中央统战部<关于工商联若干问题的请示>的通知》，该通知指出，对现有的私营企业主不应和过去的工商业者简单类比和等同，更不要像20世纪50年代那样对他们进行社会主义改造，而是要对他们采取团结、帮助、教育、引导的方针，要求他们"爱国、敬业、守法"。这一通知成为新时期工商联工作的指导性文件。

7月28日，王均瑶首开中国民航史上私人包机先河，此后成立中国第一家民营包机公司——温州天龙包机有限公司，后来演变成今日的上市公司吉祥航空公司。11月，中共十三届八次会议通过的《中共中央关于进一步加强农业和农村工作的决定》指出："引导个体经济、私营企业健康发展，要加强管理，照章纳税，依法经营，保护其合法权益，发挥其积极作用，限制其消极作用。"

三、个体私营家族企业"脱帽"成长

1988年《中华人民共和国私营企业暂行条例》颁布以前，私营企业被称为雇工大户、雇工企业等，隐形在专业户、个体工商户、新经济联合体等之下。1987年至1988年，虽然有关政策法规中出现了私营企业，但缺乏专门的统计数字，一直到1989年才有了专门数据统计。按照法规，1987年个体工商户可以不用挂户经营，规模化后也不用借用假集体名义，尤其是私营企业法律地位的确定，也为规模化的家族企业提供了方便。按理，以前的假集体、新联合企业、个体大户此时应该转向有专门法规的私营企业，但从统计数据来看，1989年以后，个体工商户不仅没有上升，甚至出现了下降，私营企业也没有出现迅速增长的迹象。个体工商户数量结束了改革开放以来的持续高速增长趋势（虽然1979—1980年缺乏统计数据，但据从业人数等简单判断，这两年户数应该是显著增加的）。1989年与1988年相比，下降了14.2%。此后虽有所回升，但直到1992年才超过1988年的水平，其从业人员也有类似的变动趋势，而且幅度更大（见表2-1），下降幅度较大的山西、青海、安徽等省，在1989年两项指标下降幅度都超过30%，山西的从业人员数量甚至下降了将近50%。当然，1989年也有新开张的个体企业，但歇业户数和歇业人员比1988年分别上升了65%和57.8%。

表2-1　1988—1991年个体工商户基本情况

年份	户数（万）	从业人员（万）	产值（亿）
1988	1453	2305	312
1989	1247	1941	347
1990	1328	2093	397
1991	1416	2258	488

资料来源：张厚义、明立志：中国私营企业发展报告（1978—1998），社会科学文献出版社，1999年版，第93页。

而且这不能解释为私营企业对个体工商户的替代，因为私营企业的数量太少，比如1989年私营企业9.8万户，从业人员不过164万人，减少的200多万个体工商户重组成不到10万家私营企业的可能性并不大，而个体工商业者从业人员数净减少了364万人。不过，家庭经营的个体工商户的产值继续增加，说明就个体而言还是有所发展。1889年到1991年，私营企业的增长相对有限：1989年为9.1万户，1990年为9.8万户，1991年为10.8万户，但据国家工商行政管理局1988年的一项摸底调查，全国符合私营企业条件（即雇工8人以上）的经济实体约有22.5万家。具体而言，1989年私营企业户数虽然有90581户，是1988年40634户的两倍多，但这与1988年7月以后才开始登记有关，而且可能与正在清理整顿之下，不得已由隐形走向显形有关，或者在政治压力之下，地方政府大力推动"红帽子"企业转为私营企业，并不能说实际的私营企业增加了。

　　1989年以后，一方面是家族企业主体的个体私营经济获得了法律地位，相当数量的私营企业注册登记，而且据中央统战部、全国工商联和中国民（私）营经济研究会的第四次私营企业抽样调查结果显示，1989—1991年摘帽的私营企业占戴"红帽子"的12.3%。另一方面则是个体私营经济就业人数和就业数量的增长速度放慢，甚至是倒退。这有多方面的原因。第一，国家采取以通货紧缩为主的经济治理整顿，虽然物价的稳定客观上有利于个体私营经济的发展，但对个体私营经济的负面效应远大于公有制经济。改革开放以来经济的持续稳定增长，导致通货膨胀压力增大，国家不得不从1988年下半年开始，采取通货紧缩政策，以防止通货膨胀。调整信贷结构，压缩国家计划外建设项目，特别是非生产性项目，并且明确规定对小纱厂、小烟厂、小炼油厂等要坚决停止贷款，而且还清理整顿非银行的金融机构，尤其提高了个体私营经济贷款门槛，私营企业贷款利率还高于集体企业。第二，要求各地采取措施，认真整顿市场秩序，坚决取缔和打击囤积居奇、投机倒把、哄抬物价、扰乱市场等行为，对私营企业的经营范围作了一定的限制，如严禁私人从事重要生产资料的经营活动，禁止私人从事长途批发业务，禁止私人经营对外贸易，国家明确规定个体工商户和私营企业不能经营指定的41种重要生产资料和36种紧俏耐用消费品。第三，由于国内国际政治形势的变化，"左倾"思潮一路抬头，对个体私营企业"姓社"和"姓资"的争论加剧，经济上的政治化倾向，使建立在家庭、私有基础上的个体私营企业自然处于风口浪尖，中共中央下发的《关于加强党的建设通知》（1989年8月29日）明确指出，私营经济存在剥削，私营企业主不能入党，这无疑给个体或者隐蔽的私人经营施加了强大的政治压力。第四，一些直接针对个体私营经济的清理整顿政策出台。1989年7月，国家工商行政管理局下发《关于对个体工商业和私营企业加强管理的通知》，要求各地工商行政管理机关会同有关部门对个体私营企业进行全面清理和检查。8月，国务院发文要求在全国进行一次个体工商户和私营企业税收大检查，这在社会上引起强烈反响，而且在这次清理整顿过程中具有明显政治化倾向。

此外，尽管1987年、1988年国家有关部门相继出台了个体私营经济系统化的法规，但只是给个体私营经济提供了一点生存空间，在税收、经营范围等方面并不比其他性质的企业有所优惠，再加上政治歧视，原有国有、集体、新经济联合体的真私营、个体就没有将其企业改注为名义上的个体私营经济。与此相反，有些地方借口"壮大集体经济"，擅自将个体、私营企业收归集体。在这种情况下，一些个体私营企业压缩规模，或者虚报规模，有的则寻求"红帽子"的庇护。据河北省保定市的调查，1991年1—4月，私营企业注销286户，其中因经营范围的限制而改变私营经济性质的占总数的22.7%；因资金短缺，无力经营而停业、歇业的占总户数的19%；因减少雇工，由私营企业变为个体工商户的占总数的20.28%；因市场萧条、产品积压造成停业的占注销户的38%。不过，也应该注意到一些积极变化，在1988年以前只有后顾之忧较少的农民及部分工人从事个体经营，规模化后演变为私营企业，但在1989年以后部分干部、专业技术人员逐渐步入私营企业主行列。

庆幸的是，党中央已经意识到个体私营企业对经济发展的积极作用，即使前段时间的治理整顿也主要为了实现其健康发展，而在实际中的"左倾"现象毕竟只是暂时现象，因此党和政府很快采取了纠偏措施。1989年9月29日，江泽民在庆祝新中国成立40周年讲话中明确表示要"继续坚持以公有制为主体、发展多种经济成分"的方针。1990年上半年，全国工商联鉴于私营企业户数急剧减少的情况，提出了稳定私营企业的几点建议，国务院据此调整私营企业的四条措施：把私营企业从其他经济成分中划分出来，改变经济成分混乱状态，使私营企业经济活动得到有效的引导和必要的监督；运用税收杠杆管理私营企业，做到寓征于养，并对某些私营企业实行适当优惠；采取有效措施，制止"三乱"现象；改变政出多门状况。

在上述政策的影响下，从1990年4月起个体工商业注册数量结束下滑，出现回升，私营企业注册数量也在当年下半年出现回升。到年底，个体私营经济比上一年度有所提高改善：个体工商户数量和从业人员分别比上年增加6.6%和7.8%，私营企业户数、投资人数和雇工人数分别比上年增长8.3%、4.6%和3.7%。但就整体而言，个体私营经济的政治地位仍然极为微妙，在这种情况下，直到1991年个体户数量、从业人员数量仍没有恢复到1988年的水平。

四、个体私营经济遭遇清理整顿

由于处在这样一个强调清理整顿的阶段，社会上对发展民营经济的认识也出现了波动，认为发展民营经济就是发展资本主义的思潮有所抬头，因此有一种彻底清查个体、私营企业偷税漏税等历史问题的要求。加上在实践中"左"的倾向，规模较大的私营企业首当其冲。

1989年开始，规模较大的私营企业受到较大冲击，尤其一些代表性企业更为明显。1989年9月25日，作为十一届三中全会后商品经济、私营经济发展的标志性人物年广久居然因为当时国营、集体企业才有的贪污罪、挪用公款罪而被逮捕，这可能是地方政府在响应中央清理和检查规定，以及反对资产阶级自由化过度的结果。到1990年8月，改革开放以来私营企业发展的见证者"傻子瓜子"被安徽省芜湖市新吴区清理整顿公司领导小组清理而关门歇业。同月，可能具有家族性的缘故，此前党和国家领导人多次肯定的改革开放后第一家民办科技机构北京市华夏新技术开发研究所

（简称华夏所）与中国科学院供应站的技术合同纠纷在此前海淀区工商局裁定，北京市中级人民法院两次判决均为前者胜诉，而北京市高级人民法院在没有开庭的情况下，直接改判华夏所败诉。其实，姑且不论其合同纠纷内容，在北京市中院第一次判决华夏所胜诉后，被北京市高院发回重审，在当时的司法体系下基本已经宣告了最终华夏所败诉的结局，其政治意义可能大于法律意义。

就整体而言，这3年的私营企业数量、从业人员、注册资本都相对有限。在这种大环境下，私营经济出现了曲折发展的趋势，每年私营企业的数目增长均未超10%，增长较为缓慢，甚至处于停滞不前的徘徊状态。1989年6月底，全国登记注册的私营企业为9.06万户，1990年6月底下降为8.8万户，而到当年年底，私营企业户数回升到9.8万户。1991年年底，私营企业的户数又有了一定的上升，达到10.8万户，就业人员183.9万人，其中投资者24.14万人，雇佣工人159.8万人，注册资本金总额123.2亿元（见表2-2）。产值较多的是私营制造业、建筑业、交通运输业，此外私营商业、饮食业、服务业和修理业也不少，整体而言，产值在1989年到1991年是迅速上升的，大致为1989年为173亿元，1990年为216亿元，1991年为272亿元。

表2-2　1989—1991年私营企业概况

年份	企业数（户）	就业人员（万人）	注册资金（亿元）
1988	4.06	7.2	32.8
1989	9.06	164	84.5
1990	9.8	170.2	95.2
1991	10.8	183.9	123.2

（杨在军）

第四章

导向明确与快速发展的家族企业（1992—2001）

一、改革描绘春天的故事

1. 市场经济迎来宽松氛围

1991年，党和国家改革营造发展宽松氛围的政策，家族经营之个体和私营企业有了较大松动。1992年1月上旬，国务院召开的全国经济体制改革工作会议指出治理整顿任务基本完成，通过治理整顿，为改革提供了一个相对宽松的环境，为使改革有所前进，需要加快改革步伐，加大改革力度，而改革方向是建立社会主义有计划商品经济新体制和计划经济与市场调节相结合的运行机制。

1992年1月18日到2月21日，邓小平视察南方，发表了著名的"南方谈话"，其基本思想是"革命是解放生产力，改革也是解放生产力"。他强调坚持党的十一届三中全会以来的路线，方针政策，关键是坚持一个中心两个基本点。基本路线要管100年，动摇不得。改革标准是看三个"有利于"，即是否有利于发展社会主义社会的生产力，是否有利于增强社会主义国家的综合国力，是否有利于提高人民生活水平。计划多一点还是市场多一点，并不是社会主义与资本主义的本质区别。社会主义的本质，是解放生产力，发展生产力，消灭剥削，消除两极分化，最终达到共同富裕。社会主义要赢得与资本主义相比较的优势，就必须大胆吸收和借鉴人类社会创造的一切文明成果，吸收和借鉴世界各国包括资本主义发达国家的一切反映现代社会化生产规律的先进经营方式、管理方法。中国要警惕右，但主要是防止"左"，并再次强调实事求是马克思主义的精髓。在"南方谈话"中，邓小平再次谈到早期私营家族企业的典型代表"傻子瓜子"："农村改革初期，安徽出了个'傻子瓜子'问题，当时许多人不舒服，说他赚了100万，主张动他。我说不能动，一动人们就会说政策变了，得不偿失。"这表明，市场化改革、家族经营必然走向前台。邓小平视察南方后不足一个月，被羁押了30多个月的年广久刑期未满出狱，这实际上是地方政府对以前过左行为的纠正，也是为适应改革的新形势。

1992年10月，中国共产党第十四次全国代表大会召开，江泽民所作报告《加快改革开放和现代化建设步伐，夺取有中国特色社会主义事业的更大胜利》，正式明确了我国经济体制改革的目标是建立社会主义市场经济体制："社会主义市场经济体制是同社会主义基本制度结合在一起的。在所有制结构上，以公有制包括全民所有制和集体所有制经济为主体，个体经济、私营经济、外资经济为补充，多种经济成分长期共同发展，不同经济成分还可以自愿实行多种经济形式的联合经营。"可以说，社会主义市场经济体制改革目标的正式确立，吹响了以家族企业为主的民营经济大发展的号角。当年12月国家统计局、国家工商行政管理局发布《关于经济类型划分的暂行规定》，将我国经济划分为国有经济、集体经济、私营经济、个体经济、联营经济、股份制经济、外商投资经济、港澳台投资经济和其他经济等9种类型，进一步明确了各种经济成分的地位。

1992年，掀起了下海潮，大批官员和知识分子投入创业大潮，在中国企业家界有"92代"企业家一说。当年辞官下海的有12万人，没辞官但投身商业的超过1000万人。此外，还有"海南热"。这些不仅造就了后来的一大批家族企业，而且宣告了一个新的时代来临，正如当年抵京的前世界银行驻华首席经济学家华而诚目睹"92巨变"后感慨所说："如果说此前中国一直在隧道中探索，1992年应该说人们终于看到了隧道口的光亮。"

2. 政策法规确立企业主体地位

1992年，建立社会主义市场经济的改革目标确立后，围绕经济建设这一中心，改革开放的步伐越来越大，姑且不论促进市场经济发展的各种产业政策、区域政策，针对市场经济微观主体的法律法规也逐渐多起来，公司法的出台，以及乡镇企业产权改革和国企改革，都从根本上促进了家族企业的发展，还有直接针对私营企业、个体经济发展的政策法规都功不可没。

1993年至2001年出台的主要政策法规，有1993年宪法修订案确立了"非公有制经济是社会主义市场的重要补充"的宪法地位。1993年国家工商行政管理局发布的《关于促进个体私营经济发展的若干意见》就私营个体经济的相关政策措施和程序作了具体规定（见表3-1）。当年11月，十四届三中全会通过的《中共中央关于建立社会主义市场经济体制若干问题的决定》指出国家对各类市场主体参与竞争一视同仁，并首次明确小型国有企业可以出售给集体或个人。1994年，正式施行的《中华人民共和国公司法》对企业依法依规运行起了规范、保护作用。1995年，《中共中央关于制定国民经济和社会发展"九五"计划和2010年远景目标的建议》中提出"对外商投资企业逐步实行国民待遇"，从此，中国政府在税收等领域逐渐取消外资企业的超国民待遇，民族家族企业相对外资的完全劣势地位逐渐改善。1997年，先有给投机倒把罪除名，后有中国共产党第十五次全国代表大会报告首次提出非公有制经济是社会主义市场经济的重要组成部分，并于1999年将其写进宪法修正案。1999年，《中共中央关于国营企业改革和发展若干重大问题的决定》指出，国有经济的主导地位定位于增强对国民经济的控制力上，国有经济要在关系国民经济命脉的重要行业和关键领域占支配地位，而在其他领域则要"有进有退"，"有所为有所不为"，为个体、私营等非公有制经济比重的增加，市场准入领域的拓展创造了条件。2001年7月，江泽民在中国共产党成立80周年大会上指出在党的路线方针政策指引下，这些新的社会阶层中的广大人员，通过诚实劳动和工作，通过合法经营，为发展社会主义社会的生产力和其他事业做出了贡献。他们与工人、农民、知识分子、干部和解放军指战员团结在一起，他们也是有中国特色社会主义事业的建设者。这有力地推动了私营家族企业的发展。

表3-1　1993年后关于非公有制经济的政策法规

时　间	形　式	内　容
1993年	宪法修订案	私营经济、个体经济等非公有制经济也成了"社会主义市场经济的重要组成部分"。
1993年4月	《关于促进个体私营经济发展的若干意见》	《意见》共二十条，主要是贯彻十四大精神，为个体经济、私营经济的发展创造一个良好的外部环境。
1993年11月	十四届三中全会《中共中央关于建立社会主义市场经济体制若干问题的决定》	在积极促进国有经济和集体经济发展的同时，鼓励个体、私营、外资经济发展，并依法加强管理。 国家要为各种所有制经济平等参与市场竞争创造条件，对各类企业一视同仁。现有城镇集体企业，也要理顺产权关系，区别不同情况可改组为股份合作制企业或合伙企业。有条件的也可以组建为有限责任公司。少数规模大、效益好的，也可以组建为股份有限公司或企业集团。
1994年	《中华人民共和国公司法》	第十四条　公司从事经营活动，必须遵守法律，遵守职业道德，加强社会主义精神文明建设，接受政府和社会公众的监督。公司的合法权益受法律保护，不受侵犯。
1995年9月	《中共中央关于制定国民经济和社会发展"九五"计划和2010年远景目标的建议》	扩大对外开放程度，提高对外开放水平。"九五"期间，要适应我国社会主义市场经济发展需要和国际经济通行规则，初步建立统一规范的对外经济体制。继续改革和完善对外经济贸易体制，坚持以质取胜战略和市场多元化战略。改革进口体制，建立有利于改善进口结构、促进技术引进消化、创新的机制;提高出口竞争力，增加出口商品附加值，形成出口增长主要依靠质量效益的机制。进一步降低关税税率总水平，调整关税结构，清理税收减免，规范和减少进出口商品管理的非关税措施，完善统一、科学、公开的外贸管理制度和手段。逐步实行外贸经营依法登记制，发展贸易、生产、金融、科技、服务相融合的具有国际竞争力的企业集团，促进规模经营。广开渠道，发展直接贸易和多种形式的国际经济技术合作，积极参与和维护区域经济合作和全球多边贸易体系，双边和多边贸易相互促进，实现市场多元化。

续表

时 间	形 式	内 容
1997年3月	八届全国人大五次会议修订的《中华人民共和国刑法》	第二百二十五条 【非法经营罪】违反国家规定，有下列非法经营行为之一，扰乱市场秩序，情节严重的，处五年以下有期徒刑或者拘役，并处或者单处违法所得一倍以上五倍以下罚金；情节特别严重的，处五年以上有期徒刑，并处违法所得一倍以上五倍以下罚金或者没收财产： （一）未经许可经营法律、行政法规规定的专营、专卖物品或者其他限制买卖的物品的； （二）买卖进出口许可证、进出口原产地证明以及其他法律、行政法规规定的经营许可证或者批准文件的； （三）其他严重扰乱市场秩序的非法经营行为。
1997年9月	中国共产党第十五次全国代表大会报告	调整和完善所有制结构。公有制为主体、多种所有制经济共同发展，是我国社会主义初级阶段的一项基本经济制度。非公有制经济是我国社会主义市场经济的重要组成部分。对个体、私营等非公有制经济要继续鼓励、引导，使之健康发展。这对满足人们多样化的需要，增加就业，促进国民经济的发展有重要作用。
1998年3月	《关于印发〈清理甄别"挂靠"集体企业工作的意见〉的通知》	凡在各级工商行政管理部门登记注册为城镇集体企业，但资本来源主要为个人或国有企业（单位）投资、合资、合作，其现有财产构成不属于集体性质为主，采取上交一定管理费（挂靠费）名义上由有关主管部门、企业（单位）、社会团体临时管理、委托管理或"挂靠"管理等企业，均属此次清理甄别工作的范围。其包括： （一）登记注册为集体但实际为私营（或个体）的企业。 （二）登记注册为集体但实际为国有的企业。 （三）登记注册为集体但实际为私营投资者共同投资举办和经营的个体联营或合伙企业。 （四）登记注册为集体但实际为非国有经济与国有企业或单位投资举办的国有合资、合作或联营企业。 （五）登记注册为集体但已名存实亡，有关"挂靠"主管部门、企业单位、社会团体未督促在工商行政管理部门办理注销登记手续，仍对其承担管理责任的企业。 （六）登记注册为集体但不具有企业法人资格的各类"挂靠"社会团体或经营单位。 （七）登记注册为集体但因原主管部门、企业（单位）、社会团体撤销、合并、变更或划转其他单位临时"代管"的"挂靠"企业。 （八）登记注册为集体但其财产关系不清的各类"民营"等企业，以及其他类型的"挂靠"企业。

续表

时　间	形　式	内　容
1999年3月	宪法修正案	"在法律规定范围内的个体经济、私营经济等非公有制经济，是社会主义市场经济的重要组成部分。""国家保护个体经济、私营经济的合法的权利和利益。国家对个体经济、私营经济实行引导、监督和管理。"
1999年8月	《个人独资企业法》	如 第四条 个人独资企业从事经营活动必须遵守法律、行政法规，遵守诚实信用原则，不得损害社会公共利益。个人独资企业应当依法履行纳税义务。 第五条 国家依法保护个人独资企业的财产和其他合法权益。
1999年9月	《中共中央关于国有企业改革和发展若干重大问题的决定》	在坚持国有、集体等公有制经济为主体的前提下，鼓励和引导个体、私营等非公有制经济的发展。随着国民经济的不断发展，国有经济有着广阔的发展空间，总量将会继续增加，整体素质进一步提高，分布更加合理，但在整个国民经济中的比重还会有所减少。只要坚持公有制为主体，国家控制国民经济命脉，国有经济的控制力和竞争力得到增强，这种减少不会影响我国的社会主义性质。
2001年7月	江泽民在中国共产党成立80周年大会上的讲话	不能简单地把有没有财产、有多少财产当作判断人们政治上先进与落后的标准，而主要应该看他们的思想政治状况和现实表现，看他们的财产是怎么得来的以及对财产怎么支配和使用，看他们以自己的劳动对建设有中国特色社会主义事业所作的贡献。

资料主要来源：国家工商行政管理局个体私营经济监管司：个体私营经济法规集成，工商出版社，2001年版。张厚义、侯光明、明立志等：中国私营企业发展报告，社会科学文献出版社，2005年版，第5~6页。

此外，无论是国家还是家族经营者，都意识到发展中也要有规范。1993年，"中国第一庄"负责人禹作敏曾与鲁冠球一起成为中国乡镇企业协会副会长（会长为时任农业部部长何康），禹作敏对村庄长期实行带有封建色彩的家族式管理，终因犯包庇、窝藏罪犯、行贿、非法管制与非法拘禁、阻碍司法机关执行公务等罪行被逮捕。这种家企不分，公权力与私权力混用的问题，在这些基层的能人强人身上存在共性。禹作敏所作所为引发的案件，促使国家意识到乡镇企业改制中出现的问题，同时应让这些能人强人能够更加自觉自律，避免采取过激过火行为，逐渐将现代企业管理方式引入。有趣的是，这种村企合一在全国整体实行家庭联产承包责任制后仍然保持强盛生命力的村集体经济，都有能人及其家族的影子。其中最为典型的是江苏吴仁宝治下的华西村，以及河南王宏斌治下的南街村，他们在长期实践中形成了能人家族控制，尤其是华西村和南街村后来改制成家族控制的企业。

此外，20世纪90年代以后，地方封锁逐步被打破，全国市场也逐步形成，为个体私营经济发展提供了更广阔的市场空间。在行业准入方面，比较有代表性的是：1993年1月，国家工商行政管理局宣布，除关系国家安全和人民健康的行业外，原则上都允许个体、私营经济从事生产经营活动，虽然在实践中颇有波折，但一直呈扩大趋势。

二、家族企业发展前所未有

1. 数量迅猛激增

1992年春邓小平的"南方谈话"，激起了全国范围的创业潮，产生了大量的家族企业，尤其一些保护家族企业的政策措施出台，让一些家族企业从隐性走向显性。即便考虑当年许多下海并未注册登记，但无论是家庭经营的起点是个体工商户，还是家族经营的典型私营企业，在这一年都比1991年有明显增长。据统计，到1992年年底注册个体工商户1533.9万户，从业人员2467.7万人，注册资金600.9亿元，而1991年三者分别为1416.8万户、2258万人、488.2亿元。再看家族化经营的典型私营企业，1992年注册登记的分别为13.9万户，从业人员231.9万人，注册资金221.2亿元，均明显高于1991年的三项指标的10.8万户、183.9万人、123.2亿元。另据1993年5月中央统战部、全国工商联、中国社会科学院、中国民（私）营经济研究会组成的课题组，对全国私营企业全国抽样调查，其时间点为1992年年底，主要关注私营企业主构成和社会属性。据调查显示，私营企业资产规模平均为55万元，雇工人数平均为31人，产值平均为100万元，就雇工规模而言其明显高于国家统计局数据，这可能与抽样调查有关，可能被调查者都是当地"名企"，也有可能是因为问卷调查对象说了实话，而统计时可能由于其他考量而提供相对保守的数据。

据国家工商局统计，1993年私营企业已呈现出快速发展的特点。具体体现在五个方面。第一，户数、人员、资金、产值、营业收入、商品零售额等增长幅度虽然都很快，但增长幅度最大的是资金这一块，比上年增长2.1倍。全国私营企业户均注册资金已达28.6万元，比上年增长81%。1993年年末，注册资金100万元以上的私营企业已达8784户，比1991年增长近5倍（实际数字应比这还要高）。第二，有限责任公司急剧增长，企业组织形式趋于规范化。到1993年年底，私营企业的有限责任公司、独资企业、合伙企业分别比上年增长274%、48.8%和26.9%。私营企业正在向着规范化、正规化发展。第三，"混合经济"开始出现。私营企业通过参资、入股、租赁、兼并等形式，与国有、集体、外资等企业实行跨地区、跨行业、跨所有制的联合在全国各地已日趋增多，相互渗透，扬长避短，发挥"杂交"优势。第四，在行业结构中，高新科技业发展迅速。据国家工商局统计，在私营企业所从事的九大行业中，科技行业发展最快。仅就业人员和户数1993年就比1991年增长了4倍多。据不完全统计，到1993年，民营科技企业已突破4万家，私立小学、私立医院、私营飞机场都已出现。私营企业的产品打入国际市场的也越来越多。1993年，私营企业的出口创汇额已达15.8亿元，比上年增长了65.1%。私营科技企业的迅猛发展，与大批高素质的投资者及从业者加入私营经济的行列有重要的联系。第五，私营企业主地域性的影响逐步扩大。各地区的私营企业主，尤其是比较大的业主，与当地政府都有着不可分割的联系，他们或是当地财政收入的主要来源，或是当地社会福利的主要捐款者。这一点在县、乡一级表现尤为突出。因此，稍有规模的私营业主，政治上都有一定的职位，如政协委员、人大代表、工商联执委、私协会长、个协主席、民主党派成员等，有些甚至在政府机关还兼任职务。另据农业部透露，全国的"百强县"，私营企业的纳税额已占地方财政收入的30%～60%。有些地区私营企业上缴的税收已成为该地区财政收入的主要来源。

当然，早期的私营企业统计数据，实际上是被严重低估的，这既与地方政府的政治谨慎有关，更与私营企业主的政治谨慎，尤其有"背景"的私营企业主利用"红帽子"等有关。其突出表现是，直到1993年"六假"（假国营、假集体、假外资、假校办、假残疾、假知青）企业有增无减。据调查，全国没有一个部门能准确地统计出私营经济的各项基础数字，主要原因是"六假"企业太多。据各省一致反映和有关部门的抽样调查，"六假"企业比实际注册的私营企业要多3～10倍。另据国家工商局抽样调查，我国乡镇企业中有83%是私营企业。数字不实的另一个原因是，混合经济逐渐增多，参资、入股、合营、兼并等各种所有制企业混杂为一体，在所有制性质上很难规范是哪一类企业。私营企业的有关数字不实，给国家准确地把握这一经济形式带来了很大的困难，不利于国家对整体经济运行进行宏观调控和资源的优化配置。同时，给国家对企业进行分类管理也带来了不便。

以家族或者个人经营控制为基础的个体，私营企业政治地位不高，享受的是非国民待遇，使很多真私营企业不得不借助"红帽子"也分享更多公有制的红利。当然，更糟糕的是个体、私营企业不但在正式制度框架下享受非国民待遇，而且在实际工作中，地方普遍存在针对个体、私营企业的严重"三乱"（乱收费、乱罚款、乱摊派）现象，且屡禁不止。"三乱"是个体、私营企业强烈反映的问题，也是影响个体、私营经济健康发展的重要因素之一。据有关省、市的个体、私营企业反映，管理部门多达二三十个，其管理的方式主要是收费，项目多达60多种，除国家规定的应收费用外，各地区及有关部门自定的收费项目约占50%。

这一阶段对家族企业影响深远的有《中华人民共和国公司法》的出台与实施，对企业设立实现准则制，使企业主体有了规范的法律保障，也规范了经营者的行为。其实早在1992年《有限责任公司暂行管理条例》和《股份有限公司暂行条例》，这两部被视为公司法与合同法雏形的条例，实际上让戴"红帽子"企业的摘帽有了依据，后来铸就了万向集团的鲁冠球、美的集团的何享健等都趁势对企业股权进行改革，实际上演变成了"家族企业"。早年由社会精英刘氏四兄弟创办的"希望集团"正式完成工商注册，成为全国首家私营企业集团。

在这些私营企业中普遍存在着家族式的管理方式。管理人员中除投资者本人外，19.2%与投资者有亲属关系，15.4%是投资者亲友介绍进入企业的，真正从社会上招聘而来的占46.6%，而工人当中有36.6%与投资者沾亲，14.4%是邻居或朋友。血缘、地缘关系仍是私营企业内部凝聚力的重要内容。

家族、家庭经营为主的个体私营企业的贡献是非常明显的，其对宏观经济活力、解决就业，尤其弥补计划经济向市场经济转型过程中早期生活消费类物质缺乏和流通起到关键作用，并明显体现出比国有企业高得多的效率，私营企业的高效率一定程度上推动了国有企业、集体企业的改制。据调查，1992年无论在工业、建筑业，还是商业的主要经济指标如产值利润率、人均利税、人均生产率等私营企业无一不明显优于国有企业。私营家族企业的效率也推动了国有企业的改革，而随着国有企业改革的深化，又反过来促进了家族企业的发展。

1993年，全国开始扩大股份制改造试点，加速改革国有企业的产权关系，建立现代企业制度，中国国有企业改革由近15年的激发企业活力深入到国有企业产权。以《中华人民共和国公司法》为基础，以"产权清晰、权责明确、政企分开、管理科学"十六字方针为指导的国有企业现代法人制度的建立，实际上也推动了家族企业的创建与发展。其实，早在国有企业建立现代企业制度之前，一些效益较差的国企职工为生活所迫，以及一些比较有胆识的职工，已经开始兼职从事家庭或家族经营，或者利用周末、节假日为个体户、私营企业，或名为集体多为村集体能人控制的乡镇企业服务。

1998年3月，中共中央、国务院下发的《关于切实做好国有企业下岗职工基本生活保障和再就业工作的通知》指出：要大力发展集体和个体、私营经济，鼓励下岗职工自谋职业或组织起来就业。对下岗职工申请从事个体工商经营、家庭手工业或开办私营企业的，工商、城建等部门要及时办理有关手续，开业一年内减免工商管理等行政性收费；对符合产业政策、产品适销对路的，金融机构应给予贷款。事实上，在国企改制、破产、下岗潮来临之际，大量的国企员工被迫走向市场，有一些被动创业，他们在文化程度、技术、管理、市场开拓等方面明显又好于普通个体及家族经营者，往往在经历短期的下岗、失业阵痛之后促进了中国以个体、私营企业为代表的家族企业大发展。

乡镇企业改制则将大量的原集体企业推向个人化、家族化。当然，这在改制前其实已经部分个人化、家族化，改制只是将这种既成事实明确化、合法化，促进企业进一步发展的同时，也避免禹作敏式家企、村企、家村一体，导致个人欲望膨胀的悲剧。家族企业和乡镇企业是如此地难于区分，以致1996年的《中华人民共和国乡镇企业法》规定乡镇企业是指"农村集体经济组织或者农民投资为主，在乡镇（包括所辖村）举办的承担支援农业义务的各类企业"。乡镇企业的前身是人民公社时期的社队企业，改革过程中，按所有制类型，为方便统计，划分为四种类型，除乡镇和村这两级办的集体企业（即原社队企业）外，还包括联户办及个体私营企业，即统计上所说"村以下办企业"，随乡镇企业产权改革深化，原有的统计口径亦做了相应的调整，又将乡镇企业分为集体企业和个体私有企业两大类，但前者也多被家族控制。经过改制，乡镇企业解决了转型过程中的模糊产权问题，诞生了大量原经营者控制所有权和经营权，由公而私，转化为家族企业，效率明显提升。当然，这个转型是漫长的，比如著名的华西村和南街村的改制都是在21世纪初期，可能由于改制较晚，近年均陷入困境。

而1992年建立社会主义市场经济体制的改革目标确定后，伴随而来的乡镇集体企业以产权改革为中心的改制，原来被压抑的家族经营力量迅速迸发出来，私营企业数量进入一个快速增长的阶段，即使是1992年也比1991年增加了28.8%，1993年增加70.4%，1994年增加81.7%，1995年增加51.4%。原来隐蔽的家族经营逐渐显化的突出表现是1992年以后发生的"戴帽"现象减少，而"摘帽"则大大加速，1992年以后发生的"戴帽"为22.6%，而1992—1996年发生的"摘帽"占48.1%，1997年以后"摘帽"的又占39.6%，到针对2001年全国第五次私营企业抽样调查中，"戴帽子"的私营企业已经微不足道。"摘帽子"使这些家庭或家族经营企业从隐性走向显性，凸显出市场机制下的家族力量。

2. 多元快速发展

整体而言，1992年到2001年无论家族企业的极端形式个体经营，还是家族经营的经典形式，私营企业都取得了大发展。先看个体户情况，1992年年底全国注册个体户1533.9万户，比1991年增长8.3%；从业人员2467.7万，比1991年增加9.3%；资金数额601亿元，比1991年增加了将近四分之一（23.7%）。此后的3年更是处于井喷状态，1993年、1994年、1995年每年个体户注册数分别比上年增加15.2%、23.8%和15.6%；从业人员分别增长了19.1%、28.5%和22.2%；资金数额分别增长了42.2%、54.3%和37.5%。1996年到1999年继续保持增长，1999年达到这一阶段的顶峰，年底共有注册个体户3160.1万户，从业人员6240.9万，资金3439.2亿，大约分别是1991年的2.2%、2.7倍和6.4倍，虽然2000年资金和从业人员下降，但资金只是略有下降，2001年前两项指标继续下调，资金则出现反弹，客观上说明，微观个体的实力明显增强。1999年后的调整可能与一部分个体工商户转为私营企业有关，更可能与当规模较大的私营家族企业崛起后，个体工商户的贡献减少，地方对相关经营者控制弱化，一些虽申请关闭，却继续坚持经营，以减轻自身税费负担的结果。

个体工商户之所以在1996年以后数量增长缓慢，甚至倒退，其根本原因是高速增长的私营企业对个体工商户的挤出效应。这主要体现在两方面。一是私营经济利用规模优势、组织优势和人力资源优势将原来一些由个体户经营的，比如个体裁缝、小修补等替代。二是短缺状态的逐渐结束，国有企业、集体企业改制，改革开放以后外商直接投资长期持续稳定发展，私营企业等发展的结果使个体工商户面临更加激烈的竞争，市场空间越来越小，其有限的利润，加上不稳定的经营甚至还不如给发展起来的有品牌知名度、规模较大的企业打工，故而很多个体工商户放弃了个体经营。这从侧面说明只要提供机会，中国人也并非普遍"宁为鸡头，不为凤尾"。还有一个不容忽视的因素是，市场化程度的提高，为个体经营提供了大量的方便，也因为规模化的私营经济、"三资"企业的发展提供了方便。个体企业相对来说并不显眼，对地方财政、税收的贡献不大，且征收成本较高，因此地方政府往往采取"放水养鱼"的策略。很多个体工商户在新形势下又以新的方式"隐蔽"起来，甚至根本不注册，尤其在农村，一些从事小商品加工的农户，完全在家庭内部生产，而在分包制下，这些家庭手工业并不直接面向市场，因此也没有主动向工商部门申请"税费"的必要，因此实际的个体工商户数量可能比统计数多得多。

再看家族经营的典型私营企业情况，私营企业在这一阶段始终保持了高速增长，1992年注册企业数、从业人员与注册资金分别是13.96万户、231.84万人和22亿元，分别比1991年增长29.48%、26.07%和79.56%。但这一年的释放并不充分，1993年到1995年的持续高增长可以说是此前家族经营被压抑，得以释放的充分体现。1993年到1995年3年的私营企业注册数分别比上一年增加70.39%、81.68%和51.43%；从业人员分别比上一年增加60.72%、74.00%和47.44%；注册资金增长更为明显，分别增加207.70%、112.76%和81.08%。1996年开始，虽然增速有所调整，但注册量每年相比前一年均增长15%以上，从业人员除2001年比2000年增长12.77%外，均在15%以上；注册资金除2000年只比1999年增加29.36%外，其余年份均比上一年增加36%以上。从注册户数、从业人员、注册资金来看，私营企业的人员规模逐渐扩张，经济实力迅速增强，不仅仅体现在私营企业整体，更体现在个体的扩张。经过10年的快速发展，到2001年年底全国共注册私营企业202.85万家，从业人员2713.86万人，注册资金达到18210亿元，大致分别是1991年的20倍、15倍和150倍。

经过前一阶段制度创新效应逐渐弱化，以及基数的逐渐扩大，加上20世纪90年代中期我国经济整体从卖方市场逐渐步入买方市场，宏观经济逐渐由过热实现软着陆。从1996年开始，以家族经营为主的私营企业数量增加速度开始有所下降，1996年为25.4%，1997年为17.3%。1997年以后有关文件对非公有制经济地位的强调，以及国企改革的逐渐深入，特别是"十五大"以后国家大力规范市场经济的管理行为，至1998年6月底，中央各部门已取消企业不合理收费424项，各省、市、自治区政府取消2028项，地市以下取消18261项，大大减轻了个体私营企业的负担。结果，

1998年以后私营企业的数量增加速度又有所上升，1998年和1999年的增长速度均超过25%。此后虽然增速有所下降，但一直保持了相对高速增长，每年增长率均在15%以上。

在这一发展过程中，个体、私营企业还体现出城乡、区域差异等特点。在城市私营企业较为突出，在农村则是个体工商户铺天盖地，从整体而言，市场化程度更高的城市发展又快于农村。从区域分布而言，早期主要在广东、浙江、江苏等东南沿海得到较大发展，后来中西部地区也开始加速。由于历史原因，在这一阶段第三产业占据主导地位。

家族企业的典型代表私营企业有向城镇集中的趋势，这从相对规模化的私营家族企业可见一斑（见表3-2）。无论是总部还是最大的生产经营基地，大城市和中小城市均占一半以上，农村比例有限，开发区也吸纳了不少私营企业。

表3-2　2001年前私营企业总部和生产场地概况

地区年份	总部所在地					最大生产或经营场所				
	大城市	中小城市	镇	农村	开发区	大城市	中小城市	镇	农村	开发区
2001	25.0	34.8	23.7	10.3	6.1	24.5	32.9	23.6	12.4	6.5

资料来源：中华全国工商业联合会：1993—2006中国私营企业大型调查，中华工商联合出版社，2007年版，第167页。

如果时间再往前追溯则会进一步发现，随着私营家族企业法律地位的提高，其分布在城乡的比例有逐渐升高之势。表3-3显示了自1989年私营企业获得法律地位以来的城乡分布变化基本情况，早期私营家族企业主要分布在农村，城乡私营家族企业分布比例似乎与其法律地位高度相关。1989年到1992年，虽然私营家族企业获得法律地位，但很快出现政策摇摆，因此虽然城镇比例逐年上升，以及早期规模化的个体工商户主要分布在农村，结果直到1992年农村私营家族企业比例仍然超过城市；1992年邓小平"南方谈话"以及社会主义市场经济体系改革目标的确立，私营家族企业地位明显提高，结果1993年到1996年私营家族企业在城镇分布比例超过农村；1997年私营家族企业成为国民经济重要组成部分后，在城镇的分布基本在60%以上。之所以出现城镇私营家族企业分布比例与其法律地位提高基本同步的情况，一方面是因为私营家族企业在转型方面的政治敏感性，另一方面是因为城镇人流、物流、信息流、资金流比较集中，一般比农村更适合家族企业的发展。

表3-3　1989—2001年全国私营企业城乡分布比重对比表

单位：%

年份	城镇比例	乡村比例
1989	36.40	63.60
1990	38.40	61.60
1991	41.70	58.30
1992	47.50	52.50
1993	55.50	44.50
1994	55.80	44.20
1995	56.80	43.20
1996	59.40	40.60
1997	62.10	37.90
1998	64.50	35.50
1999	59.25	40.75
2000	61.25	38.75
2001	63.65	36.35

资料来源：黄孟复：中国民营企业发展报告No.1（2004），社会科学文献出版社，2005年版，第171页。

整体而言，到2001年，私营企业呈现出七个特点。第一，私营企业增长较快，注册资金增幅尤其明显。第二，私营企业经济社会效益明显，并成为国有、集体企业职工下岗再就业的重要渠道。第三，从企业组织形式看，有限责任公司发展迅速，合伙企业大幅度减少，个人独资企业稳中有升。第四，产业结构进一步优化，二、三产业各项指标全部增加，且第二产业人数最多，第三产业户数、注册资本最多，第一产业各项指标均有所增长。第五，私营家族企业积极参与国有、集体企业改制、重组，据中国第五次私营企业调查，当时有8%的被调查企业回答已经或正在收购破产国有企业，有13.9%的正准备收购或兼并国有企业，有2.8%的企业已呈报或租赁效益差的国有企业，有6.6%的企业准备呈报或租赁效益差的国有企业。第六，企业有由传统向科技产业发展的需求，据中国私营企业研究课题组的调查，高科技企业占3.84%，比以前调查明显增多，并且有43.6%的企业对新产品、新项目、新技术都进行了较大规模投资，占2001年销售额的4.5%，并有12.7%的企业有专利技术。第七，由于中国加入WTO，家族企业主们普遍对参与国际竞争充满期待与信心。

　　家族企业的大发展也引起了国际社会的关注，提升了中国家族企业的国际形象。1999年，英国人胡润开始利用业余时间和假期，查阅了100多份报纸杂志及上市公司的公告报表，凭着兴趣和职业特长，胡润排出中国历史上第一份和国际接轨的财富排行榜。当时西方媒体从未刊登过类似的排名榜，最终《福布斯》与胡润合作，首次以"胡润"冠名的中国富豪榜引起了《福布斯》读者群的兴趣，一直计划打开中国市场的《福布斯》第二年主动找到胡润，特邀他合作完成当年年度的"中国50人财富人物排行榜"。当在国外宣传达到效果后，胡润开始在中国寻找媒体支持。2000年，国内媒体的接连报道让"中国第一代富豪"突然曝光在了公众的视野。"富人们的钱到底是从哪里来的"，成为中国社会各个阶层最激烈的发问。最初中国人认为有钱人都是靠关系致富，但这批民营企业家白手起家拼搏创富的故事改变了中国人对富人的看法。当胡润认为的富人秩序建立后，他本人无疑成为最大赢家。2001年，胡润辞去安达信工作，成为

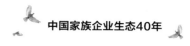

《福布斯》杂志中国首席调研员，他将富豪榜的上榜人数扩充到百人，直到现在家族企业主仍占据着榜单的绝大多数。

三、大发展中的异相

1. 野蛮生长导致衰落

在20世纪90年代中期以前，中国的个人和家族经营在某些领域高速发展，最为突出的莫过于保健品行业，最为典型的是吴炳新父子打造的三株口服液。而在此之前，中国的保健品市场已经进入退潮期。在此前的七八年间，太阳神、娃哈哈、中华鳖精等企业的各种花粉、蜂蜜口服液构成了第一轮保健品销售浪潮。然后，"乐百氏"的生命核能、"巨人"的脑黄金以及东北的沈阳飞龙等也品味到了从鼎盛到衰落的跌宕，这些都是以个人或者家族经营为主的。而吴炳新、吴思伟父子的三株虽然1994年8月才创办，但其发展速度远超前人，目前尚未有来者，但最终同样没有摆脱野蛮生长创造奇迹继而迅速衰落、消失的命运。

其间最突出的一个主题是，"三株争当中国第一纳税人"和振兴民族工业，以及明显带有夸张性质的"将人类的平均寿命延长十年"。在广告传达上，三株也极为大胆和富有创造性地走出了一条"让专家说话，请患者见证"的道路。三株首创了专家义诊的行销模式，在中心城市，每到周末，三株就会聘用一些医院的医生走上街头开展义诊活动，而其主旨则依然是推销三株口服液。到后期，三株更把这股义诊风刮到了乡镇、农村。据不完全统计，三株每年在全国各地起码要举办上万场义诊咨询活动。吴炳新利用中国低廉的人力成本优势，开展人海战略，聘用了数以十万计的大学生充实到县级、乡镇级的办事处和宣传站。同时，他还创造了一种"无成本广告模式"，即发给每个宣传站和村级宣传员一桶颜料和数张三株口服液的广告模板，要求他们把"三株口服液"刷在乡村每一个可以刷字的土墙、电线杆、道路护栏、牲口栏圈和茅厕上。以至于当时每一个到乡村的人都会十分吃惊地发现，在中国大地的每一个有人烟的角落，几乎都可以看到三株的墙体广告。吴炳新的努力得到了回报，来自三株的统计资料显示，到1996年年底，农村市场的销售额已经占到了三株总销售额的60%，这是一个了不起的营销业绩。而在两年前，三株公司的销售额为1亿元，第二年达到了20亿元，在农村市场获得巨大成功的1996年，三株销售额一跃而达到了巅峰的80亿元。

以区区30万元，在短短几年之内，便开创了资产达40多亿元的三株帝国基业，吴氏父子无疑有着超出一般企业家的抱负和理想，他们也是国内最早提出要把企业办成百年老店的企业家之一。然而，其企业在发展过程中，陆续出现了一些问题，例如，1998年3月31日，湖南常德中院就"八瓶三株喝死一位老汉"事件，做出三株公司败诉的一审判决，要求三株向死者家属赔偿29.8万元。随之卫生部下发红头文件，要求三株停产整顿。这份判决书，几乎将三株口服液判了死刑。而一年之后的1999年3月，湖南省高院对此案作了三株胜诉的终审判决，同时明确"三株口服液是安全无毒、功效确切、质量可靠的高科技产品"。2000年4月，中央电视台晚间新闻播出了关于学习三株党建工作的新闻，长达一分钟。同时，全国各省党报号召向三株学习，吴炳新将以上新闻称为"平反昭雪"，这显然是一场迟到的"胜利"。至常德事件终审裁定时，三株的400多个子公司已经停业，几乎所有的办事处和工作站全部关闭，昔日那个年销售额高达80亿，累计上缴利润18亿元，拥有15万员工的三株帝国几近崩溃。

新的一代恐怕难以理解如今已近耄耋之年的吴炳新，近年来仍一直致力于将中国发酵药推向世界，一直延续着当年的三株梦想。也许对于这些企业家来说，当年的行为确有很多身不由己，环境让他们条件反射似的选择了野蛮生长的路径。

2. 企业治理两权合一

1988年以前，家族经营的合法形式就是个体经营，1988年开始私营企业正式登上舞台，并很快在家族经营中发挥主导作用，尤其1992年开始以井喷方式发展，长盛不衰，并在国民经济中发挥着越来越重要的作用。

必须承认，就私营的资本组织形式而言，确实有社会化趋势。1990—1999年，全国私营企业中独资企业数量年均增长27.99%，合伙企业年均增长14.23%，有限责任公司数量年均增长80.42%，相应的各种资本组织形式的私营企业在私营经济中的比重发生了变化。1990年，独资、合伙企业与有限责任公司的比重分别为54.50%、41.07%和4.43%，而到1999年，则分别变为32.78%，8.85%和58.36%。其中1998年可以说是一个分水岭，当时私营企业组织形式中的唯一法人企业——有限责任公司发展迅速，在总户数、总投资者和总资本中所占比重明显扩大，其比重首次突破一半。1998年，有限责任公司已达62.16万户，同比增长40.46%，占私营企业总户数的51.76%；有限责任公司的投资者达172.12万人，同比增长44.21%，占私营企业投资者总数的65.24%；雇工人数达679.48万人，同比增长44.09%，占私营企业雇工总人数的47.01%；注册资本达5787.91亿元，同比增长44.5%，占私营企业注册资本总额的58.22%；户均资本已达93.12万元，比私营企业户均资本多33.18万元。私营股份有限公司从1999年开始登记，户数115户，投资者2357人，注册资本超过45亿。

个体工商户是家族企业的典型形态家庭企业，这一点是毋庸置疑的事实，但其物质资本来源与货币资本来源基本上是以一个家庭为中心，甚至以一个家庭为界，家庭与企业的属性兼具，个体工商户的资产为家庭所有，家庭控制是天经地义的，因此即使不考虑其自给性国民经济核算体系将其列入居民账户也很正常。私营企业则相对复杂得多，至少从雇工的角度考察，私营企业规模是超过个体工商户的，而且多数是在个体工商户基础上规模化而成，有的是通过遗产、劳动收入（比如劳务输出收入）等创业而成，还有国有、集体企业改制而成，因此一般规模较大，无论是货币资本还是物质资本往往都超过单个家庭的边界，而体现出与家族的复杂关系。按照约定俗成的单个经济组织发展方向是"大"而"强"的标准，个体工商户成功的方向就是私营企业（也包括混合所有制企业，但不多），因此家族企业的典型形态实际上是私营企业中的家族企业。虽然1988年以前一些经营大户的规模超过了后来确认的家族企业经营范围，但由于当时对经营大户缺乏基本的法律保护，权力一般往往高度集中于企业主个人，在政治风险加大时甚至为保护核心家族成员利益（父母与子女）和家族企业利益，甚至主动将家庭成员"迁出"企业主个人创办的企业。因为缺乏政治保障，自然也不敢将权力下放给外人，因为保守企业秘密有利于规避政治风险，因此1988年前的家族企业是所有权与经营权集中，而且两权统一，至少集中和统一情况不会弱于1988年私营企业取得法律地位以后的情况。

一般认为，我国私营企业绝大多数是家族企业，大致在90%以上，而且我国的家族企业基本上属于私营企业的范畴，不过家族企业内涵却是多元化的，实际上即使将家族企业标准数字化，但由于人的有限理性，以及我国转型期每一项指标的表现形式多样，即使主观制订精确的标准，但要将标准准确实施都是非常困难的。但不管怎样，理论和现实的普遍倾向是从所有权与经营权视角来判断企业是否是家族企业，因此可以从所有权与经营权的视角来分析当代我国私营企业的家族性。

1988年后，虽然法律允许企业直接注册成私营企业，但由于随后的政策摇摆，以及党和政府"摸着石头过河"的渐进式改革策略，使原来戴"红帽子""洋帽子""小帽子"的"隐形"私营企业一般不会积极主动改为注册私营企业，甚至新注册的企业在有隐形资源可供利用的情况下，也不会主动选择私营企业。在这种背景下，1993年的"中国私有企业主阶层研究"课题组调查发现，私有企业主的资金来源第一位的是个体经营积累或其他劳动、经营收入来源，私营企业最早来源是家庭联产承包及其他劳动收入积累，经营他业的个体户，随着规模扩大而成为私营企业。

同样，据"中国私有企业主阶层研究"课题组的研究，截至1992年年底的私有企业中1人投资的比例为66.3%，2~9人的是32.5%，10人以上的为1.1%，每户平均投资者为1.87人。在不同类型的私有企业中，独资企业中91.1%确实是1人投资，另有4.7%实际投资者是两人，4.2%投资者是3人或更多。而合伙企业也有12.9%实为1人投资，有限责任公司中近四分之一为1人投资，由于所有权集中，投资者风险较大，结果所有权与经营权紧密结合。73.2%的私有企业中全体投资者都参与管理，4.1%的企业多数投资者参与管理，15.0%企业投资者委托其中少数人主持管理（一般发生在有限责任公司），只有2%的企业投资者不参加经营管理，即使在投资者较多的有限责任公司中，两权分离现象也极为罕见。董事会并不是严格由股东选出，而是投资者联席会议决定。

在企业决策权分类上，无论是农村还是城市，企业主本人决定的占绝大多数（见表3-4），总体而言，63.6%的私营企业是企业主一人说了算，企业主和主要管理人员及其他组织的决策比例为21.3%，而董事会决策的比例只有15.2%。企业主一般是董事会重要成员，而且董事会其他成员往往有其家族成员，董事会往往是企业主控制的董事会，因此企业主在决策中是举足轻重的。具体而言，在各种资本组织形式的企业中，独资企业由企业主决策的比例高达76.9%，而资本社会化较高的合伙和有限责任公司则分别为39.3%和37.9%，后两者相差不大的原因，可能是因为两者投资者人数差别不大。就总体而言，随着资本社会化程度的提高，企业主一人说了算的比例在降低。就城乡而言，企业主说了算的比例相差不到一个百分点，但就董事会决策的比例而言，城镇的比例则远高于农村，其所占比重城市是农村的2.08倍。这可能与农村企业规模较小，更多为独资或合伙企业，没有董事会有关。

表3-4　1992年年底私有企业决策者分类

单位：%

	决策人	企业主本人	董事会	企业主和主要管理人员	企业主和其他组织
	比例	63.6	15.2	20.7	0.6
资本	独资企业	76.9	4.8	17.8	0.4
	合伙企业	39.3	25.0	34.8	0.9
	有限责任公司	37.9	44.4	17.8	0.4
城乡	城镇	63.5	16.2	19.7	0.6
	农村	62.7	7.8	28.8	0.7

资料来源：中华全国工商业联合会：1993—2006中国私营企业大型调查，中华工商联合出版社，2007年版，第25页。

　　私有企业内部管理上的另一重要特点是广泛存在家族制管理，即管理人员与雇主之间存在亲族联系，在企业管理上利用血缘关系。亲友介绍进厂，一定程度上是血缘关系的扩大。在相对封闭的农村，邻居等地缘关系也和血缘关系交织在一起。管理人员中有29.4%是企业主或其他投资者的亲戚，15.7%是企业主亲友介绍而来的，应社会招聘而来的不到一半。农村私有企业中，工人中与企业主沾亲或是邻居或是朋友的比例超过50%，即使城镇也占三分之一。虽然相当多的私营企业主家族管理色彩浓厚，但真正开夫妻店的比例并不多（城市不超过30%，农村不超过20%），作为一个家庭，多数情况下是"一家两制"，其中一方仍未脱离与原职业、原单位的联系。这并不仅仅在于分散风险，而主要是兼顾家庭的各种职能，往往没有在私营企业的一方会尽更多经济以外的家庭责任，比如抚养儿童、赡养老人等。值得注意的是，虽然1992年从所有权和控制权的角度考察，私营企业具有明显的家族倾向，但是企业始终是以市场为导向，天生具有社会化倾向，因此管理人员和工人通过社会招聘进入企业的比例都非常高，分别达到46.6%和48.5%。这主要是因为私营企业规模比较大，对人力资源的需求超过了家族甚至泛家族的边界，并且随着企业规模的扩张，这种矛盾越来越突出，另外面对市场竞争，自身家族的人力资源质量难以与企业需要匹配，故而不得不利用外部人力资源。

1995年，全国私营企业抽样调查数据及分析课题组调查的结果显示，到1994年年底，私营企业内部管理权和经营权仍然高度统一，投资者完全不参与企业管理、经营的企业只占3.1%，只比第二次调查时提高1.1个百分点。企业重大决策权力掌握在投资者尤其最主要的投资者手中，由企业主本人单独决策的比例降到54.4%，仍然居高不下，即使是城镇也有53.5%，若考虑主要投资者实际的重大决策权，可能比例会更高。在有多人投资的有限责任公司和合伙企业中，董事会决策的比例都比较高，分别为42.2%和31.3%，这可能由于规模较大企业需要的经济社会资源远远超越了个人、家族边界。但对于某些行业而言，规模又是必需的，因此不得不将权力与他人分享，结果随着企业规模的扩大，企业主单独决策的比例明显降低，而董事会共同决策的比例明显上升。当然，规模化的企业共同决策的高比例可能存在"泡沫"，因为规模越大的企业越注重社会形象，大股东之外的董事会成员可能在多数情况下只是大股东的附庸，不过这至少从形式上为分权创造了条件，至少别人的意见能更多地与大股东沟通，以利于形成民主化决策。

1997年，第三次调查显示，"今日中国的私营企业，普遍采用家庭家族拥有的形式"。从资产上看，截至1996年年底，51.8%是1人投资，2至5人投资的占40.3%，5人以上投资的仅占7.9%，其中投资人数在30人以上的仅为0.9%。值得注意的是，虽然个人投资的企业比例较低，但业主投资所占比例却由开业时的69%提高到82.7%，其他投资者中还有16.8%是其亲戚，与企业创始人没有特殊关系的投资人仅占4.6%，这构成了家族企业的产权基础。因此，虽然有限责任公司数量在注册登记中绝对数和相对数都提高了，但其中有相当部分还是个人投资，对于资本合作以及私企组织形式向现代企业公司制度发生转化，均不可估计过高。

在所有被调查企业投资者中有48.4%在企业里担任管理工作，独资企业中，投资者同时又担任管理者的高达97.2%，所有被调查企业中，仅有2.9%的企业没有投资者参与管理。有55.1%的投资者在企业中兼任技术工作，不在企业中工作的投资者占21.9%。与1993年、1995年调查相比，私营企业中投资者与管理者一身二任的现象没有改变。私营企业中经营决策和一般管理决定主要是由业主单独或由业主与其他人共同做出的，由业主本人做重大决策的为58.8%，这一比例比之于第二次调查反而有所上升，业主和其他人共同决定的占29.7%，决策权与管理权高度集中在企业主手中。不仅如此，家庭成员继续在企业中占据重要位置，已婚业主中，有18.8%其配偶在本企业工作，他（她）们有22.5%参与企业管理，11.8%负责供销，5.3%担任技术工作。已有成年子女的业主有37%的子女在本企业工作，有25.6%参与管理，39.7%负责供销，9.9%担任技术工作。此外，企业管理人员中还有23%是业主的其他亲属，技术人员中有9.8%为企业主亲属。事实上，管理人员中只有2.4%是招聘而来，技术人员招聘的比例也不到30%，其他的都与企业主和家族或泛家族存在关系。由于企业主控制了企业的资金、决策、管理和人员构成，整个企业就被笼罩在一张家庭、家族的大网之中。

关于1997年以前中国私营企业家族经营普遍化的原因，中国私营企业主研究课题组给出了几点解释：一是中国早期的私营企业都是转型过程中产生的，在体制外或者体制边缘生存，企业主不仅面临巨大的经济风险，还有政治风险等，更多只能依靠个人和家庭的支持开始创业。二是学术界普遍认同的中国社会结构和文化价值观根源，采用"家庭化"来增强企业的凝聚力，化解劳资矛盾。具体来说，家族制企业以企业主为核心，家庭近亲占据监督财务、采购、销售等关键职位，家族成员分布在生产、技术、管理的各个环节。对于非家庭成员，则用"家族化"办法，将其变为"准家庭""家族式"的成员。通过家族化建立起家庭内部式保护—被保护关系，把工具性和情感性结合起来，将家庭模式融入工作环境。

由于家族企业的发展，必然需要融合外部人力资本、外部金融资本、外部社会资本。1993年，何享健家族实际控制的美的集团上市成为第一家上市乡镇企业，同时也是公认的家族企业。1994年，鲁冠球家族实际控制的万向钱潮上市，成为浙江第一家上市乡镇企业，虽然资本社会化，管理也随上市更加规范。作为中国民营家族企业常青树的鲁冠球可以说是"企业教父"，直到2017年10月去世前一直担任公司董事长。1992年，陈金义一举收购了上海6家国有商店，成为改革开放后第一个收购国有企业的民营企业家。"陈金义现象"一时间轰动全国，也成为改革开放30年浙商的十大标志性事件。1998年，陈金义主动让家族成员退出或弱化在企业中的地位，在全国范围高调招聘职业经理人，但在多年后陈金义陷入低谷时，虽然说不后悔当年的职业化，但也承认若有轮回，更愿意注重家族和职业经理人之间的平衡。而在这一阶段，还爆发了"职业经理人第一案"。2000年5月20日，位于广西壮族自治区北海市的广西喷施宝公司向当地警方报案说，该公司总经理王惟尊、财务总监水麒梁等人涉嫌侵占公司财产，随后北海市公安局于2000年11月6日将王惟尊逮捕，这就是当时在企业界、学术界引起广泛影响的，被称为"中国职业经理人第一案"的"王惟尊案"。而广西喷施宝公司当时是全国政协委员、广西壮族自治区工商联副主席王祥林所持有，是一家典型的家族企业。王祥林的初衷是为了更好地利用外部资本，通过猎头公司引入职业经理人王惟尊对公司内部原家族化管理进行改造，并进而在海外上市。而"中国职业经理人第一案"的起因是家族外大股东，世界著名投资公司日本野村集富果创业投资有限公司香港分公司派驻公司的财务总监水麒梁，发现公司财务造假。这一事件当时在全国引起轰动，《南方周末》《财经时报》《中国企业家》《新财经》等多家报刊连续进行报道，307名工商管理硕士联名投书呼吁公正解决，著名经济学家吴敬琏等也表示关注，并呼吁在法律的框架内公正解决。这一案件，也让部分职业经理人对家族企业丧失信任，王惟尊在听说水麒梁的一审判决结果之后仰天长叹："这是彻彻底底的假案，而不是错案或者冤案，用'假案掩盖假账'，这是一大奇观！"

　　整体而言，到2001年中国家族企业所有权与经营权高度集中。先看所有权情况，据国家工商行政管理局的统计，2001年私营企业中独资企业、合伙企业和有限责任公司的占比分别为25.5%、6.5%和68.0%，有限责任公司占比几近三分之二，似乎意味着资本社会化程度很高，其实则不然，所有权高度集中的特征非常明显。据中国私营企业研究课题组对2001年中国私营企业的调查，私营企业中独资企业，出资人平均仅为1.3人，投资者为1人的占85.5%，这还基本符合独资企业由"一个自然投资"的法律规定，但规模更大、社会化程度更高的合伙和有限责任公司则出现明显异常的情况。对于合伙企业，法律规定要有"两个以上合伙人"，但投资平均人数仅为3.58人，有1.2%的其实是1人；一般认为社会化程度最高的有限责任公司，法律规定"两个以上五十个以下股东共同出资"，但在现实中投资平均人数仅为7.59人，有16.1%的有限责任公司实际为1人投资。再看各类企业企业主个人自有资本比例，独资的占到92.96%，合伙的占到59.46%，有限责任公司为71.2%，其中合伙企业主自有资本比例最低，可能是一人独大下的真合伙，有限责任公司则可能由于企业主利用这种企业组织形式社会影响力更大更有利于企业发展。

在以上的所有权结构下，必然出现主要投资者与主要经营决策者合二为一的情况，但整体而言略有降低。据中国私营企业研究课题组调查，2001年私营企业的主要投资者和主要管理者一身二任的情况为96%，虽然比1995年和1998年的97.2%和96.8%相比有所下降，但不明显。不过，投资者已经开始利用现代企业治理方式来管理企业，集中体现在从1992年以来，股东大会、监事会从无到有，到2001年分别有33.9%和26.6%的私营家族企业已经有了股东大会和监事会。董事会的比例到2001年则高达47.5%，工会也高达49.7%，职工代表大会和党组织都为27.4%，职工代表大会和党组织的比例不低且相同，可能与这些企业基本来源于改制、重组的集体、国有企业，以及相关机构的要求有关。

尤其值得关注的是，这些治理结构的健全并非形式上的，私营家族企业的经营决策自1992年以来已经出现多元化趋势，集权性都有所减弱。据中国私营企业调查组的调查，1992年重大经营决策由主要投资人决定的占63.6%，董事会决定的占15.2%，主要投资人和其他管理者共同决定的占20.7%，到2001年这几项指标分别为39.7%、30.1%和29.6%，个人说了算的家长制作风可以说有明显改观。就一般管理决定，1992年时由主要投资人说了算的占69.3%，董事会决定的占5.1%，主要投资人和其他管理者共同决定的占25.3%，到2001年这三项指标分别为34.7%、25.9%和36.5%，可见无论从重大决策，还是一般决策而言，被认为更为科学的董事会相对来说发挥着越来越重要的作用，而企业主一个人说了算的比例均有明显下降。当然，主要投资者仍然处于企业决策的中心，这有两个重要因素，一是为了企业的稳定，二是企业主难以找到合适的专职经理人。

（杨在军）

第五章

扩大开放与跨越发展的家族企业
（2002—2011）

一、大开放的背景

1. 入世推动大开放

在这一阶段开始前夕发生了影响中国经济社会发展的一件大事，那就是中国经过长达15年的谈判之后，于2001年12月11日正式加入世界贸易组织（WTO，简称"世贸组织"），标志着我国的经济开放进入了一个全新阶段。如果说1978年到2001年"改革"与"开放"这对孪生兄弟中"改革"引领"开放"的话，那从2002年开始，"开放"可能与"改革"并驾齐驱，甚至倒逼改革。对于中国企业，既可以面对广阔的国际市场，又面临世界企业的全方位竞争。

中国加入世贸组织全面参与世界贸易体制，可以参与世贸组织决策，审议相关政策，也可以在世贸组织框架协议下就相关贸易纠纷进行多边磋商，解决双边贸易争端，与新加入者进行双边谈判，为中国产品和服务扩大出口创造更多机会。

加入世贸组织可以充分享受多边无条件的最惠国待遇和国民待遇，即非歧视待遇。此前在双边贸易中受到的一些不公正的待遇被取消或逐步取消。其中包括：美国国会通过永久正常贸易关系（PNTR）法案，结束对华正常贸易关系的年度审议；根据WTO《纺织品与服装协议》的规定，发达国家的纺织品配额在2005年1月1日取消，中国可享受WTO纺织品一体化的成果；美国、欧盟等在反倾销问题上对中国使用的"非市场经济国家"标准将在规定期限内（15年）取消等。

加入世贸组织，除一般WTO成员所能享受的权利外，中国作为发展中国家还将享受WTO各项协定规定的特殊和差别待遇。其中包括：中国经过谈判，获得了对农业提供占农业生产总值8.5%补贴的权利；在涉及补贴与反补贴措施、保障措施等问题时，享有协定规定的发展中国家待遇；在争端解决中，有权要求WTO秘书处提供法律援助等。

为使中国相关产业在加入WTO后获得调整和适应的时间和缓冲期，并对有关的法律和法规进行必要的调整，经过谈判，中国在市场开放和遵守规则方面获得了过渡期。例如，在放开贸易权的问题上，享有3年的过渡期；关税减让的实施期最长可到2008年；逐步取消400多项产品的数量限制，最迟可在2005年1月1日取消；服务贸易的市场开放在加入后1～6年内逐步实施等。还允许中国保留部分进口国营贸易，部分允许给亏损国有企业补贴，经济技术开发区的优惠政策，对重要产品及服务实行政府定价和政府指导价，保留对进出口商品进行法定检验等权利，有条件、有步骤地开放服务贸易领域并进行管理和审批。

在享有以上基本权利及部分过渡期权利的同时，中国也承担一些基本义务。首先，遵守非歧视原则。中国承诺在进口货物、关税、国内税等方面，给予外国产品的待遇不低于给予国产同类产品的待遇，并对目前仍在实施的与国民待遇原则不符的做法和政策进行必要的修改和调整。其次，统一实施贸易政策。承诺在整个中国关境内，包括民族自治地方、经济特区、沿海开放城市以及经济技术开发区等统一实施贸易政策。再次，确保贸易政策的透明度。承诺公布所有涉外经贸法律和部门规章，未经公布的不予执行。设立"WTO咨询点"对有关成员咨询的答复应该完整，并代表中国政府的权威观点，对企业和个人也将提供准确、可靠的贸易政策信息。最后，为当事人提供司法审议、逐步放开外贸经营权（3年内），在2005年1月1日前取消已有的400多项非关税措施，并承诺除特殊情况不再增加非关税壁垒，实施《与贸易有关的措施协议》，以折中方式处理反倾销、反补贴条款的可比价格（15年内），加入世贸组织12年内接受特殊保障条款，接受过渡性审议等。

除了基本义务外，中国还做了一些具体承诺。比如，2002年将总体关税水平降至12%，2005年降至10%；逐步放开电信、银行、保险、证券、音像等部门；根据《与贸易有关的知识产权协定》对知识产权进行保护。

从此，中国对外开放进入了一个新阶段，它使中国在更大的范围、更广阔的领域、更高的层次上参与国际经济技术合作，增强对外资的吸引力，把国内市场与国外市场更加紧密地联成一体，实现资源优化配置；可以充分、有效地利用国内外两种资源、两个市场，更好地"引进来""走出去"，把中国对外开放提高到一个新的水平。

加入世贸组织客观上要求按市场经济的一般规律，调整和完善社会主义市场经济的行为规范和法律体系，消除生产方式中不适应时代要求和生产力发展的体制和机制障碍，依法办事，转变政府职能和工作作风，建立和完善全国统一、公平竞争、规范有序的市场体系，为经济发展创造良好的体制环境，这将有力地推动中国的市场经济体制改革。

此外，加入世贸组织后，一些行业如金融、外贸、供电、交通运输等将取消不能私营的禁令，与其他企业的待遇日益平等，这将为民营家族企业带来空前的发展机遇。当然全球市场除了机遇之外，也面临许多挑战。比如，国内外市场竞争加剧；贸易争端向纵深发展；地区发展可能更加不平衡；世界经济对中国经济的负传递渠道加多和加重等。

当然，中国是一个社会主义国家，虽然1978年以来确立了改革开放的基本战略，1992年确立了建立社会主义市场经济体制的改革目标，但是改革还很不彻底，开放还不够。计划在资源配置中还处于主导作用，市场作用相对有限；产业及企业法规政策内外有别、公私有别；私营家族企业主与公有制企业家、外资企业家身份地位等都还有明显差别。对于绝大多数个体私营家族企业而言，长期在公有、外资的裂缝与夹缝中生存，虽然体现出旺盛的生命力，但没有在真正的市场规则之下展开竞争，加入世贸组织后，不仅要面对各方面综合实力更强的公有制企业的竞争，还要在许多外资新进入行业与外资企业针锋相对，同时也让私营家族企业直接面向世界市场，对于很多企业来说是未知的"零"。整体而言，无论是政府还是私营企业主在加入世贸组织后都面临着巨大的机遇与挑战，中国政府面临以开放为基础的国际化、市场化与法治化三维深化，这是2002年到2011年中国民营家族企业发展的基本背景，也是进入2002年以后直接面向世界的中国政府面临的第一考验。

2. 制度与资源的配置

2002年1月8日，第一届中国民营企业发展论坛选择在香港举行，该论坛在中国最具外向型的城市召开颇有深意。香港有大量的华人、华资企业，也是中国内地联络海外华商世界的桥梁，因其根多在内地，与内地家族企业有更多的共同语言，又因其率先经历完全市场经济、世界市场洗礼的香港民营家族企业经验必然对内地民营家族企业有借鉴意义。这次会议300多位来自中国内地的民营企业以及香港和台湾地区的工商界人士，还有来自海外工商界人士齐聚一堂，探讨中国加入WTO后民营企业的发展大计，以及加强内地与香港企业相互合作的新途径。该论坛主要内容有：民营企业在中国经济建设中的地位及作用、政府在企业发展中的角色，中国加入世贸组织将进一步促进香港与内地经贸合作以及民营企业如何利用香港的舞台走向世界等。

　　加入世贸组织首先要解决的就是市场准入与国民待遇问题，也就不难理解2001年1月国家计委出台的《关于促进和引导民间投资的若干意见》规定，凡是允许外资进入的领域均允许和鼓励民间投资，尤其让民间投资者享有国有单位人员同等的待遇。针对已经崭露头角、铺天盖地的以私营家族企业为主的中小企业，首先要有一个相对充分的市场环境，使其不因规模大小而受到忽视。而世贸组织的基本原则就是各类企业一视同仁，因此2002年6月国家出台了《中华人民共和国中小企业促进法》。整体而言，这一阶段相关政策法规不少，包括私营个体家族经营等的法律地位、国民待遇、市场准入、规范发展、产权制度、"走出去"、投融资、私营家族企业主政治地位等多方面。其中，不仅有党中央、国务院、中央部委出台的大量政策法规，党和国家领导人对民营家族企业的重要论述，还有地方政府针对私营家族企业发展中遇到的实际问题出台的各种针对性政策（见表4-1）。2002年8月，在民营家族企业发达的广州市，广州市委、市政府出台的《关于促进个体、私营经济上新水平的若干意见》提出"与时俱进，进一步解放思想，更新观念，坚持一视同仁，平等对待"，"从家族管理向现代化企业管理转变"。这应该是首个将个体、私营经济与其他经济成分一视同仁，也是第一个提到将家族管理向规范管理转变的党和政府的正式文件。可能基于2003年河北首富保定徐水孙大午的非法集资案，2004年年初，河北省出台《关于政府机关为完善社会主义市场经济体制创造良好环境的决定》，首次明确指出：对民营企业经营者创业初期的犯罪行为，已超过追诉时效的，不得启动刑事追诉程序；在追诉期内的，要综合考虑犯罪性质、情节、后果、悔罪表现和所在企业当前的经营状况及发展趋势，依法减轻、免除处罚或判处缓刑。这是中国地方政府首次以官方文件形式对民营企业原罪问题进行澄清，引发全国范围内关于如何看待民营企业、民营企业家以及民营企业所谓原罪问题的广泛讨论。

表4-1 2002—2011年有关中国家族企业经营的重要文献、法规及讲话

时间	形式	主要相关内容
2002年1月	国家计委文件	《关于促进和引导民间投资的若干意见》提出，凡是鼓励和允许外商投资进入的领域，均鼓励和允许民间投资进入；在实行优惠政策的投资领域，其优惠政策对民间投资同样适用；鼓励和引进民间投资以独资、合作、联营、参股、特许经营等方式，参与经营性的基础设施和公益事业项目建设；鼓励和引导民间投资参与供水、污水和垃圾处理、道路、桥梁等城市基础设施建设；鼓励有条件的民间投资者到境外投资；要求国有商业银行要把支持民间投资作为信贷工作的重要内容，对民间投资者的贷款申请要一视同仁；鼓励建立为民间投资服务的信用和贷款担保机构；要求证券监管部门在健全完善核准制的基础上，为民间投资项目上市融资提供平等的机会；要积极稳妥地发展风险投资基金，为民间投资者进行高技术项目投资提供资金支持；要求各地区、各有关部门对与民间投资有关的税费科目要进行清理和规范，调整不公平的税赋，取消不合理的收费，切实减轻民间投资者的负担；要进一步完善法律法规，依法保护民间投资者的合法权益；民间投资者在评定职称、评选先进、户籍管理、子女就业以及因商务和技术交流需办理出国（境）手续等方面，享有与国有单位人员同等的待遇
2002年6月	《中华人民共和国中小企业促进法》	国家对中小企业实行积极扶持、加强引导、完善服务、依法规范、保障权益的方针，为中小企业创立和发展创造有利的环境
2002年8月	广州《关于促进个体、私营经济上新水平的若干意见》	个体、私营经济是社会主义市场经济重要组成部分。促进个体、私营经济上新水平，对于加快我市率先基本实现现代化、建设现代化中心城市有着十分重要的战略意义。各级党委和政府、各部门要以"三个代表"重要思想为指导，以三个"有利于"为标准，与时俱进，进一步解放思想，更新观念，坚持一视同仁，平等对待，合力营造政治上认同、社会上尊重、政策上支持、法律上保护的良好发展环境，促进个体、私营经济从分散小规模经营向规模集约化转变，从内向发展向国际化转变，从劳动密集型向劳动密集型与技术密集型结合转变，从家族管理向现代化企业管理转变，从不规范经营向规范经营转变。并就10个方面阐述对个体、私营经济支持措施

续表

时间	形式	主要相关内容
2002年11月8—14日	十六大报告《全面建设小康社会，开创中国特色社会主义事业新局面》	在更大程度上发挥市场在资源配置中的基础性作用。根据解放和发展生产力的要求，坚持和完善公有制为主体、多种所有制共同发展的基本经济制度。必须毫不动摇地支持、鼓励和引导非公有经济的发展。一定要把坚持公有制为主体，促进非公有制经济发展，统一于社会主义现代化建设进程中，不能将二者对立起来。各种所有制经济完全可以在市场竞争中发挥各自优势，相互促进，共同发展。一切合法劳动收入和合法的非劳动收入都应该得到保护。不能简单地把有没有财产、有多少财产当作判断人们政治上先进和落后的标准。要完善保护私人财产的法律制度。要逐步形成与社会主义初级阶段相适应的思想观念和创业机制
2002年11月14日	中国共产党章程（修正案）	即日生效。"年满十八岁的中国工人、农民、军人、知识分子和其他社会阶层的先进分子，承认党的纲领和章程，愿意参加党的一个组织并在其中积极工作、执行党的决议和按期交纳党费的，可以申请加入中国共产党。"从此，私营企业主可以名正言顺地加入中国共产党
2003年10月	《中共中央关于完善社会主义市场经济体制若干问题的决定》	个体、私营等非公有制经济是促进社会生产力发展的重要力量，要大力发展非公有制经济，支持非公有制中小企业的发展，鼓励有条件的企业做大做强。要从体制上消除限制非公有制经济发展的障碍。放宽市场准入限制，允许非公有资本进入法律未禁止的基础设施、公用事业及其他行业和领域。非公有制经济在投融资等方面与其他企业享受同等待遇。大力发展混合所有制，投资主体多元化，使股份制成为公有制的主要实现形式。该决定明确提出要建立健全现代产权制度
2004年1月	河北省委、省政府冀字〔2004〕第1号文件	批转河北省政法委2003年12月31日出台的《关于政府机关为完善社会主义市场经济体制创造良好环境的决定》，首次明确指出：对民营企业经营者创业初期的犯罪行为，已超过追诉时效的，不得启动刑事追诉程序；在追诉期内的，要综合考虑犯罪性质、情节、后果、悔罪表现和所在企业当前的经营状况及发展趋势，依法减轻、免除处罚或判处缓刑。这是中国地方政府首次以官方文件的形式对民营企业原罪问题进行澄清，引发全国范围内关于如何看待民营企业、民营企业家以及民营企业所谓原罪问题的讨论
2004年	宪法修订案	公民的合法的私有财产不受侵犯，国家依照法律保护公民的私有财产权和继承权。非公有制经济人士是社会主义的建设者。并在宪法中首次提出鼓励、支持和引导非公有制经济的发展

续表

时间	形式	主要相关内容
2005年2月	国务院文件	被称作"非公经济36条"的《关于鼓励、支持和引导个体私营等非公有制经济发展的若干意见》是我国有史以来最为详尽、最为系统全面的非公有制经济的政策措施。在市场准入、财税金融支持体系、社会服务、企业和职工合法权益、企业素质、监管、强化直到与监管等七个方面，均有所突破，尤其在市场准入方面取得了突破性进展。明确提出：允许非公有资本进入法律法规未进入的公用事业和基础设施领域；允许非公有资本进入社会事业领域；允许非公有资本进入国防科技工业建设领域；鼓励非公有制经济参与国有经济结构调整和国有企业重组
2005年3月	《关于发挥工商行政管理职能作用促进个体私营等非公有制经济发展的通知》	从工商行政管理的角度，对促进个体私营非公有制经济发展做了规定，包括：改革市场主体登记管理制度，放宽市场准入，鼓励公平竞争；积极推动农村个体私营企业发展；按照城乡统筹发展要求，积极支持和引导个体私营企业促进区域经济协调发展；鼓励、支持和引导个体私营企业大力发展第三产业；积极引导下岗失业人员和大学毕业生从事个体私营经济；加强监管执法和规范管理，促进个体私营企业健康发展；进一步改进工作作风，优质高效服务，依法保护个体私营企业的合法权益
2005年4月	国务院减轻企业负担部际联席会议国减负〔2005〕2号文件	《关于治理向个体私营等非公有制企业乱收费、乱罚款和各种摊派等问题的通知》全面清理涉及非公有制企业收费项目。不符合规定的行政事业性收费、政府性基金、政府性集资、罚款项目和各种摊派等歧视性收费规定。放宽非公有制企业市场准入。根据国务院有关规定，对初创小企业减免登记注册费。对不执行国家关于对个体私营等非公有制企业优惠政策，应立即予以纠正。取消针对非公有制企业在市场准入、土地使用、进出口贸易、金融信贷等方面的歧视性政策
2005年8月	鄂发〔2005〕16号	各级工商联要协助党委、政府有组织、有计划地将政治合格、社会贡献大、有一定参政议政能力的非公有制经济代表人士推荐担任各级人大代表、政协委员和工商联执委。全国各省、直辖市、自治区中，湖北是全国第一个由省委、省政府出台此类文件的省份
2005年12月	国法〔2006〕12号	国务院法制办和发改委联合下发《关于开展清理限制非公有经济发展规定的通知》，明确清理范围及重点、清理原则、清理工作的组织实施、清理工作的要求

续表

时间	形式	主要相关内容
2006年12月	《成品油市场管理办法》等	商务部《成品油市场管理办法》和《原油市场管理办法》从2007年就开始对外资开放，全面开放原油、成品油市场，也放宽了民营进入原油、成品油批发市场的限制
2006年12月	国家税务总局令〔2006〕17号	《个体工商户建账管理暂行办法》真正落实了个体工商户作为市场主体的地位，避免家户不清
2007年2月	中华全国工商业联合会文件	《关于指导民营企业加强危机管理的若干意见》就民营企业危机做出指导
2007年2月	中国国防科学技术工业委员会文件	《关于非公有制经济参与国防科技工业建设的指导意见》从十一个方面鼓励、支持和引导非公有制经济参与国防工业建设
2007年3月5日	温家宝总理所作政府工作报告	要鼓励、支持和引导个体私营等非公有制经济发展。要认真落实中央制定的各项政策措施。鼓励非公有制经济参与国有企业改革，进入公用事业、基础措施、金融服务以及社会事业等领域。完善金融、税收、技术创新等政策，改进对非公有制企业的服务。依法保护非公有制企业的合法权益。加强对非公有制企业的引导和管理，促进企业依法经营
2007年3月16日	十届人大五次会议文件	《中华人民共和国物权法》和《中华人民共和国企业所得税法》。前者保护个人在内的所有物权人的合法物权，这使私营家族企业能够更加放心地创造财富，为社会主义市场经济贡献力量。后者结束了不合理的外资超国民待遇，为内资企业提供了同一起跑线，让内资企业从原先的高税负解脱出来
2007年5月	商务部等四部委文件	联合下发《关于鼓励、支持和引导非公有制企业对外投资合作的若干意见》，从五个方面推进非公有制企业实施"走出去"战略
2007年5月	国家发改委文件	《高技术产业发展"十一五"规划的通知》要求支持有条件的高技术企业在国内主板和中小企业板上市，而中小企业多是家族个人企业
2007年10月	中共十七大报告	从制度上更好发挥市场在资源配置中的基础性作用。坚持和完善公有制为主体、多种所有制经济共同发展的基本经济制度，毫不动摇地巩固和发展公有制经济，毫不动摇地鼓励、支持、引导非公有制经济发展，坚持平等保护物权，形成各种所有制经济平等竞争、相互促进新格局。推进公平准入，改善融资条件，破除体制障碍，促进个体、私营经济和中小企业发展。以现代产权为基础，发展混合所有制经济

续表

时间	形式	主要相关内容
2008年3月	政协报告	对新社会阶层,一方面,要密切与他们的联系,关注他们的利益诉求,畅通利益表达渠道;另一方面,要加强思想政治工作,引导他们自觉承担社会责任。作为改革开放之后才产生的新社会阶层,总体上是好的,但也存在一些必须引起重视和亟待解决的问题
2008年12月	胡锦涛纪念改革开放30周年重要讲话	我们党领导人民干的是社会主义事业,必须坚持党的领导、保证人民当家做主,必须坚持公有制为主体、按劳分配为主体,同时又必须积极探索能够极大解放和发展社会生产力、充分发挥全社会发展积极性的体制机制,放手让一切劳动、知识、技术、管理、资本的活力竞相迸发,让一切创造社会财富的源泉充分涌流。毫不动摇地巩固和发展公有制经济、发挥国有经济主导作用,积极推行公有制多种有效实现形式,增强国有经济活力、控制力、影响力,同时又毫不动摇地鼓励、支持、引导非公有制经济发展,形成各种所有制经济平等竞争、相互促进的新格局
2009年9月	国务院《关于进一步促进中小企业发展的若干意见》	针对2008年金融危机以来以私营家族企业为主的中小企业发展中遇到的问题。提出了营造有利于中小企业发展的良好环境、切实缓解中小企业融资困难、加大对中小企业财税扶持力度、加快中小企业技术进步与结构调整、支持中小企业开拓市场、努力改进对中小企业的服务、提高中小企业企业经营管理水平、加强对中小企业工作的指导等八大方面29条具体意见
2010年5月	国务院《关于鼓励和引导民间投资健康发展的若干意见》	被称作"民间投资36条"的《关于鼓励和引导民间投资健康发展的若干意见》提出了四个方面的政策措施。一是要进一步拓宽民间投资的领域和范围。鼓励和引导民间资本进入基础产业和基础设施、市政公用事业和政策性住房建设、社会事业、金融服务、商贸流通、国防科技工业等领域。二是鼓励和引导民间资本重组联合和参与国有企业改革。通过参股、控股、资产收购等多种方式,参与国有企业改制重组。支持有条件的民营企业通过联合重组方式做大做强。三是要推动民营企业加强自主创新和转型升级。支持民营企业参与国家重大科技计划项目和技术攻关,帮助民营企业建立工程技术研究中心、技术开发中心,不断提高企业技术水平和研发能力。鼓励民营企业加大新产品开发力度,发展战略性新兴产业,积极参与国际竞争。四是建立健全民间投资服务体系,加强服务和指导,为民间投资创造良好环境。清理和修改不利于民间投资发展的法规政策规定,清理整合涉及民间投资管理的行政审批事项,支持民营企业的产品和服务进入政府采购目录。在放开市场准入的同时,切实加强监管

时间	形式	主要相关内容
2010年 8月	国务院文件	《关于促进企业兼并重组的意见》通过促进企业兼并重组，深化体制机制改革，完善以公有制为主体、多种所有制经济共同发展的基本经济制度。加快国有经济布局和结构的战略性调整，健全国有资本有进有退的合理流动机制，鼓励和支持民营企业参与竞争性领域国有企业改革、改制和改组，促进非公有制经济和中小企业发展
2010年 9月16日	中共中央、国务院文件	《关于加强和改进新形势下工商联工作的意见》始终贯穿促进非公有制经济健康发展和非公有制经济人士健康成长这条主线。对加强和改进工商联工作做出全面部署，提出了一系列新的重要观点、政策和举措，是指导当前和今后一个时期工商联工作的纲领性文件
2011年 4月	国务院文件	《关于在全国范围内开展厂办大集体改革工作的指导意见》分总体目标和基本原则、改革方式、有关资产和债权债务处理、职工安置和劳动关系处理、社会保障政策、工作要求六部分23条
2011年 4月	个体工商户条例	适应新形势，废止1987年《城乡个体工商户管理暂行条例》，实行新的《个体工商户条例》，共30条。条例通过两方面措施从制度上体现鼓励、支持个体工商户健康发展：一是取消了暂行条例规定的一些不适当限制，为个体工商户经营发展提供了更加宽松的制度环境；二是进一步明确了政府及其有关部门对促进个体工商户发展的扶持、服务措施。从三个方面对个体工商户做了规范，一是工商行政管理部门和县级以上人民政府其他有关部门应当依法对个体工商户实行监督和管理；二是为维护个体工商户所招用从业人员的权益，规定个体工商户应当依法与招用的从业人员订立劳动合同，履行法律、行政法规规定和合同约定的义务，不得侵害从业人员的合法权益；三是对个体工商户违反本条例规定的行为规定了相应的法律责任

整体而言，这一阶段跨越式发展的基础是在加入世贸组织的背景下，大开放促改革的结果，当然这一阶段的开放改革与此前政策保持了延续性，只是步伐更快。比如市场化改革的深入就是改革开放以来的深化，尤其继十五大指出"使市场在国家宏观调控下对资源配置起基础性作

用"后，十六大指出"在更大程度上发挥市场在资源配置中的基础性作用"，十七大更进一步指出"从制度上更好发挥市场在资源配置中的基础性作用"。

二、家族企业跨越式发展

1. 经营规范，地位提升

跨越式发展首先体现在个体、私营家族企业获得国民待遇，改革开放后相当长一段时间中国企业的格局是外资企业享有超国民待遇，国有企业享有国民待遇，集体企业享有准国民待遇，而私营家族企业等则享有非国民待遇。虽然外资企业和国有企业的超国民待遇和国民待遇可能有争议，比如国有企业可能在很多行业凭借市场准入限制处于垄断地位，外资在所得税方面具有法定的优势，且在诸多领域享受地方招商引资竞争下带来的特权，但可以确定的是私营家族企业无论是在市场准入，还是税收、融资等方面可以说处于完全劣势地位，而且无论从经济实力还是社会影响力，尤其政治地位，在这一阶段之前都明显低于外资和国有、集体企业。而在实际过程中，由于个体私营家族企业的弱势，相关部门和地方在实际工作中还存在普遍而严重的乱收费、乱罚款、乱摊派、乱检查，虽然国家也曾治理，但效果甚微，这些都转化为私营家族企业沉重的负担。

在这种情况下早期个体、私营家族企业往往千方百计利用国有、集体企业的"红帽子"和外资企业的"洋帽子"，以期降低运营成本。上一阶段国家已经意识到戴帽企业的不妥之处，明令清查、整理，即便这样有一些真集体，实际家族控制企业在前一阶段并没有积极性改制。但在这一阶段，可能由于家族私营经济法律地位的确立，国民待遇的取得，尤其社会不再歧视家族私有，一些原本集体企业出现家族化改制倾向，比如，农村集体经济的典型代表——江苏华西村2003年进行了改制，引入自然人股东，控制权掌握在中国第一村的缔造者吴仁宝四子吴协恩手中，这是一种典型的家族传承。次年，农村集体经济的另一代表河南南街村也进行改制，原村委会负责人王宏斌等领导班子拥有了自然人股份。这客观上说明家族企业地位已经得到社会的普遍认可。

这一阶段民营家族企业虽然在市场准入方面一度遭遇"弹簧门""玻璃门"，但这只是产业准入过程中的插曲，整体而言，产业准入比前一阶段有了天壤之别。由于私营家族企业获得大量新产业市场准入资格，如前一阶段福建赖昌星家族特大走私案已经不再有存在的空间。这一阶段民营企业获得的市场准入权利包括航空、石油、金融，甚至军工等原有禁地。最早是航空领域的突破，2002年3月5日，当均瑶集团董事长王均金听到朱镕基总理在政府工作报告中指出，打破行业垄断，形成适度竞争，尽快实施电信、电力、民航管理体制改革时，心情十分激动。2002年8月18日，经国家民航总局批准，均瑶集团入股东方航空武汉股份有限公司，占18%的股份，这是民营企业首次入股国家全资控股业务领域。距2005年"非公经济36条"颁布不到半年，均瑶集团就获准筹建上海吉祥航空有限公司，次年9月实现首航。2006年7月，浙江省首个由民营资本控股的通用机场——建德千岛湖通用机场竣工并试飞。即便是被视为国家机密的军事工业，私营家族企业也在2007年以后获得了合法的市场准入权。

私营家族企业的发展，还表现在私营家族企业的自信，用于面对国际国内的挑战，尤其应诉西方发达国家的各种反倾销、反补贴调查为典型，影响比较大的主要是家具、纺织、皮革、钢铁等产品的反倾销调查，其中家具行业基本是私营家族企业。中国产业界至今为止遭受反倾销的"第一大案"——美国家具反倾销案，经过私营家族企业主及中国政府的努力，最终赶在2004年年底前画上相对圆满的句号。这次美国家具反倾销案历经三个年份，涉案的中国家具企业达到135家，涉案的家具总值超过10亿美元，牵动了包括中、美两国家具众多企业、行业协会、商务部等政府部门，相互之间开展了激烈的角力与较量。2002年年底，美国家具制造商协会年会循例召开，有代表在会上提出建议，向中国家具提起反倾销诉讼并开始酝酿。2003年年中，由大约30家美国家具制造企业组成的美国家具制造业委员会以因中国家具倾销而受损害为由，联合着手筹备、提起反倾销事宜。面对美国咄咄逼人的气势，中国上至商务部，下至各级政府相关部门、家具行业协会以及众多的家具生产企业，开始投入应对反倾销调查之战。2003年8月，广东各级家具协会、企业积极参与中国家具业反倾销应诉委员会筹备成立等各项工作。据介绍，当时还专门为此筹备了200万美元的资金，以供中国家具业反倾销应诉委员会进行工作之用。该委员会成立后，经过分析，预测将有5～10家中国家具出口企业会被强制性调查。后来，美国商务部确定了7家。此外，广东还连续举办中国家具业应对反倾销论坛、中国家具业应对反倾销问卷答疑会等10多场专题会议，分别对反倾销的定义、美国反倾销的法律体系和程序、中国木制卧房家具反倾销案件中应对问题、提高企业的贸易风险防范意识以及应对措施等方面做了探讨。2003年12月11日，应美国家具委员会的申请，美国商务部（DOC）决定对从中国进口的木制卧房家具立案进行反倾销调查，受调查的中国家具企业共135家，仅广东东莞就占了54家。2004年1月9日，美国国际贸易委员会（ITC）初步裁定，中国家具厂商以不公平的低廉价格向美国市场"倾销"卧室家具，正在损害美国生产商的利益，该委员会裁定要对此类产品征收高额倾销关税。2004年1月30日，美国商务部确定7家中国家具生产企业将接受美国商务部的"倾销"调查。美国商务部在2004年6月18日初步裁定：从中国进口的床、梳妆台、大型衣柜、书桌等卧室家具，以低于公平价格4.9%至198.08%的低价在美倾销，美国海关将在一周内对美国输入的中国家具征收相应比率的押金。至此，中美家具"反倾销案"第一回合宣告结束。2004年7月，美国商务部调查组在中国开展调查的同时，国内的家具行业也开始了进一步的行动。当时，由东莞市家具协会牵头，组织参与无损害应诉，并成立中国家具业争取ITC无损害结案工作委员会。该行动得到我国商务部进出口公平贸易局的支持，还有500多家家具企业和各地行业协会积极响应。中国之行结束后，美国商务部于2004年11月8日公布了家具反倾销第一次终裁结果，公布的平均税率为8.64%，比初裁的10.9%降低了2.26个百分点。对此结果，中国家具企业不屈不挠，仍然积极申诉其计算结果有误。于是，美国商务部又在2004年12月28日公布家具反倾销的终裁结果，这回平均税率降为6.65%，比第一次终裁的8.64%降低了1.99个百分点，比初裁的10.9%降低了4.25个百分点。此外，值得关注的是，2006年10月，王振滔的奥康联合4家企业起诉欧盟，2010年3月，欧盟初级法院驳回奥康等中国5家鞋企的诉讼请求，宣布中国鞋企一审败诉。当年6月，令人难以置信的是，奥康单独正式向欧盟高等法院提起上诉。2012年11月，更让人难以置信的是奥康赢得了上诉，成为中国鞋业反倾销赢官司第一案，就世界范围来看都是一大奇迹，也为中国民营家族企业赢得了尊严。这次反倾销国际官司的胜利，前后历6年有余，应诉——失败——上诉，充分展现了中国家族企业的韧劲与担当。

中国家族企业入世后，在国外一般会遭遇发达国家的反倾销、反补贴调查，而在国内会面临来自发达国家巨无霸企业的知识产权控告，由于中国家族企业相对弱势，最初往往并无还手之力，但随着时间推移，中国民营家族企业也敢于迎战，并取得了较为理想的效果。比如，从2005年开始持续两年多的李如江的深圳市东进通讯技术股份有限公司与国际巨头英特尔的"中国知识产权第一案"，就侵犯知识产权与非法产权垄断的控告与反诉之争，无论对错成败，都表现出了民营家族企业的自信，敢于利用法律武器与巨头抗争，维护自身合法权益。尤为值得肯定的是，经过几年的博弈，双方最终和解，这也符合世界知识产权争议案的一般结果。

家族经营地位提高的充分体现是私营家族企业主政治地位的提高。2002年4月，汇源朱新礼、宁夏红张金山、奥康王振滔、天皇药业陈立钻4位民营企业家获得2002年"五一劳动奖章"，是第一批获"五一劳动奖章"的家族企业主。2002年12月23日，胡锦涛首次走访全国工商联。在全国工商联的座谈会上，全国工商联主席黄孟复介绍了情况。胡锦涛在讲话中充分肯定了各级工商联组织为我国经济发展做出的重要贡献。他指出，中共中央十分重视工商联的工作，并寄予殷切期望。他希望工商联进一步凝聚广大会员的智慧和力量，更好地发挥党和政府联系非公有制经济人士的桥梁和纽带作用，进一步加强自身建设，不断增强工商联组织的吸引力和凝聚力。

2001年，中央12号文件的出台，首次开启了由改革开放后诞生的民营企业家担当省级工商联"掌门人"的先河。据此，2002年，重庆、浙江、贵州进行民营企业家办会的试点。尹明善、徐冠巨、张芝庭相继分别当选为重庆、浙江、贵州省工商联会长；在海南，工商联选举了三亚泰星实业有限公司董事长童石军担任会长，替代多年前以企业家身份出现，但保留官方背景的王福生。省级工商联会长，这个职务相当于省部级干部。这一年，全国工商联的领导班子，从原有的两位民营企业家兼职副主席，增加到了7位。之后的历届全国工商联领导班子成员中，民营企业家的人数和比例逐渐增多。2003年1月，先有力帆集团董事长、重庆工商联会长尹明善当选重庆市政协副主席，成为改革开放以来首位进入省级政协领导班子的民营企业家。10天后传化集团董事长、浙江省工商联会长徐冠巨当选为浙江省政协副主席。对民营企业家做出政治安排，成为党和国家统一战线工作的重要任务。此后作为统一战线的重要内容，每年春季的全国"两会", 民营企业家和一些工商联系统的党政干部在政协中组成了专门的界别, 即工商联界别, 参政议政。

2002年, 中共十六大召开, 包括私营企业家远东控股集团董事局主席, 也是无锡首富的蒋锡培等在内的7位民营企业家正式成为全国党代会代表, 标志着中国的民营企业家登上了中国最高的政治舞台。与之相应的是, 企业家参政积极性明显提高。中国私营企业研究课题组2006年进行了全国性私营企业抽样调查, 调查显示, 28.8%的私营企业主认为"争取当人大代表、政协委员"最为迫切。2006年12月, 99名以私营家族企业主为主的非公有制经济人士, 作为新的社会阶层人士获得"优秀中国特色社会主义事业建设者"的荣誉称号。随着私营家族企业的跨越式发展, 私营家族企业主阶层得到党和国家的肯定。2008年, 江苏红豆集团总裁周海江和北京现任国美董事长张大中开创历史, 作为中国企业家被选为省级人大常委。私营家族企业的强大得到社会承认, 在学术界引起广泛关注, 国家也意识到其社会影响力。2008年的全国政协报告专门提到由私营家族企业主构成的"新社会阶层"。据统计, 截至2011年年底, 全国非公有制企业已建立党组织36.8万个, 覆盖企业98.3万家; 工会组织覆盖非公企业285万家, 会员1.38亿人; 31.4万家非公企业独立建立了团组织, 覆盖35岁以下青年1611万人。

2. 经营规模整体扩大

先看家族经营的原始形态个体工商户的基本情况, 2011年, 个体工商户3756.47万户, 从业人员7945.28万人, 注册资金达16177.57亿元。这比上一阶段的最后一年2001年的2433万户、4760.3万人、3435.8亿元有了明显增加, 户数增长了50%多, 从业人员增加了60%, 注册资金增加了3.6倍以上, 说明单个经营规模明显增加。尤其是上一阶段后期的2000年个体工商户注册数量、就业人数, 甚至资金都出现负增长的情况, 在这一阶段得以迅速扭转。资金方面，虽然2001年相对于2000年增加了3.6%，但相对2000年比之于1999年减少3.6%而言，还是有所减少，而且相对于前后从来没有低于10%的增长速度，因此其增长也主要在2002年后，除2002年、2003年、2005年、2006年、2007年注册资金相对上一年增长率在10%～20%外，其他年份均大于20%。个体工商户注册数量则直到2005年才开始恢复正增长，但增长速度并不快，每年相对上年都只有个位数的增长率。就从业人员而言，2004年开始出现正增长，2009年和2011年相对上一年增长率均超过10%。整体而言，增长速度不是很快。但正如前文分析，自20世纪后期个体工商户，无论在城乡，还是在非公有制经济中，家族经营的原始形态个体工商户相对迅速崛起的私营家族企业在各方面的贡献率下降，地方政府对其管控也相对较弱，故而在统计数据上没有相对改革开放之初到20世纪末之前的高速增长。但也应该注意到2008年的金融危机对个体工商户的影响较小，再次验证了其旺盛的生命力和变形虫般的适应性。

就私营家族企业而言，2001年注册户数、从业人员、注册资金分别为202.85万户、2713.86万人、1.821万亿元，而2002年这三项指标分别为263.83万户、3247.5万人和2.48万亿元，分别比2001年增长30.06%、19.66%和36.17%。到这一阶段结束，私营企业的注册户数、从业人员和注册资金分别为967.68万户、10353.62万人和25.79万亿，大概分别为2001年的4.8倍、3.8倍和14.2倍。私营企业的各项指标均明显高于个体工商户，并且保持了持续高速增长，注册户数增长最慢的是发生金融危机的2008年，但其增长率也高达9.02%，其他年相比前一年增长率均在10%以上；就从业人员而言，2008年、2009年、2010年、2011年虽然每年均比前一年的增长率低于10%，但即便增长率最低的2009年也有8.89%的增长率，增长率最高的2003年相比2002年增加了32.38%；有趣的是，注册资金增幅最大的仍然是2003年，比2002年增加42.34%，注册资金年增长率最低的2007

年为23.55%，这10年里只有3年低于25%，有两年在25%～30%，有4年在30%～40%，有一年超过40%。三项指标均高速增长，尤其从业人员和注册资金增长更为迅速，这充分说明私营家族企业家族经营规模扩大，社会化程度增强，也从侧面验证了个体工商户的地位相对下降。

三、上市成为大开放的集中体现

1. 自身的需求

这一阶段的社会特征是经济环境的大开放，家族企业自身发展在这种背景下，同样也是不断开放。家族企业的发展壮大需要自身的积累，这条路径在家族企业创业、起步期往往发挥至关重要的作用。家族企业的发展壮大更需要利用外部资源，家族企业发展壮大的表现之一就是能否有效利用外部的资源。家族企业的影响力主要是通过利用外部资源的影响力来体现的，家族企业发展壮大后也不得不利用外部资源，可以说利用外部资源是家族企业发展壮大的必要条件，即家族企业的发展壮大是融合外部人力资本、金融资本、社会关系资本的过程。当然，这三者关系相辅相成，而最直接、最容易得到的就是外部人力资本，而外部人力资本的进入，率先带动家族企业内部管理的社会化，带动企业管理的大开放。资金是制约家族经营，尤其是我国当代家族企业创业阶段发展壮大的最大瓶颈，其重要性不言而喻，可以说是管理社会化的孪生兄弟。而在现代市场经济体系中社会关系资本是不可或缺的隐性要素，这在转型期的中国作用明显，只是早期并未引起高度关注，甚至将其与"灰色、黑色关系"等同起来。

而将三者综合起来的家族企业经营方式就是家族企业上市，虽然早在20世纪就有一些家族企业上市，但大规模上市还是在这一阶段，而且其成为资本市场一直不可或缺的力量，本部分的分析也由此展开。家族企业上市对管理的积极作用得到广泛认可，因为相对而言，其规模比较大，而且因为上市股权分散度相对较高，经营权也有社会化倾向，早期甚至有学者将家族企业上市等同于家族企业走出家族控制范围成为社会公众企业，并认为这是家族企业发展的基本方向。即便随着我国家族企业的发展，以及西方家族企业经验和理论的进入，尤其国内理论研究的深入，学术界逐渐意识到家族企业上市并不是家族企业发展的唯一方向，家族企业上市绝大多数情况下也并不意味着家族企业完全社会化为公众企业，家族往往仍然掌握着企业所有权和经营权的优势，但这些均不能否认家族企业上市的积极意义。

在中国情境下，家族企业发展过程中面临的最大问题是融资问题。传统银行，民间融资渠道不畅，因此家族企业的早期融资更多游走于"灰色地带"。这一阶段爆发了中国家族企业"非法集资第一案"，即前河北省首富孙大午被诱捕、羁押、判刑，引发河北省立法机关对私营家族企业原罪立法，并引发社会对民营企业原罪的争议，以及后来三次当选胡润百富榜首富的国美黄光裕、德隆系唐万新家族、科龙系顾雏军、太子奶李途纯入狱等实际上都和资金有关，至于其罪与非罪有待历史的检验。而上市则是中国家族企业解决资金问题的"阳光之道"，是一种直接融资方式，而一些家族企业由于对资金的贪婪，导致家族企业上市一度被曲解为"圈钱"的代名词。

当然，家族企业上市是要付出成本的。首先，在公开上市后为符合上市公司监管的要求而对公司治理结构进行调整和改变。在某种意义上，家族企业这种治理结构改变的实质并非规范意义上的治理结构动态优化，而是一种强制性的制度变迁，是家族企业为筹措发展资金而不得不按照有关规定进行的自我改造。在企业制度中所有权是基础，家族企业上市前往往一家独大，所有的治理结构都以企业主为中心展开，并且可以根据企业主家族意愿设定各种形态的治理结构，而家族企业上市后首先股权明显被稀释，从法理上讲家族大股东已经失去了对家族企业的绝对控制权，因为上市公司有强制性的治理规范。在这一阶段主要是2002年1月7日证监会出台的《上市公司治理准则》对上市公司的股东及股东大会、控股股东与上市公司、董事与董事会、监事与监事会、绩效评价与激励约束机制、利益相关者和信息披露与透明度等各个方面都做出具体规定，几乎涉及公司治理的全部内容。这些规定其实就是公司能否公开募股的限制性条件，家族企业上市同样也必须接受相应的监管规则的调整。但适应这种治理结构的成本远小于私营家族企业主对资金需求，加之一些先知先觉的私营家族企业主也有通过开放资本、开放管理提升家族企业经营管理水平和综合实力的主观需求，因此这一阶段家族企业对上市可以说是趋之若鹜。

2. 独特的上市结构

在中国虽然以家族企业为主体的民营经济无论在实践中还是法律上都已经成长为国民经济的重要组成部分，但我国毕竟正处于社会主义计划经济向社会主义市场经济体系的转型期，公有制（尤其国有制）无论在理论还是实践中仍将长期发挥主导作用。民营家族企业即使在改革开放后也相当一段时期处于边缘化生存状态，甚至受到正式制度的抑制，因此家族企业发展很不充分，尤其是家族企业资产等很难达到上市门槛。因此，直到20世纪90年代末才开始有公认的家族企业在国内股票交易所直接上市，此后家族企业上市蓬勃发展，无论是上市公司数量还是公司市值及在股市所在比重都直线上升。尤其中小企业板H股家族企业占绝大多数。家族企业上市情况即在股票市场市值客观反映家族企业目前多而不强的现实。但比之于近代中国证券市场蜕变为政府债券市场，没有为家族企业提供融资渠道而言，其已经是跨越式发展。

家族企业上市确实以产权开放、资本社会化为基础，治理更加科学规范。首先，与上市前企业股份全部或绝大部分都是由家族成员持有相比，上市后家族成员虽仍持有大量的企业股份，但是股份持有者的人数和种类已大大增加和拓宽。在这些股份持有者中，包括公众投资者、机构投资者和法人投资者。其次，董事会的相对开放。随着家族企业上市后股份持有者的多元化以及股权结构的分散，其董事会结构也相应发生变化。这种变化最基本的特征就是各种非家族成员的利益相关者进入董事会，从而使得董事会成员身份、董事会规模、领导权结构都发生很大变化。最后，是高级管理人员的对外开放。家族企业上市后的经营者选择机制也随着上市成功发生了很大改变。一方面，公司规模的扩大使得企业的等级链条拉长，新增的岗位需要有适合的人去担当，而家族内部的人力资源储备是有限的。另一方面，公司的声誉和实力通过公开上市这一信号显示传递到人力资源市场，有越来越多的职业经理愿意加入。还有一点或许也是最重要的一点，《上市公司治理准则》对于经营者的选择，明确提出了"上市公司应尽可能采取公开、透明的方式，从境内外人才市场选聘经理人员，并充分发挥中介机构的作用"的要求。在这种情况下，从外部引进职业经理人成为上市家族企业吸收人力资本的主要方式。因此，从经理层的人员结构看，家族企业上市以后经理人员主要也是以非家族成员为主。但是，与上市前相比，上市以后的家族在选择经理人员方面的标准发生了某些变化，能力与素质正在取代纽带关系成为企业选择经营者的主要标准。

我国的家族上市公司，一部分是由家族私营企业改制上市的，一部分是由集体企业或国有企业改制成私营家族企业上市的，还有一些则是家族企业在资本市场上通过"兼并"或"重组"等方式间接上市的。从总体上看，大多数家族上市公司由家族控股公司间接控股，少数由自然人（家族股东）直接控股。这些家族上市公司的所有权首先表现为家族股东"一股独大"的现象比较普遍。不论是由家族控股公司（法人）间接控股的，还是由家族股东（自然人）直接控股的家族上市公司均普遍存在"一股独大"的现象。之所以出现这种情况，可能在于家族上市公司在创建时期通常只有少数几个发起人，而且他们往往具有一定的血缘、亲属关系，自然就形成了高度集中的股权结构，而家族企业的上市通常又是通过这些家族高度控股的公司直接或间接上市的，在公开发行股票后，如果对社会公众发行的股份数量占公司总股份比例较低，必然会产生"一股独大"的现象。当然，家族股东"一股独大"也受普通股东欢迎，比如在股票市场动荡的2008年，在证监会等的推动下，无论是家族企业还是非家族企业，在一些大股东承诺不减持甚至增持股份的情况下，这些上市公司的股价普遍出现了不同程度的上扬。在中小企业板块H股市场，家族控制的所有权比例更高。因为所有权高度集中，转型期的不确定性，经理人市场的不健全，私人合法权益的保护不充分，甚至现有的有限保护也往往在现实中失灵等诸多因素，加上股权的长期分置导致股票的不同持有者享有权利的不对等，不同股东的决策权、承担权利与义务、风险与责任的不平等不对等，结果本应两权开放的上市家族公司在经营权方面仍然保持了高度的封闭性。值得注意的是，上市公司是规模较大的企业，但一般认为大企业社会化程度应较高。但从上文的分析表明，中国当代上市家族企业两权集中程度仍然较高。这除了前面所分析的转型期家族企业普遍两权合流的原因外，还有大型国有企业对家族企业的挤出效应明显，而据钱德勒研究，大规模企业往往与兼并相伴而生，而我国民营家族企业未发生大的兼并潮，而钱德勒所分析的铁路、烟草等易于规模化、职业化的行业在中国都没有民营企业的空间，上述两个原因也很大程度上决定了我国上市家族企业虽然规模较大，但不会太大，故而两权客观上也难以分离。

不容忽视的是，上市企业普遍表现出一股独大趋势，并非家族企业所独有。刘芍佳、孙霈、刘乃全（2003）从终极所有权的研究表明，整体而言我国上市公司第一大股东平均占有公司发行股票数的44.6%，其中国家控制的公司平均控制46.5%的股份，而非国家控制的公司最大股东平均控制的股权为34.8%，其中非政府控制的国内上市公司的最大股东平均持有37.7%，未上市的国内民营企业控制的大股东平均控制33.3%的股份（家族控制公司应归于此类），外资控制的10家最大股东持有股份也达25.8%。

中国家族企业上市现象引起了世界关注，2010年美国《福布斯》首次推出的"中国最佳家族企业排行榜"实际上是上市的家族企业排行榜，此后《福布斯》每年均推出中国上市家族企业调查报告或榜单。50家家族企业均是上市公司，前三名为李立家族的普瑞来、胡百帆家族的新和成和王飘洋家族的万邦达。进入榜单的50家家族企业中有5家是2002年前上市者，2002年后上市的占总数的90%。从成立时间来看，有18家是2002年前成立的，只有三分之一强。当然，也不能迷信该榜单，比如新希望的刘永好家族、当年福布斯中国富豪榜第三的梁稳根之三一重工。

2011年11月，《福布斯》杂志发布的"中国家族企业风云榜"同样针对中国上市家族企业，据其调查统计，当年中国2272家上市企业，有1268家为民营上市企业，这其中460家为家族企业，占民营上市企业总数的32.68%，当然由于《福布斯》杂志认定家族企业标准比较严格，按照一般的标准民营上市企业中有80%左右是家族企业。首次公开募股（IPO）的家族企业有62家，占当年首次公开募股企业总数的44.6%。从另一个角度看，上市家族企业的表现要优于非家族企业，它的总资产回报率达到6.66%，这明显要优于国有上市企业1.75%和上市非家族企业2.82%的回报率。在净利润复合增长率方面，家族上市企业远好于上市国有企业。夫妻关系成为中国家族企业中最主要的关系，与2010年的兄弟关系为主的结论稍有不同，其次是兄弟关系、父子关系、母子关系。家族企业管理中，第二代整体不如第一代。

家族企业最集中的地区是传统商业大省广东、浙江和江苏，这三省合计的家庭企业占到总数的53.3%。此外，深圳是上市家族企业最多的城市，在A股上市的家族企业达到了48家，占整个广东省数量的近一半。而浙江省省会城市杭州在A股上市的家族企业也达到了23家，超过了北京的21家和上海的21家。家族上市企业分布多的地区，显然都是民营经济最发达、中国经济最具活力的地区或城市。

就家族企业管理而言，已经相对社会化。在这些企业的高管中，仅有14%为家族成员，非家族成员的比例高达86%，但是企业的决策权仍然牢牢地掌握在家族成员手里。因为80%的董事长都是家族成员。但是到了执行层面上，家族成员和职业经理人则是平分秋色。家族企业一个非常显著的特点就是亲情关系，这似乎已经成了他们的核心竞争力。据统计，在这些家族企业的领导人中，夫妻关系最多，可以说，中国的上市家族企业中，最多的就是"夫妻店"。与此同时，数量庞大的家族企业正经历着代际传承的考验。

《福布斯》2011年认为上市家族企业发展面临着两大突出问题。首先是发展传承问题，其次是家族企业的管理模式值得探讨。一方面，是不是所有的家族企业都适合上市，上市之后不一定延续之前的管理经营模式，那如何选择最适合自己的发展之路。家族企业上市后减持的份额较大，而且套现获利的几率较高，缺乏长远打算，因此，国家应该制定相关制度，保障家族企业上市后的融资正常，从而使之成为真正意义上的现代企业，在经营管理上更顺畅。另一方面，众所周知，对于家族企业来说，一旦家庭成员进入管理层，会不可避免地产生冲突。家族企业在初创业期较有优势，俗话说"打虎亲兄弟，上阵父子兵"，在创业伊始资金不足的情况下，大家相互信任，把事情做成功的概率很大。但是一旦公司逐渐壮大，面临扩大再生产或者设立分支机构的情况，就需要考虑在用人方面进行转型。

（杨在军）

第六章

代际传承与转型升级的家族企业（2012—至今）

一、改革开放进入深水区

1. 宏观环境复杂多变

家族企业和中国经济一样经过改革开放30多年的复苏，尤其上一阶段的跨越式发展之后，开始进入一个新的发展阶段。家族企业改革开放以来的大发展可以说是顺"势"而为，这种"势"是改革开放对家族经营的逐渐认可，是中国经济奇迹这种大势。

但在这一阶段，改革经济先行的红利已经释放得差不多，尤其经济长期高速增长后，经济运行体制从早期作为推动经济高速发展的原动力逐渐蜕变为中国经济，尤其私营家族经济等进一步发展的瓶颈，这也反作用于宏观经济，二者相互作用，出现经济新常态。经济新常态的集中体现是从2012年开始GDP增长率进入"7"时代和"6"时代，甚至进一步下行，一举告别改革开放30多年GDP年均增长10%左右的状态，从2012年到2017年中国GDP同比增长率分别为7.65%、7.7%、7.4%、6.9%、6.7%和6.9%，2018年为6.6%，而家族企业跨越式发展的2002年到2011年GDP增长率分别是9.08%、10.03%、10.09%、11.31%、12.68%、14.16%、9.63%、9.21%、10.45%和9.3%，都在9%以上。中国经济呈现出新常态，从高速增长转为中高速增长，经济结构优化升级，从要素驱动、投资驱动转向创新驱动。

这一阶段经济增长速度下降的同时，劳动力成本上升、环保成本上涨、原材料成本上升、税费负担重、融资难融资贵，不仅如此，在这一阶段后期，中美贸易冲突带来比较多的不确定性，可以说市场维护成本增加，使私营家族企业面临前所未有的压力，甚至有人说，2018年是中国民营家族企业自1992年确立建立社会主义市场经济体系的改革目标以来最难的一年。这一阶段反腐力度加大，但私营家族企业办事难了，办不了了。在鼓励支持银行向民营家族企业增加贷款的同时，银行等却以信贷风险为由，抽贷、停贷，私营家族企业资金风险进一步加大。这一轮掀起的反腐风暴、巡视风暴、整改风暴、环保风暴，尤其实践中的一些片面的过激行为，都给私营家族企业带来了压力，尤其一些传统行业的私营家族企业，甚至面临生死存亡。

滥觞于上一阶段私营家族企业最为发达的广东地区的改变，原有高投入、高消耗、高排放的粗放型增长方式，升级为质量与效益、经济与社会协调增长方式为主要内容的"腾笼换鸟"。在这一阶段先在广东深化为"腾笼换鸟，凤凰涅槃"，并逐渐推广到全国牵一发而动全身，"腾笼换鸟"需要"一石三鸟"：新体制牵动、新机制驱动、新产业拉动。最重要的是"倒逼机制"："倒逼"企业改变原先高消耗、高投入的粗放型经营管理方式；"倒逼"地方政府加快转变职能，推动结构调整和产业升级。有的地方土地不足，却能"倒逼"出向"闲置、空间、时间、管理、科技、规划、机制、企业、置换、域外"要土地集约经营。城市的经营管理者是否有"逼迫"感，在于其见识的"早"与"迟"，而"腾笼换鸟"成功与否，在于其投资强度、产出密度、效益高度和环保水平是不是显著提升。这可能对于企业、区域整体长远发展有利，但对积累较少、竞争力相对较弱的广大私营家族企业而言，必然面临阵痛，甚至生死存亡，但这也是企业家正常的"新陈代谢",也是赋予经济、企业持续活力与竞争力的重要保障。

面对这样的问题,政府提出了多项举措。比如,针对我国企业的创新不足、信心不足的问题,在2014年9月夏季达沃斯论坛上李克强总理提出,要在960万平方公里土地上掀起"大众创业""草根创业"的新浪潮,形成"万众创新""人人创新"的新态势。此后,他在首届世界互联网大会、国务院常务会议和2015年《政府工作报告》等场合及文件中频频阐释这一关键词。每到一地考察,他几乎都要与当地年轻的"创客"会面,希望激发民族的创业精神和创新基因。为贯彻落实《国务院关于大力推进大众创业万众创新若干政策措施的意见》有关精神,共同推进大众创业、万众创新蓬勃发展,国家还成立了由发改委牵头的推进大众创业、万众创新部际联席会议制度。2018年9月18日,国务院下发《关于推动创新创业高质量发展打造"双创"升级版的意见》。2018年12月20日,"双创"当选为2018年度经济类十大流行语。

此前,2015年提出的供给侧结构性改革,从提高供给质量出发,用改革的办法推进结构调整,矫正要素配置扭曲,扩大有效供给,提高供给结构对需求变化的适应性和灵活性,提高全要素生产率,更好满足广大人民群众的需要,促进经济社会持续健康发展。针对产能过剩、楼市库存大、债务高企这三个方面,为解决好这些问题,推行了"三去一降一补"政策,即去产能、去库存、去杠杆、降成本、补短板五大任务。

针对民营企业"事难办",政府机关"门难进","脸难看"。国家提出加大"放管服"力度,建立"亲""清"的新型政商关系,各省(市、自治区)积极探索,有浙江为典型的"最多跑一次",还有一些省份的一站式服务等。

这一阶段从某种意义上说,党和政府竭力将以私营家族企业为主的民营企业纳入主流，但社会上也一度产生误解。比如竞争中性论的提出，以及混合所有制改革的深化，私营家族企业等非公有制经济可以更加平等、全面地参与到社会主义市场经济体系建设，与国有经济等相互促进。即便这些政策指引提出后出现了诸如"民营企业退场论"等争议。再如，加强非公有制经济的党组织建设，也曾被误读为党要控制私营家族企业等，但实践表明，国家是为了私营家族企业更好的发展。党和国家领导人通过民营企业座谈会重要讲话等方式亲自阐明政策导向，纠正了民间的一些曲解，指明了方向，增强了家族企业经营的信心。

2. 制度供给日益丰富

2012年12月25日，曾长期在家族企业发达的福建、浙江两省任职的习近平在担任总书记后不久就视察了民营企业的直接管理机关——全国工商联机关，他明确要求工商联要牢牢把握促进非公有制经济健康发展和非公有制经济人士健康成长的工作主题，引导非公有制经济人士做合格的中国特色社会主义事业建设者。可以说，这为这一阶段私营家族企业等非公有制经济发展定了调，即全面国民化、平等化，全面参与中国特色社会主义建设，无论非公有制企业，还是其所有者、经营者都是社会主流，都是社会主义事业建设者。

这一阶段虽然时间不长，但从中央到地方制度供给则非常多。从微观方面的中小微企业健康发展，企业创新主体地位，更加广泛的私营家族企业等非公有制经济的广泛市场准入，企业家精神的弘扬；到中观的各种所有制企业和个人产权的保护，从"腾笼换鸟"到高质量发展；宏观方面有十八大和十八届三中全会等对民营非公有制经济地位的全面提升。由国企改革推出的混合所有制一度被人误解成"新公私合营"，"民营经济过时论""民营经济离场论"引发广泛争议，最后习近平总书记在民营企业座谈会上的讲话一锤定音，驳斥了这些错误言论，认为其不符合党的大政方针，并再次强调"两个毫不动摇"。从时间来看，从2012年4月国务院发布《进一步支持小型微型企业健康发展的意见》到2018年12月25日国家发展改革委、商务部发布《市场准入负面清单（2018年版）》，可以说，这一阶段对以私营家族企业为主的非公有制经济制度供给充足（见表5-1）。

表5-1　2012—2018年有关家族企业的重要法规论述

时间	形式	内　　容
2012年4月	国务院文件	《关于进一步支持小型微型企业健康发展的意见》加大对以个体私营企业为主的小微型企业的财税支持力度，缓解小微型企业融资困难，推动小微型企业创新发展和结构调整，支持小微型企业开拓市场的力度，切实帮助小微型企业提高经营管理水平，促进小微型企业集聚发展，加强对小微型企业的公共服务而提出的具体意见
2012年8月	国务院文件	《关于深化流通体制改革加快流通产业发展的意见》分指导思想、基本原则和主要目标、主要任务、支持政策、保障措施四部分20条。主要任务是：加强现代流通体系建设；积极创新流通方式；提高保障市场供应能力；全面提升流通信息化水平；培育流通企业核心竞争力；大力规范市场秩序；深化流通领域改革开放
2012年11月	十八大报告	报告重申"两个毫不动摇"的同时，更强调要"保证各种所有制经济依法平等使用生产要素、公平参与市场竞争、同等受到法律保护"，"牢牢把握发展实体经济这一坚实基础，实行更加有利于实体经济发展的政策措施"，"提高大中型企业核心竞争力，支持小微企业特别是科技型小微企业发展"等方针政策，为以家族经营为主的非公有制经济科学发展提供更加广阔的空间
2013年2月	国务院文件	《关于强化企业技术创新主体地位全面提升企业创新能力的意见》其中既有企业研发费用加计扣除这样正在实施并取得初步成效的政策措施，也不乏企业研发费用后补助这样探索性强的改革措施
2013年7月	国务院文件	《关于金融支持经济结构调整和转型升级的指导意见》提出"尝试由民间资本发起设立自担风险的民营银行"，给民营银行亮"绿灯"

续表

时间	形式	内　容
2013年11月	十八届三中全会文件	《中共中央关于全面深化改革若干重大问题的决定》提出：国家保护各种所有制经济产权和合法权益，保证各种所有制经济依法平等使用生产要素、公开公平公正参与市场竞争、同等受到法律保护，依法监管各种所有制经济。坚持权利平等、机会平等、规则平等，废除对非公有制经济各种形式的不合理规定，消除各种隐性壁垒，制定非公有制企业进入特许经营领域具体办法。国有资本、集体资本、非公有资本等交叉持股、相互融合的混合所有制经济，是基本经济制度的重要实现形式，有利于国有资本放大功能、保值增值、提高竞争力，有利于各种所有制资本取长补短、相互促进、共同发展。允许更多国有经济和其他所有制经济发展成为混合所有制经济。国有资本投资项目允许非国有资本参股。允许混合所有制经济实行企业员工持股，形成资本所有者和劳动者利益共同体。鼓励非公有制企业参与国有企业改革，鼓励发展非公有资本控股的混合所有制企业，鼓励有条件的私营企业建立现代企业制度
2014年10月	十八届四中全会内容	提出要健全以公平为核心原则的产权保护制度，加强对各种所有制经济组织和自然人财产权的保护，清理有违公平的法律法规条款
2014年12月	中央政治局会议、经济工作会议内容	2014年12月5日，中央政治局会议上首提"新常态"。中央政治局会议的公报，有三处提到新常态：我国进入经济发展新常态，经济韧性好、潜力足、回旋空间大；经济发展新常态下出现的一些趋势性变化使经济社会发展面临不少困难和挑战；主动适应经济发展新常态，保持经济运行在合理区间。随后的中央经济工作会议阐述了新常态的九大特征
2015年5月	习近平讲话	习近平出席中央统战工作会议讲话指出，促进非公有制经济健康发展和非公有制经济人士健康成长，要坚持团结、服务、引导、教育的方针，一手抓鼓励支持，一手抓教育引导，关注他们的思想，关注他们的困难，有针对性地进行帮助引导，引导非公有制经济人士特别是年轻一代致富思源、富而思进，做到爱国、敬业、创新、守法、诚信、贡献
2015年6月	银监会文件	国务院办公厅转发银监会《关于促进民营银行发展指导意见》，标志着民营银行受理全面开闸，民间资本进入银行业的渠道和机构类型全部开放
2015年10月	十八届五中全会内容	鼓励民营企业依法进入更多领域，引入非国有资本参与国有企业改革，更好激发非公有制经济活力和创造力

续表

时间	形式	内 容
2016年3月	十二届全国政协四次会议内容	习近平发表重要讲话，重申"两个毫不动摇"，强调"非公有制经济在我国经济社会发展中的地位和作用没有变，我们毫不动摇鼓励、支持、引导非公有制经济发展的方针政策没有变，我们致力于为非公有制经济发展营造良好环境和提供更多机会的方针政策没有变"。并首次用"亲""清"两字阐释新型政商关系，在广大非公有制经济人士之间和社会上引起热烈反响
2016年6月	14部门联合文件	中央统战部、中央组织部、全国工商联等14家部门单位联合出台《关于加强和改进非公有制经济代表人士综合评价工作的意见》，进一步规范非公有制经济人士政治安排和评选表彰工作
2016年11月	国务院文件	《关于完善产权保护制度依法保护产权的意见》，这是我国首次以中央名义出台产权保护的顶层设计，是我国民营经济政策的历史性突破，对未来经济长期稳健运行具有非常重要的意义。指出：有恒产者有恒心，经济主体财产权的有效保障和实现是经济社会持续健康发展的基础；健全以公平为核心原则的产权保护制度，毫不动摇巩固和发展公有制经济，毫不动摇鼓励、支持、引导非公有制经济发展，公有制经济财产权不可侵犯，非公有制经济财产权同样不可侵犯；坚持权利平等、机会平等、规则平等，废除对非公有制经济各种形式的不合理规定，消除各种隐性壁垒，保证各种所有制经济依法平等使用生产要素、公开公平公正参与市场竞争、同等受到法律保护、共同履行社会责任；对涉及重大财产处置的产权纠纷申诉案件、民营企业和投资人违法申诉案件依法甄别，确属事实不清、证据不足、适用法律错误的错案冤案，要依法予以纠正并赔偿当事人的损失。严格遵循法不溯及既往、罪刑法定、在新旧法之间从旧兼从轻等原则，以发展的眼光客观看待和依法妥善处理改革开放以来各类企业特别是民营企业经营过程中存在的不规范问题。这是我国首次以中央名义出台产权保护的顶层设计，不仅提出非公有制经济财产权同样不可侵犯，同等受到法律保护，还对改革开放以来出现的不规范经营问题提出"不溯及既往"原则

续表

时间	形式	内　容
2017年9月	中共中央、国务院文件	《关于营造企业家健康成长环境弘扬优秀企业家精神更好发挥企业家作用的意见》，这是新中国成立以来中央首次以专门文件明确企业家精神的地位和价值。明确了激发和保护企业家精神的总体要求和主要任务，提出了一系列改革措施。提出营造企业家健康成长环境、弘扬优秀企业家精神、更好发挥企业家作用的政策措施，回应企业家关切，引导企业家预期，规范企业家行为，激励企业家创新。从法治环境、市场环境、社会氛围等方面，提出了"三个营造"措施：要营造依法保护企业家合法权益的法治环境；要营造促进企业家公平竞争诚信经营的市场环境；要营造尊重和激励企业家干事创业的社会氛围。从政府服务、企业家队伍建设、党的领导方面，提出了"三个加强"的具体措施：加强对企业家优质高效务实服务；加强优秀企业家培育，企业家队伍是弘扬优秀企业家精神的基本载体，优秀企业家是经济发展中的重要人才和"关键少数"；加强党对企业家队伍建设的领导。加强党对企业家队伍建设的领导，健全党管企业家领导体制，是确保企业家队伍建设沿着正确轨道前进的根本保证，也是更好发挥企业家作用的基本遵循
2017年11月	16部委文件	《关于发挥民间投资作用推进实施制造强国战略的指导意见》，针对近年来制造业民间投资增速放缓、活力不强的局面，提出了八项提升民营制造业转型升级的主要任务，鼓励、支持制造业民营企业提升创新发展能力、两化融合水平、工业基础能力和质量品牌水平，推动绿色制造升级、产业结构布局优化、服务化转型以及国际化发展，指出了民营企业转型升级的方向任务和工作措施；五个方面的保障措施，包括改善制度供给，完善公共服务体系，健全人才激励体系，提升企业管理水平，加大财税支持力度以及创新金融支持方式，全方位提升对民营企业的服务水平，推动形成公平竞争的市场环境，促进制造业民营企业持续健康发展

续表

时间	形式	内　容
2017年11月	十九大报告	报告就鼓励、支持民营经济发展做出许多新的重大论述，为我国民营经济持续健康发展指明了方向，标志着我国民营经济将迎来新的历史机遇和进入一个新的发展阶段。报告再次重申坚持"两个毫不动摇"。报告指出"要支持民营企业发展，激发各类市场主体活力，要努力实现更高质量、更有效率、更加公平、更可持续的发展"。在以往党的历次重要会议和文件中，都用"非公有制经济"和"民营经济"来表述，十九大报告直接使用"民营企业"的概念，既表明我们党对民营企业认识的逐步深化，又对民营企业为改革开放和经济社会建设做出贡献给予充分肯定。十九大报告强调把发展经济的着力点放在实体经济上来，提出要打破行政性垄断，清理废除妨碍统一市场和公平竞争的各种规定和做法。报告强调经济体制改革必须以完善产权制度和要素市场化配置为重点，实现产权有效激励、要素自由流动、价格反应灵活、竞争公平有序、企业优胜劣汰。十九大报告指出，激发和保护企业家精神，鼓励更多社会主体投身创新创业。建设知识型、技能型、创新型劳动者大军，弘扬劳模精神和工匠精神，营造劳动光荣的社会风尚和精益求精的敬业风气。十九大报告要求"构建'亲''清'新型政商关系，促进非公有制经济健康发展和非公有制经济人士健康成长"
2018年2月	十九届三中全会文件	《中共中央关于深化党和国家机构改革的决定》提出的多项改革措施都有利于私营家族企业持续健康发展：深入推进简政放权；完善市场监管和执法体制；改革自然资源和生态环境管理体制；改革自然资源和生态环境管理体制；提高行政效率等 《深化党和国家机构改革方案》提出的以下具体改革方案也直接有助于私营家族企业发展：组建国家市场监督管理总局；改革国税地税征管体制；整合组建市场监管综合执法队伍；整合组建文化市场综合执法队伍；整合组建交通运输综合执法队伍；整合组建农业综合执法队伍
2018年6月	中共中央、国务院文件	《关于促进工商联所属商会改革和发展的政策文件》是中央关于工商联所属商会工作出台的第一个文件，是指导当前和今后一个时期工商联所属商会改革和发展工作的纲领性文件

时间	形式	内　容
2018年11月	习近平主持民营企业座谈会并发表重要讲话	充分肯定民营经济的重要地位和作用，强调非公有制经济在我国经济社会发展中的地位和作用没有变；我们毫不动摇鼓励、支持、引导非公有制经济发展的方针政策没有变；我们致力于为非公有制经济发展营造良好环境和提供更多机会的方针政策没有变；我国基本经济制度写入了宪法、党章，这是不会变的，也是不能变的。任何否定、怀疑、动摇我国基本经济制度的言行都不符合党和国家方针政策，都不要听、不要信；所有民营企业和民营企业家完全可以吃下定心丸、安心谋发展。正确认识当前民营经济发展遇到的困难和问题，市场的冰山、融资的高山、转型的火山。大力支持民营企业发展壮大，要抓好六个方面政策举措落实：减轻企业税费负担；解决民营企业融资难融资贵问题；营造公平竞争环境；完善政策执行方式；构建"亲""清"新型政商关系；保护企业家人身和财产安全
2018年12月	中央经济工作会议内容	加快经济体制改革：要支持民营企业发展，营造法治化制度环境，保护民营企业家人身安全和财产安全。要切实转变政府职能，大幅减少政府对资源的直接配置，强化事中事后监管，凡是市场能自主调节的就让市场来调节，凡是企业能干的就让企业来干。推动全方位对外开放：要适应新形势、把握新特点，推动由商品和要素流动型开放向规则等制度型开放转变。要放宽市场准入，全面实施准入前国民待遇加负面清单管理制度，保护外商在华合法权益特别是知识产权，允许更多领域实行独资经营。要扩大进出口贸易，推动出口市场多元化，削减进口环节制度性成本。要推动共建"一带一路"，发挥企业主体作用，有效管控风险
2018年12月	《市场准入负面清单（2018年版）》	国家发展改革委、商务部联合发布《市场准入负面清单（2018年版）》。这标志着我国全面实施市场准入负面清单制度，负面清单以外的行业、领域、业务等，各类市场主体皆可依法平等进入。这一重大制度创新，有利于发挥市场在资源配置中的决定性作用，真正实现"非禁即入"，有利于激发市场主体活力，有利于政府加强事中事后监管，推进国家治理体系和治理能力现代化

二、新时代的家族企业

1. 被正式认可的贡献

整体而言，改革开放至今民营经济取得了长足的发展，从改革开放前就国民经济法律意义上的贡献为"零"，到目前的"五六七八九"，即税收贡献50%，国民生产总值占比超过60%，技术创新和新产品研发占比超过70%，城镇就业超过80%，企业数量占比超过90%，家族企业在其中贡献又可谓居功至伟。一般认为，我国民营经济市场主体中家族企业要占80%以上，即便按保守的80%估计，家族企业对国民经济的贡献大致应该为"四五六六七"，即税收贡献40%，国民生产总值贡献48%，技术创新和新产品研发占比56%，城镇就业贡献64%，企业数量72%。此外，家族企业对乡村就业的贡献虽然是隐形的，但对农民增收、脱贫等作用巨大，一些工商业发达的乡村可能近乎100%。

接下来，就家族企业的原生状态个体户在深化发展期的情况进行梳理，因为2018年国家统计局数据只到2018年10月份，因此这里数据以2012年到2017年为主，随后对家族企业的典型形态私营企业的数据分析也类似。上一阶段末期的2011年年底全国共有个体户3756.47万户、从业人员7945.28万、注册资金16177.57亿元，到2012年均有明显增长，个体工商户首次突破4000万，达到4059.27万，比上一年增长8.06%，从业人员8628.31万，比上一年增长8.6%，注册资金19766.72亿元，比2011增长20.84%。到2017年年底，个体工商户首次突破6000万户，达到6579.37万户，从业人员达到14225.28万人，注册资金也首次突破50000亿，达到54140.77亿元。2012年到2017年间，无论是个体工商户数，还是个体工商户吸纳从业人员，还是资金都保持了持续高增长。其中，个体工商户除2012年比

2011年增长8.06%，是历年增长率最低外，其他每年相对上一年增长率在8.5%（2015年）到12.35%（2014年）间；从业人员相对上一年增长率最低的是2012年的8.6%，其他年份均在10%以上，与2014年相比2013年更是增加13.38%，从业人员增长速度明显高于注册户数，客观上说明个体工商户相对规模扩大；当然，这三项指标增长最快的还是注册资金，2017年54140.77亿元是2011年的16177.57亿元的3倍多，每年相对上一年增长率均在20%以上，尤其2015年相对2014年增加了四分之一强，达到26.28%。值得注意的是，2018年截至10月的数据，并未受经济不确定性、中美贸易争端影响，无论注册户数、从业人员，还是注册资金均上新台阶，即分别从2017年年底的6579.37万户增加到7131.37万户，首次突破7000万，且比2017年年底增长11.09%，从业人员首次突破1.5亿，达15245.63万人，比2017年底增加9.34%，注册资金首次突破6万亿，达62685.05万元，比2017年年底增加19.33%，说明个体工商户经济实力逐渐增强。

这一阶段家族经营的典型形态私营家族企业同样保持了高增长，2012年私营企业数首次突破1000万，达到1085.72万户，比2011年增长12.2%，私营企业从业人员11296.62万人，比上年增加9.1%，私营企业注册资金为31.1万亿元，比2011年增加20.59%。到2017年年底私营企业注册户数达到2726.28万户，从业人员达到19881.7万人，注册资金达177.12万亿元。这三项指标历年均保持了较高增长，注册户数每年相对上一年的增长率在12.2%（2012年）到23.4%间（2015年），从业人员增长相对较慢，但也在10%左右，从9.10%（2012年）到14.92%（2015年）不等，三项指标中注册资金增长率最高，2012年到2017年年底，相对上一年的增长率分别为20.59%、26.40%、50.62%、52.93%、44.12%和35.72%。与个体工商户类似，私营企业三项指标到2018年10月仍然保持了高增长，三项指标均取得了量级突破，私营企业数首次突破3000万，达3067.4万户，相对2017年年底增加12.51%，从业人员首次突破两亿，达到21031.66万人，比2017年年底增加5.78%，注册资金首次突破200万亿元，达到207.79万亿元。

令人有些费解的是，在中国经济发展进入增长速度换挡期、结构调整阵痛期、前期刺激政策消化期三期叠加的时期，家族企业的表现可以用"惊艳"来形容。无论是家族经营的原生形态个体工商户还是家族经营的典型形态家族企业均保持了持续高速增长，无论市场主体数量，还是从业人员，尤其注册资金，这三项主要指标均取得重大突破，没有一项某一年相对上一年的增长率低于8%，注册资金增长率更是有两年增长超过50%。

从上面的分析可以看出，这一阶段家族企业的发展并没有因为中国经济进入新常态而整体发展受阻，相反就整体而言，家族企业在这一阶段的发展速度而言，仅次于1992年到2001年这一阶段，就内涵而言，可能超越了其他任何阶段。当然，这并不否认，家族企业在这一阶段发展过程中局部遇到的问题和个别遇到的问题。这一阶段家族企业之所以还能不受宏观环境的制约，应该主要有三方面原因：首先，虽然我国经济发展速度进入换挡期，但整体速度还是比较高的，每年均在6.5%以上，这是家族企业能够持续高速发展的宏观经济基础；其次，在这一阶段随着改革的深化，无论个体还是私营形态的家族企业虽然还遇有诸多不如意，但就整体而言，无论政治，还是经济地位都有明显提高，国民待遇进一步得到落实，这是家族企业持续高速发展的制度保障；最后，相对外资企业和国有企业这一阶段的政治和经济优势相对降低，个体、私营等草根家族企业和企业家地位相对上升，也可以说是针对非公有制经济深化改革的红利进一步释放，促使家族企业相对其他类型企业得到更充分的发展。

2. 在世界崭露头角

在家族企业全面深化发展过程中，还出现了许多上市公司。对于民间和国际较为认同的上市家族企业，即便按照《福布斯》杂志对家族企业界定严苛的标准，以"实际控制"和"家族性"为原则，认为家族企业是企业所有权或控制权归家族所有，以及至少有两名或以上的家族成员实际参与经营管理的企业，中国家族企业在这一阶段上市都取得了突出成绩。在上一阶段的最后一年，2011年9月30日，沪深两地证券市场的上市企业一共有2272家，有1268家为民营企业，这其中460家为家族企业，占民营上市企业总数的32.68%。而到2014年7月31日，在2528家A股上市公司中，有1043家为国有公司，1485家为民营公司，后者占比达58.7%，其中有747家家族企业，占比为50.3%，首次超过一半。家族企业不仅在中国内地上市，而且还在中国香港、美国、新加坡等地上市，这同样引起了《福布斯》的关注，因此2012年《福布斯》除推出A股最大的100家上市家族企业这一2010年开始推出的榜单外，还首次加推在香港上市的50家最大的中国内地家族企业榜单。2015年起《福布斯》又将内地A股和香港股市前100家榜单合并，遗憾的是目前尚未有美国等地上市的中国家族企业榜单，但纽交所的中国概念股已经刮起了中国旋风，其中不少企业是家族企业中的领导潮流者，鉴于家族企业内涵界定的复杂性，这里不再列举。

从2010年到2015年前6次调查发现，与时代应运而生的相当一批传统的家族企业也开始走上制度化、专业化管理的规范道路，而家族传承也与更年轻的一代紧密联系在一起，在新的经济环境下探寻多样化的继承方式。

福布斯2017上市家族企业100强榜单中，营收超千亿的家族企业有4个，分别是许家印家族（恒大）、何享健家族（美的）、杨惠妍家族（碧桂园）、王传福家族（比亚迪），其中排名第一的恒大2016年市值为2127.6亿元。总市值超千亿的家族企业有6个，除前面4个家族企业外，还有温鹏程家族（温氏股份）、马兴田家族（康美药业）。福布斯2012年中国家族企业调查显示，在香港上市的最大家族企业——国美，2011年营业额不过629.17亿元，而新希望2015年的财报已达到了650亿元。

福布斯2010年到2017年的报告均表明：中国大部分的家族企业都面临着老一辈创业者对下一代的权力交接问题，家族企业的"接班时代"带来一次规模空前的财富迁移运动。但不可避免的是，在财富的转移过程中，也恰恰是企业最为脆弱的时刻。越来越多的企业家二代对于家族事业热情减淡，而更多的是谋求其投身的事业能与自己的意愿相一致。由于中国民营企业兴起时代的特殊性，导致大多数家族企业交接班的时间差距很小，也因此使家族或企业内部的交接班问题从个别变成具有共同性的群体性事件。

2018年，世界四大会计师事务所之一的普华永道全球家族企业调查对53个地区的2953名高级管理人员进行调查。其中，中国内地和香港108家家族企业的主要决策者也接受了采访，有关中国的报告揭示了内地和香港的家族企业如何在这种不可预测的环境中发展和繁荣。调查发现相较于全球平均值，内地家族企业在过去12个月显示出更高的销售增长，而且更积极于战略规划。首先，相较于全球平均值（69%），过去12个月中国内地有更多家族企业（75%）实现了更高销售额增长。2018年的调查表明，三分之二的内地受访者实现了两位数的同比增长，比例大约是全球占比（34%）的两倍。而且，近乎全部的内地家族企业高管都有一项未来三到五年的战略规划（中国内地为96%，全球为79%）。其次，对未来两年的增长愿景，中国家族企业比他们的全球同行更趋于乐观。26%的中国家族企业预计其机构未来两年的销售呈"迅猛"增长的趋势，这一比例高于全球同行（16%）。未来两年持有"稳定"增长愿景的中国家族企业比例为51%。持相同观点的全球受访企业比例为68%。最后，与全球同行相比，内地家族企业更接受数字化，有更多的内地家族企业正在投入发展数字化建设（内地63%，全球平均值57%）。而只有较少的内地和香港的企业决策者表示会惧怕受到数字化的颠覆性影响（内地12%，香港27%，全球平均值30%）。

虽然中国家族企业整体发展迅速，但从世界范围而言仍亟须努力。这与中国内地家族企业发展时间不长有关，一度出现长达数十年的中断，也就不难理解2006年美国《家族企业》杂志所收集的全球最长寿的100家家族企业，中国内地家族企业榜上无名。而前期的高增长也可能是由于家族企业在成长期的高增长所致。福布斯2015年4月全球家族企业100强榜单中，以家族文化著称的中国大陆没有一家企业上榜，与世界第二大经济体大不相称。

不过，中国也有个别家族企业逐渐在世界范围展示实力。2018年，《福布斯》发布的全球最佳雇主名单，中国排名最高的是具有家族企业属性的丁磊，其拥有高所有权和投票权而实际控制的网易公司世界排名第80位，在中国企业排名第4位。还有另外一家中国企业世界排名第131位，在中国排名第10位。

此外，根据瑞士圣加仑大学2018年编制的最新全球家族企业指数，如果一个家族拥有一家私人公司50%的投票权，那么这家企业就被视为家族公司；如果拥有一家上市公司32%的投票权，同样这家企业也被视为家族公司，中国大陆仅有排名第22位和第23位的王文音家族的阿美科技和王健林家族的大连万达集团。另外，2017年，中国进入世界500强且跨国指数超过40%的企业有5家，分别是李书福家族吉利集团（跨国指数58.6）、中国石化（58.47）、中国化工（57.95）、联想（52.02）、任正非创办的华为（45.33），其中吉利是典型的家族企业，而2018年第二代开始接替任正非在华为职位，在中国传统文化中有着家内传承的意味，至少从控制权的角度有家族化的倾向。

三、家族企业面临传承挑战

1. 传承与转型叠加

当代中国家族企业，如果从十一届三中全会吹起改革开放的号角算起，已有40年；如果从1980年章华妹拿到"工商证字第10101号"个体工商户营业执照算起，有38年；如果从1988年7月1日《中华人民共和国私营企业暂行条例》实行算起，则有30年；如果从1992年确立社会主义市场经济的改革目标算起，也超过四分之一世纪。总之，家族企业已经度过了一代人的黄金时代，普遍面临传承。事实上，到这一阶段的中间年份，2015年的中国富豪榜中有67%的富豪超过50岁，面临接班难题。而据《2018中国企业家家族传承白皮书》一代企业家平均年龄55岁，正处于代际传承的关键节点，对于家族企业而言面临持续经营或业务转型的选择。

虽然在这一阶段之前，引发"原罪"争议的孙大午家族实现了"君主立宪式"传承；方太集团茅理翔家族有"口袋论""带三年，帮三年，看三年"的成功传承模式；也有山西海鑫集团被动传承的失败。但整体而言，2012年前实现传承的家族企业并不多。

2011年，中国民营经济研究会家族企业委员会发布的《中国家族企业发展报告》显示，从2012年开始的未来5～10年大约有四分之三的家族面临交接班问题。近年，人们看到一代传奇褚时健打造的家族企业内部权力传承，听到"老干妈"陶华碧传承的传说；以及刘永好家族的新希望六和集团采用"联席董事长"过渡的传承方式；万达集团王健林父子的另类互动与对话；福耀玻璃曹德旺在与儿子曹晖争斗多年，儿子终于愿意接班后的释然；娃哈哈集团宗庆后对接班问题的"一颗红心，两手准备"的理性与无奈。可以说这一阶段中国家族企业的故事丰富多彩。

　　家族企业传承从世界范围来看，历来被视作"生死劫"，能够顺利传到第二代的只有30%，传到第三代的则只有10%。顺利完成自身家族企业传承，近年来一直关注家族企业传承的方太集团创始人茅理翔对当代中国家族传承问题有如此感慨："现在民企已到了传承的高峰期，500万家家族企业，将有300万家从第一代传到第二代。但现在，已经有200万家的家族企业在第二任传承当中淘汰。"茅理翔的观点可能有些言过其实，但也客观反映了一位名副其实的家族企业当事人的切身感受。

　　在中国情境下，数十年来可以说是沧桑巨变，老一辈与新一代成长环境，学习、生活方式等普遍存在天壤之别，而中国经济社会的高速发展又进一步放大了两代人的差距。这从两代企业家从事的产业差距可见一斑，二代企业家从事金融与投资、房地产、科技、媒体、通信这些行业的比例比一代企业家明显上升，而一代企业家则聚焦在传统制造业、贸易、能源领域。当代中国所特有的计划生育政策，让一代创业者在家族内继任者的选择明显受到局限，这些都增加了家族企业传承难度，也增加了不确定性。

　　传承成为这一阶段的主旋律，《福布斯》的几次关于中国家族企业报告，普华永道2018年中国家族企业报告，浙江大学近年推出的《中国家族企业健康发展报告》，《管理世界》等管理学权威期刊均对中国家族企业传承问题给予了关注。尤其值得注意的是，中国民营经济研究会家族企业委员会于2015年推出的《中国家族企业传承报告》对海峡两岸及香港、澳门的家族企业传承进行了关注，引起社会的广泛反响。

　　2017年和2018年中国工商银行和胡润研究院与中信银行私人银行分别发布了《中国家族财富管理与传承报告》和《2018中国企业家家族传承白皮书》，聚焦中国超高净值人群对于家族传承的需求与趋势，报告显示，企业家家庭是亿万资产超高净值家庭构成的核心主力军，亿万资产企业家

（家庭）数量持续增长，同时也带来了巨大的资产管理和规划的市场需求空间，而资产管理和规划正是家族传承的主要内容之一。

而在实践中，确实也有一些企业实现了传承或者说准传承。以二代担任董事长作为完成接班的标志，仅2015年上市家族企业完成交接班企业新增13家，交接班已然进入高峰期。其中年龄最大的出生于1960年，"60后"的占比在目前为最高；其次是生于1970年以后的二代；同时"80后"二代的占比也已逐渐接近"70后"二代，是近几年来增长数量最快的接班二代，其中最年轻的出生于1988年。此外，尚未担任董事长，但已作为总经理接过管理权的二代数量也有明显增长。除了完成交接班比例的提高，接过管理权的二代在经营业绩方面也表现不俗。

有趣的是，一代"传"与二代"承"的过程并非一帆风顺，两代企业家之间对于传承意识和理念的差异导致二代接班过程中面临着困难和挑战，也一定程度上推动了二代企业家产生更强的家族传承意识，以及更早进行家族传承规划。

除家族自身外，企业的转型也值得关注，转型从某种意义上说也是企业发展的"生死劫"。从企业发展来看，早期萌芽于草根，多是劳动密集型的制造业、传统服务业，而这一阶段有产能过剩压力、环保压力、劳动力成本压力、市场压力、经济结构转型升级和宏观经济增速放缓带来的压力，市场准入负面清单制度由试点到全面实施。还有大量家族企业已经走出国门，世界经济面临很多不确定性，需要适应不同的规则，都是早期家族企业没有遇到过的。此外，企业面对新生代员工，管理也需要转型。据中国工商银行2017年推出的《中国家族财富管理与传承报告》调研发现，国内超高净值家族所拥有的家族实业，主流形态为成熟期的中小企业，行业分布以制造业为首，企业股权高度集中，84%的创业者仍拥有最终决策权，企业完全依靠自有资金经营的比例高达六成，这些企业无疑从管理到技术，产业都需要转型，而其传承也是发展的一部分。因此，就家族企业而言"传承遇到转型"是这一阶段中国家族企业最为突出的问题，或者说是挑战，就宏观而言中国经济三期叠加和中国家族企业传承与转型是"生死劫"遭遇。

2. 传承的需求

也许经历了太多的不确定性，许多家族企业一代更看重家族精神传承，就这一方面而言体现了中国家族文化的底蕴，而这一点也许将是中国经济社会最确定的因素。据《2018中国企业家家族传承白皮书》指出，企业家认为家族传承更重要的是精神红利的传承，而"拼搏、坚守与实践"则是典型的企业家精神。他们会在生活中给予子女良好的教导，让他们树立正确的世界观、价值观、人生观。调查显示，二代企业家和一代企业家均将精神财富传承放在了传承的第一位，将物质财富传承排在了第二位，而在物质财富传承中对于企业相关方面的传承比较重视，具体包括企业核心价值、政商人脉关系、技艺传承和管理领导方式这四方面的传承。两代企业家都非常重视"政商人脉关系传承"，"人脉即钱脉"是他们共同信奉的商业观。比起二代企业家，一代企业家更加看重"管理领导方式"的传承（排序第三），而二代企业家认为管理方式需要顺应时代的变化，尤其在新经济常态下，新兴行业发展迅猛，而传统行业面临转型，相应的商业思维和管理方式需要顺应时代变革灵活调整。在"企业核心价值传承"方面，定性研究发现，企业家一致认为，诚信是经营企业的根本，敬业是自己不断耕耘的精神支柱，他们会将这些精神传承给下一代。

当然，也有调查认为，国内超高净值家族的家长多为成功企业家，因此更倾向于采用经营实业的思维来经营家族，这也反映在家族传承的过程中，责任和务实成为最大的特点。调研发现，半数创富一代认为传承首要目标为家族成员生活保障，且传承需求随着年龄的增长而发生变化。

在整个家族传承中，物质财富的传承具有特殊地位，对于家族企业而言尤其重要。一个家族要代代传承，必定会涉及这个家族的物质财富传承。总结企业家、专家的观点发现，在家族物质财富传承的内容上，包括两个方面。第一是企业传承，或者说股权，而股权是家族企业财富的象征，拥有股权，就意味着拥有企业。定性研究发现，企业家重视企业传承，因为家族企业是他们创造财富和维持后续家族长久发展的基石。第二是财富传承，包括不动产（如房产，是一种抗周期财产，也是中国人最青睐的配置标的物）、金融类资产和其他类型的资产（如货币、艺术品等）。

整体而言，一代企业家的财富传承比较简单，积累财富的过程也较为漫长。他们对于传承秉持相对传统的思想，财富形式以固定资产、存款、理财为主。相比之下，二代企业家的财富形式更加多元化，除上述传统财富形式外，还涉及信托、保险、艺术品等其他一系列方式，因此，资产配置的方式以及传承方向相应有更加多样化的需求。

3. 传承的多样性

鉴于目前中国大部分家族企业都面临着老一辈创业者与下一代的权力交接问题，家族企业的"接班时代"带来一次规模空前的财富迁移运动。这其中，传承与转型无疑是目前最迫切也是最受关注的焦点，传统制造业的不景气确实是许多二代不愿意接班父辈企业的一个重要原因，创业难，守业更难；从另一个角度而言，当上一代熟悉的商业经验与政策红利不再适用于新的经济形势，二代打破传统规则的创新思路或许也能为依赖出口、陷入困顿的传统企业带来新的机遇。

在家族企业传承方面，家族继承人较少的现状为企业传承带来挑战。对于仅有一名子女的创一代，在评估子女的接班意愿和能力方面，均较多子女家长要低10个百分点以上；另一方面，半数受访企业家接受引入职业经理人。当然还有类似中国快消品龙头宗庆后家族做好了两种选择的准备。2014年，《福布斯》中文版上747家上市家族企业，86%的家族仍牢牢地将股权与经营权掌握在手，家族核心人同时也是企业的所有者。类似三一重工董事长梁稳根偏离传统父传子的继承模式，将经营大权交付于外姓职业经理人的家族企业目前有100多家。在中国，大多数的创一代仍更倾向于传内不传外，抓住一切机会培养自己的亲生子女作为接班人。因此，很多企业交于职业经理人经营管理可能是临时的，即便力帆集团尹氏家族在子女接班意愿不强，创业一代尹明善多次表示交给职业经理人是最好选择的情况下，其实他尚未放手，可能更多的是等待。

清华大学五道口金融学院家族办公室课题组认为，未来10～20年，将有超过50%的民营家族最终选择出售实业企业的控股权，并将给家族带来一系列全新的挑战：一方面，出售企业之后，经营企业的乐趣消失殆尽，原有的社会地位亦难以维系，失去精神寄托的家族往往会感到空虚和无所适从；另一方面，出售企业所带来的大量现金也为家族带来更多的投资机会和潜在陷阱。在乱花渐欲迷人眼的众多投资标的丛林中，家族如何迈开第一步是其面临的一个新问题。即便这样，按照西方家族企业只有30%传到第二代的比例，也没有必要大惊小怪，现代社会是一个多元化、开放的社会，再加上目前处于特殊阶段，准接班状态的子辈受计划生育政策影响，兄弟姐妹少，可接班者本身就有限，如果出现家族企业子女全部接班，反而不一定有利于家族企业的可持续、健康发展。

家族企业成功实现交接班有以下几种方式：一种是父子共同创业型，即父子两代人均在企业的成长过程中被认为是开创者的角色。一种是通过企业内部培养，让最优秀的继任者脱颖而出。此外，另一种受青睐的接班途径是出国留学，回国后经过外部锻炼或基层培养再进入家族企业管理层，子女的国际化视野以及不同于父辈传统的管理思路，可以为企业的转型与拓展海外市场带来更多的机会。与此同时，将股权交给子女，将管理权交给职业经理人，也开始成为一代企业家们越来越常见的选择；如何保证家族对企业的控制权，又如何平衡家族董事会成员与职业经理人的关系，则会是将来长期需要面对的一个问题。还有一种传承是以家族财富为核心，对于有能力，但兴趣在其他方面的二代而言，以家族产业为依托，到家族生意之外打造属于自己的平台，为家族创造更多的财富，则是既有助于家族产业扩大，又能实现自身抱负的双赢局面。

在子女培养方面，超高净值创富者普遍更重视二代的综合能力培养，如心理素质、人际沟通能力等，并着力于将自身的人脉资源交接给二代。整体看来，社会资源、人力资源等无形财富的传承要优于金融资产、家族企业等有形财富。一代对于二代接班的态度也较为开放，69%的受访者支持并愿资助子女创业。

家族企业传承，子女的意愿很重要，但多项调查显示中国家族企业的二代接班意愿并不高。上海交大的一份报告指出，不愿接班的子女占82%。甚至说，有95%的子女不愿接班。父辈成长的时代特殊，高度规则化计划经济，家族企业野蛮生长时代，家族化个人强权，"家长制"成为最有效率的方式，因此父辈对子辈的开放更多是家长式开放，控制的潜意识不少，而子女的成长环境则相对自由、民主，客观上拉大了两代人的理念鸿沟，二代可能并非真的不愿意继承，而是不愿意继承"父辈模式"的家族企业，他们需要的是自己的模式，这可从方太茅理翔父子、福耀玻璃曹德旺父子、新希望刘永好父女成功的传承过程不乏分歧与斗争可见一斑，而万达王健林、王思聪父子的隔空喊话则是前后两代人对实业、对企业理念差异的全面体现，没有对错之分，也没有抛弃家族。考虑到华人家族企业的传承损失平均在60%左右，香港则达到80%，中国内地家族企业即使真有80%的不以实业形式传承也在情理之中。

中国当代家族企业的传承是场遭遇战，然而传承其实是一个过程，是需要长时间准备的，因此家族也体现出理性的谨慎。当前的基本情况是，企业的格局步入成熟，第一代创始人年龄渐长，越来越多的二代进入企业，父子、母子关系比例的增长在所有亲属关系中最为活跃。另外一个特征是，家族企业中的亲属关系呈现多样化，单一亲属关系比例不断减少。具体来看，一方面随着产业扩张，更多的家庭成员开始分享股权、介入分管企业；另一方面则是二代的不断加入，越来越多的姻亲成员也开始参与到家族企业，这应该与计划生育政策导致子辈直系亲属数量有限有关。

就传承后的效果来看，虽然长期效果尚无法确认，但就短期来看二代似乎并不逊色于一代，尤其在中国经济进入新常态后，三期叠加，各种不确定性可能是老一代所没有遇到的，而且家族企业接班是个过程，不是一个节点，也许20年、30年后来评价今天家族企业的接班效果可能更为客观。

4. 传承之路任重道远

整体而言，两代企业家家族传承或规划家族传承之路任重道远。一代企业家需要直面如何保证家族企业的绵延永续，而二代企业家目前也已经初具家族传承意识。步入守富、传富阶段之后，两代企业家共同面临日益迫切的家族财富管理或继承需求、家族治理需求、家族企业持续经营需求和家族风险管理需求。而相对于创富，如何让财富保值增值，让家族企业长青，这一诉求更为复杂和棘手。

家族企业主和家族企业缺乏传承规划对家族企业传承及持续稳定发展会产生负面影响，但在当代中国情境下却也不乏家族理性。由于家族企业经历了数十年的中断，尤其在当代经历的沧桑巨变，从无到有，从小到大，是在转型背景下的改革开放中形成的。家族企业和家族企业主在相当长一段时间内是边缘化的争议者，直到2018年私营家族企业的未来、企业主命运仍在民间有着广泛争议，加之社会管理体制不完善，没有建立真正现代的政商关系，导致家族企业长期面临巨大的政治、政策、官员个人道德风险，生存尚难，难以形成稳定的预期，更多是权宜之计，绝大多数家族企业主和家族企业没有也不可能有完善的接班计划也就顺理成章。据调查，目前家族接班形势不尽如人意，并非所有民营企业家对接班都有完善的规划：50%的"企一代"传承规划不完善，25%的"企二代"不愿接班。在家族企业精神维度的二级指标中，传承力得分总分为67.91%，传承规划指标仅为51.89%。进入企业的企业家子女比例已达60.96%，超过五分之四（81.70%）的二代已担任中高层管理职位。然而与之背道而驰的是，在被访的家族企业中，只有7.69%的企业有系统的传承规划和周详的书面方案，有27.74%的企业甚至完全没有考虑过接班问题。

《2018中国企业家家族传承白皮书》说明，随着时间推移尤其有稳定预期以后，家族企业主也会加强规划，这从第二代家族企业主较早开始传承规划可见一斑，这也说明传承最大的危机可能来自第一代家族企业主所创企业。二代企业家平均年龄38岁，偏向于在年轻时就开始规划家族传承事宜（43.3%），一代企业家则偏向中年时开始规划（40%）。究其原因，一代"传"与二代"承"的过程并非一帆风顺，两代企业家之间的传承意识和理念的差异导致二代接班过程中面临着困难和挑战，一定程度上推动了二代企业家建立更强的家族传承意识，以及更早进行家族传承规划。以企业发展为考虑因素，二代企业家有更多人选择在企业初创时期就开始考虑家族传承事宜（二代企业家31.5%，一代企业家21%）。

不过，由于没有传承长期规划，家族企业主也敏锐地意识到这一问题，积极利用外脑应急。老一辈企业家在缺乏规划的情况下，直接引进专业机构进行应急的不少，这客观上有利于家族企业的健康稳定发展。二代企业家比一代企业家更早进行家族传承规划。专业机构是两代企业家共同偏好的传承方式，一成企业家目前已经设立或委托家族办公室助力家族传承，现阶段未设立或委托家族办公室的企业家未来会考虑的比例为

63.2%，家族信托规划为57.2%，在家族办公室助力家族企业传承中排名第一，其次是资产配置规划（53.5%）、投资及风险管理（45.4%）、法律及税务规划（44.2%）与遗产及继承规划（43%）。

就家族传承方式而言，无论一代企业家还是二代企业家对于专业机构（如律师事务所、信托公司、私人银行）的偏好都排在第一梯队。一代企业家最关注机构的专业程度（50.5%）和定制需求（49.2%），二代企业家则最重视机构在家族传承方面的实际处理经验（69.5%）和"一站式"全面服务方案（50.3%），体现了二代企业家对经验丰富的机构信任度更高，一旦产生信任，他们更青睐接受便捷的"一站式"服务。

四、家族企业永远在路上

1. 风险依然存在

家族企业在传承和转型的路上充满风险继而带来忧虑，最为突出的是各种不确定导致家族企业缺乏信心，出现移民潮、产业转移潮。高标准立法、普遍性违法、选择性执法，甚至各种"枉法"，让家族企业无所适从，已经成为私营家族企业主的心病。虽然党和政府，甚至宪法都规定保护企业和个人产权，但最高检统计数据显示，2017年全国检察机关共办结76件挂牌督办涉产权重大刑事申诉和国家赔偿案件，21件获得了纠正。专家认为，目前，民营企业产权案件，已涉及煤矿、石油资源，乃至房产、金融、科技和数字等众多领域，或许唯有公平和正义，才能唤起企业主更多信心和安全感，对家族企业而言，建立现代法治体系可能比出台更多的优惠政策更来的实际。从2017年12月最高人民法院宣布再审三起家族企业主重大涉产权案，至今物美集团张文中、牧羊集团许荣华案审结，个人利益得到维护，这是中国法制的胜利，但是重审的重头戏当年有"郎顾之争"引发的格林系顾雏军案，2018年6月13日、14日审理后，虽然法院当庭否认了顾雏军的行为不构成犯罪择日宣判，但至今未见宣判结果，令人疑惑。还有2018年10月最高法宣布重新再审的中国首个亿万富翁，集"首富"与"首骗"于一身的前南德集团董事长牟其中信用证诈骗案。

在家族企业发展过程中，一方面，尽管国家出台了一系列扶持民营企业发展的政策文件，但一些私营家族企业仍得不到有效保护，造成不少社会影响恶劣的"疑案"；而另一方面，又有少数违法犯罪的家族企业却得到地方政府保护，扰乱了市场秩序。家族企业在成长过程中因其家族和企业的自身缺陷难免存在一些问题，也因此在社会上引发争议。其实，国外的家族企业也时有丑闻爆发，而更应指出的是，丑闻绝不是家族企业的专利，无论是公众企业，还是国有企业，在发展过程中也都难免会出现丑闻。因此，姑且不论大量事实已经证明家族企业的相对高效，家族企业至少是一种中性组织，不应该对他们有更多的苛求。

2. 未来前景可期

中华民族是一个以家文化为基础的民族，血浓于水。就自然演化而言，水是生命之源，而家则是中国人的灵魂所在。家也是世界历史最为悠久、适应力最强的组织。一百多年来，中华民族经历过不少磨难，家的地位也几起几落，当经济社会平稳发展时，家庭、家族及其相关组织得到较为充分的尊重，而当经济社会陷入困境时，家族也陷入窘境，其极端情况则是在计划经济时期，尤其在"文革"期间。当经济社会发展遭遇创伤时，自下而上愈合的基点恰恰是家，改革开放以来实践的起点就是家庭联产承包责任制，家族经营逐渐由农村向城市拓展，而改革开放以来以私营家族企业为主的民营企业则成为中国经济最具活力的部分，并在某些领域已经成为主力军。家族企业主也由社会边缘人和争议对象，成为社会主义市场经济建设者的重要组成部分。近年来，家族企业更成为世界上"中国概念"的生力军。

就世界范围而言，迄今除部分高科技企业外，家族企业似乎更具生命力，更具竞争力，更具持续性。不过，甚至在高科技企业情境下是否也应以新的方式定义"家族""家族企业"值得思索，这既可能是未来面临的挑战，也可能是家族企业发展的方向。正如早期业主制家族企业相对于西方当代的股份有限公司形态的家族企业，从所有权与经营权来看似是天壤之别，虽然部分高科技企业所有权高度分散，管理高度社会化，但往往创始人的二代在公司任职后，即便创始人公开表示不会让其接班，但在不少人心目中，这就是创始人家族企业的开始。

展望未来，以2018年年底《市场准入负面清单（2018年版）》的实施为标志，从制度形式上看，中共十六大确立的社会主义市场经济的目标业已实现。今后应进一步深化改革，完善市场经济体系，尤其真正落实有法必依，执法必严，违法必究，一视同仁，制度中性，减少"人为"的不确定性，这是中国家族企业持续稳定发展的制度基础和关键，也是世界各国家族企业发展的共同经验。

按照中共十三大确立的中国经济建设三步走的总体战略部署，到21世纪中叶，也就是中华人民共和国成立100年时基本实现现代化，人均国民生产总值达到中等发达国家水平，经济实力明显增强，市场经济体制趋于成熟。伴随国家管理体制的完善，中国进入法治社会，权力真正关进笼子里，有理由相信，优秀的家族企业主与政府部门间的互动会增强，国家的政策更能反映家族企业的呼声。随着国家宏观调控能力增强，家族企业的国民待遇得到进一步落实，管理也更加规范，在更广阔的舞台上发挥作用，家族企业有望占中国企业500强的50%，占民营企业500强的70%，从国民经济发展的隐形发动机，成为国民经济的主力军。伴随中国经济整体体量增加，世界竞争力增强，世界500强企业可能会有超过十分之一来自中国。

当然，未来家族在发展，企业在变迁，社会在进步，世界在变化，中国家族企业将会以何种方式和形态存在尚不得而知，但有一点可以肯定，那就是中国家族企业将会永远在路上，继续踯躅前行，未来可期。

（杨在军）

第七章

家族企业案例

一、百年李锦记的爱国心与创新路

1888年，诞生在广东珠海南水镇的李锦记，最初不过是一间小小的茶寮。经过131年的发展，不仅构建了一个跨越全球的酱料王国，更以多元化经营取得了令人瞩目的成果。从20世纪80年代至今，是李锦记飞速发展的40余年，恰恰与中国的改革开放同步而行。回溯这一段风雨历程，处处展现了这个百年家族的一片赤诚的爱国之心与永远创业的精神。

1. 从传统到现代的转变

1978年12月，在十一届三中全会做出实行改革开放的新决策时，刚刚接掌李锦记6年的李家第三代长子李文达正在美国市场全力推进熊猫牌蚝油。当时的李锦记仍然停留在传统的手工煮蚝油的生产方式，使用大铁锅，柴火加热，人工搅拌，生产效率有限。同时，对应的生产行销和管理方式也相当粗放，几乎没有什么符合现代企业生产经营要求的管理体系。到20世纪80年代，随着第四代相继回归家族，这一状况开始转变。

1981年对于李锦记来说是个特别的年份，就是从那时开始，李锦记在蚝油生产中开始使用蒸汽锅炉，从"使用烧柴"到"使用蒸汽"，蚝油制造完成了现代化改造的第一步。他们用以几乎是废铁的价格淘回的一款二手机器，按照传统熬制蚝油工艺中的关键点，改装成一套生产和灌装蚝油的半机械化设备。它不仅有助于改善生产条件，还大大提高了蚝油的生产效率，在产量大增的同时，还极大地减轻了员工的劳动强度，可谓一举三得。

这在李锦记家族事业发展史上是重要的一页，它开启了以现代化方式加工传统酱料的大门，使李锦记的技术能力得到了关键性的积累，同时也积累了创新的经验和信心。生产方式的改变，使李锦记的业务得到了飞速的发展。

与此同时，李锦记家族意识到公司规模扩大，需要建立现代管理体系，随着第四代学成后逐一加入家族企业，他们开始在管理制度和手段上下功夫。一边注重管理方式的转变，一边又不过于迷信管理规则和制度条文，在结合业务实际的同时，制定出的管理制度更具有实用性和针对性。凭着持续改善的决心和信心，李锦记家族不断地发现问题，不断地对制度修补完善，将现代化管理模式逐步纳入这个传统行业，并力求在管理上的盲区越来越小，精细度不断提升。在这个生产技术与企业管理向现代化转变的过程中，自美国留学归来的第四代长子李惠民和次子李惠雄发挥了很大作用。

2. 危中见机，大埔建厂，逆势而为

1985年前后，随着北美及其他市场逐渐理顺，李锦记原有的田湾厂房已无法满足生产需要，李锦记开始考虑再建设一个现代化的新的生产厂房。他们将目光投到了当时香港政府为发展高科技产业在大埔建设的工业邨。但是李锦记的第一次申请并不顺利，他们得到的回复是：生产调味品的食品工厂不属于高科技产业。

1987年，香港出现移民潮。而恰在这段时期，大埔的招商工作处于不利境地。李锦记在这样的情况下再次向政府提交申请，这一次不仅获得允许，而且可以优先选地，李锦记最后选择了靠近开发区的主要公路，有利

于未来物流规划的一块地皮。

得知李锦记进驻大埔工业邨的消息，有朋友向李文达发出了善意的劝告，建议他在形势不明的情况下，保留选择权，而不应贸然在香港投资，以免将来进退两难。但李文达却对中国政府的改革开放政策非常看好，因此对香港回归的前景充满信心。他不仅坚定要在大埔工业邨里面建厂，同时也考虑找机会到内地投资。

大埔厂房规划中设计了十分先进的生产间，整个酱料生产从选料、蒸煮、灌装冷却、装箱、入库完全是现代化流水线操作。李文达向设计人员提出要求：厂房生产线设计时要全程密封。这是对制药企业的要求，一般来说没有必要这样做，但如果把眼光向后二十年看，甚至更长时间，这样做将会一劳永逸，可以生产出一流的产品，保住其在行业中的领先位置。同时又要求在厂内开出一定空间作为实验厨房，所有生产出来的新产品要在实验厨房中试用，只有在这里过关了，才能推向市场。

可以说，李锦记在当时的很多决定称得上高瞻远瞩，为后来的业务发展提供了非常便利的基础和条件。

李锦记的举动，在当时的香港企业中并不多见。但是出于对国家的信任，李锦记家族下决心留在香港，也正因此导致了第二次家变。在第一次家变中曾经并肩站在父亲李兆南身后的兄弟不仅拆分家产，甚至对簿公堂。当时大埔厂房的建设需要大量的资金，而李文达父子却要拿出在当时称得上是巨资的八千万现金回购弟弟李文乐手中的股份。大埔厂随时面临着因现金流断层而停工的威胁，这直接关系到李锦记家族事业的生死存亡。李文达父子低价变卖了数间物业，咬牙坚持了下来。他们深信，只要国家的前途光明，香港的未来就一定可以得到保证。

1988年8月8日，在李锦记家族事业创业100周年之际，大埔生产出第一罐蚝油，并在厂门前的一块石头上，刻下了李文达亲自撰写、题为"基业永昌"的铭文。时至今日，李锦记在大埔工业邨的工厂仍是酱料集团设在香港的总部。

回首李锦记家族的发展历程，恰是国运与家运紧密相连的历程。在这40多年里，除了家族成员持续努力打拼的因素之外，重要的外在因素还在于国家的大政策和大环境为李锦记提供了历史性的机遇。而李锦记的成功，很大程度上在于他们把握住了那些千载难逢的机遇。当很多香港人移民离开的时候，李锦记家族坚定地选择了留下。当有些人对改革开放政策有所迟疑的时候，李锦记家族则坚定地投身于中国人渴望富强的历史洪流之中。

3. 爱国爱港，在培养市场中"重新定义"

在我国实行改革开放政策后，李锦记就通过中国进出口商品交易会（即"广交会"）等途径，让产品进入内地市场。随着改革开放初见成效，社会购买力逐渐增强，李锦记开始考虑进入面向普通大众的市场。但是一开始在香港销售十分看好的酱料产品投入内地市场后并未获得预期的反应，有些同事开始不看好内地市场，李文达却信心十足。他拟定了一个发展计划：先考虑建一个生产基地，同时再培育市场，等待它慢慢成熟。香港固然有一流的国际贸易环境和金融服务条件，但香港毕竟太小了，无法承载起一个国际级的制造企业。内地的舞台够大，只要有能力，就有机会实现家族的梦想。

经过谨慎的考虑，李锦记选择了广东作为进入内地市场的落脚点，以与香港总部形成相辅相成的格局。1989年，李锦记家族在广州黄埔的经济开发区选择了一块厂房的建设用地。6月5日，第四代长子李惠民从香港跑到广州签约。在这个日子，他的出现颇令大家奇怪。和大埔建厂一样，这又是一个大家都不看好的时间，很多外资和香港人对改革开放的政策持观望或悲观态度，投资的节奏慢了下来。李锦记始终相信中国政府改革开放的决心，更加相信中国有广阔的市场，大有可为。李锦记家族的战略眼光，令他们能够看到遥远的机会。不久，邓小平的"南方谈话"为中国的经济发展翻开崭新的一页，李锦记以爱国爱港的拳拳之心为他们赢得了腾飞的先机。

李文达鼓励大家："中国人的生活水平与发达国家相比现在确实比较低。如果我们仅仅看到这一点，就是短视的。中国人的勤劳举世闻名，用不了多久，他们就会有足够的支付能力，去餐馆里吃蚝油生菜，买我们的卤水汁。所以，我们要有耐心，等待中国市场的成长。"

在等待市场成熟的过程中，李锦记重新定义了家族事业，致力于成为一家中国本土的酱料公司。1993年，广州黄埔厂房的投产，完成了"重新定义"李锦记的第一步。在内地建厂，贴近客户进行生产和行销，不仅免去了进口的关税，更有助于了解内地市场的特性，提高产品在国内的知名度。

众所周知，李锦记是以蚝油开创了家族事业，到20世纪90年代初，已稳稳占据了欧美、中国港澳台和东南亚市场。但是李锦记并没有满足，在1993年，这个酱料世家迈出了"重新定义"的第二步。他们认为，李锦记不能固守蚝油等经典产品，而应该以创业的心态在更宽泛的酱料领域谋求突破。他们提出了一个新的发展目标：做酱油。

李文达提出：我们应该搞出中国最好的东西。李锦记要做最好的古法酱油，研究出适应现代化生产工艺的酱油，但更重要的，还是要保持我们中国做酱油的传统。

李锦记在香港靠近内地的一个名为古洞的地方开始尝试按照现代工业的方式来生产古法酱油，其生产设备基本都采购了具有国际顶级品质的产品，连胶桶和胶盖都是从英国买来的。试验用的原料也都是精挑细选的最好的，李锦记不仅要创造世界级的中国品牌，让生产出来的酱油达到国际上一流的品质标准和卫生标准，更重要的，还要为以后在内地大量生产酱油定下一个高标准。

古洞厂生产出来的优质酱油，既保留了传统工艺下的营养和风味，又极大程度地提高了酱油的生产效率，牢牢地稳定了李锦记产品在国际市场中的品质和声誉。在蚝油制造的基础上，李锦记进一步探索了传统工艺与现代化生产设备相结合的有效途径，为其后在新会投资建设更大规模的酱料工厂做出了宝贵的尝试。

酱油生产成功以后，李锦记并没有停止创新的步伐，紧紧围绕着不同时期消费者的口味和需要，开发出了众多系列产品，包括"精选生抽""草菇老抽""蒸鱼豉油""薄盐生抽"等。20多年来，李锦记不断推陈出新，又先后研发出XO酱、辣椒酱、鸡粉等酱料以及豉油鸡汁、卤水汁等一系列方便酱料，产品由原先的两种增至现时的200余种。

从2012年起，李锦记调味品被国家航天局选为"神九""神十"和"神十一"飞船的航天员佐餐酱料，令李锦记调味品飞入天空，达到"无人的地方也有李锦记"的境界。

4. "谷底投资"，黄埔、新会相继建厂

到广州黄埔厂房竣工投产时，李锦记已有了四个生产基地，其总部设在香港，便于开展全球性的市场规划、业务联络和获得金融支持，但香港人力资源和土地都非常昂贵，最符合李锦记长期战略要求的地点无疑是广东的沿海地区，李文达经过反复权衡最终决定回到故乡——新会区七堡镇。

李文达曾经说过："从情感上说，李锦记的业务在全球不断发展，但新会毕竟是李锦记家族的家乡，我希望建设家乡，回馈祖国，所以，我们回来了。同时，回家乡的另外一个目的，就是为了把家带回来。如果我不回来，孩子们大多受的是美国教育，越往后，他们也许就越不会回来了。现在建起了厂房，在教育方面我又捐了学校，就使李氏家的后人们一定会

回来寻根了，这样，他们就永远离不开这个家乡了。"

按照李锦记方面的规划，未来厂区的规模应该不会少于1000亩，这在当时是一个令人难以置信的规模，远远超过了当时地方政府可以审批的上限。尽管当时的政府官员并未意识到这个投资究竟意味着什么，但他们还是非常努力地为李锦记的投资项目创造了条件，给予了极大的支持，并在规划上为李锦记的后续发展预留了空间。

今天李锦记新会生产基地的用地数量已达1700亩，大约是158个标准足球场大小，是国内同行中规模最大的一个。进入厂区，排列整齐的生产车间和晾晒酱油的缸群，场面蔚为壮观。

李锦记的新会生产基地从1995年11月开始大规模建设，第四代中的三子李惠中在新会基地开创时期担任董事长和法人代表，全面主持设计、建设，以及投产的有关工作。1996年4月，新会生产基地的虾酱生产间正式投入使用。1997年8月，酱油生产间建成投产。当年年底，芝麻油生产间投入使用，同时建成了占地5500平方米的中央仓库。

当新会生产基地建设完毕后，李锦记家族对调味品事业的整体布局也进行了调整。香港大埔厂成为经营指挥和营运中心，广州黄埔厂除了继续生产蚝油，大部分业务迁往新会生产基地，新会生产基地成了李锦记最重要的生产制造中心。新会生产基地的二期工程完工标志着李锦记家族成为立足本土的、名副其实的"酱料王国"。

回望20世纪90年代李锦记先后在黄埔和新会投资建厂的历史背景，是非常值得深思和感叹的。在大多数商人眼中，当时的中国内外经济环境处于谷底，并非适合立即投资，而李锦记所完成的，恰恰是所有商人最羡慕的"谷底投资"，这不仅显示出李锦记家族对于国家的坚定信念，更显示出这个百年家族的商业智慧。

5. 多元化发展，开创健康产品业务

面对调味品事业的成功，李锦记家族并不满足，他们展开品牌延伸，20世纪90年代初下决心进入中医药养生领域，以健康产品作为多元化的发展方向，由此开创了李锦记的健康产品业务。

1992年，经人介绍，李文达与第四代中的小儿子李惠森来到广州，与时任第一军医大学校长的赵云宏教授见面。他们从中草药历史上的辉煌，谈到中草药商业化的困境；从在全球庞大的中草药市场上，中国只占很低的分额，远远低于日本和韩国的现状，谈到在很多传统的海外华人心中，中草药文化是中华文化的瑰宝，中国人5000年来，医病养生都靠中医药，中国也是世界上草药资源最丰富的国家。李家父子与赵教授在中医药发展的大方向上达成了高度共识，李锦记决心把经营多元化的重要一步迈进健康产品行业。

一个月后，他们再次见面并签订了正式合作协定书。李惠森担负起管理李锦记健康产品业务的重任。同年，一间名为南方李锦记的企业在广州成立，后更名为无限极（中国）。无限极的设立，正是源于李锦记家族永远创业的精神。而在其后20多年的发展过程中，公司经历了几次重大的蜕变，形成了独特的商业模式和管理办法，逐步成为一流企业。

1994年，李锦记家族的第一个健康产品——增健口服液正式上市，"无限极"这一品牌由此诞生。增健口服液上市当年即荣获1994年"全国食品保健品及技术博览会"金奖。无限极采用直销模式销售产品，1996年获得国家相关牌照，在很短的时间内就搭建起自己的销售渠道。

就在健康产品发展势头良好的时候，时间来到了令李锦记家族、无限极和李惠森异常难忘的1998年。在这一年，两次国家政策的调整几乎令刚刚起步的健康产品业务遭受灭顶之灾。由于当时社会上一些非法传销作乱，为社会稳定带来很大危害，相关政府部门采取了先停顿、再治理的方

式，也就是俗称的"一刀切"，全面停止直销业务。当时全国的41家已获批准的直销公司，因为这次政策调整，很大一部分就此消失了。到了年底，另外一场更加沉重的打击接踵而至。国家开始进行军队企业的整治工作，出台了一系列规定，包括"军队及其直属单位不能经营企业"，第一军医大学必须结束与李锦记的合作。

李锦记的健康产品业务面对突如其来的"两刀切"而陷入困境。一切几乎都要从头来过，李锦记的健康产品业务必须要进行全方位的创新，才能按照政策要求，求得新的生存和发展的契机。他们重新塑造商业模式，包括构建研发体系、产品的开发与生产、品质的控制体系、渠道的建设和管理、品牌的塑造与推广。一切都结合中国的土壤重新架构，除了保持永远创业的精神，他们改变了一切。他们在观念上突破，在模式上创新，这才带来了无限极后来的辉煌。

2000年，李锦记健康产品集团仿照国家五年规划，推出了企业的"一五规划"，从2001年起正式实施。"一五规划"的制订过程，对于无限极的发展是至关重要的，可以称得上是一次管理上的革命。它重新把无限极的员工和业务伙伴凝结到一起，通过详尽的目标体系，明确了分工和任务，无限极重新整装待发。

"一五规划"在制定之初并不被人所看好，在很多人眼里"一五规划"的目标在当时简直是天方夜谭，但实际上却仅用了4年就完成了各项指标。2005年2月，无限极又发布了第二个五年计划，明确提出了打造"独特的企业文化、独特的健康理念"的目标。无限极希望能通过文化来影响顾客、员工、合作伙伴，在追求商业价值的同时，实现公司的使命和愿景。"二五规划"完成的结果是惊人的，市场规模扩大了两倍半，新产品的数量提高到原来的8倍，业绩增长了5倍。无限极踏上了腾飞之路。

如今无限极正在实施"四五计划"，"五五计划"业已开始着手制定。在五年计划的实施过程中，无限极打造出全新的商业模式，通过优秀的产品，建立起广阔顺畅的渠道，再利用研究开发，把更多更好的产品放到渠道上，进而实现一种良性循环。20多年来，无限极的销售业绩一直在持续增长。

6. "100-1=0"，恪守品质安全

无限极根植于李锦记，继承了李锦记一贯精益求精的态度和工艺。李惠森敏锐地捕捉到现代保健品需富有科技含量这一潮流趋势，无限极花大力气投入基础研究工作中，努力打造产品、品牌、核心技术和平台建设等方面的竞争优势。继广东新会生产基地后，又在我国中药材丰富的原产区东北建立了营口生产基地。到2019年，除了拥有南北两大生产基地，无限极在全国设有30家分公司、30家服务中心和超过7000家专卖店，生产和销售五大系列150余种产品。

2008—2017年，无限极四次获得国家授权广东省颁发的"高新技术企业"称号，累计有多款产品被认定为"广东省高新技术产品"，2003—2018年连续15年在中国食品安全年会上获得"食品安全百家诚信示范单位"等多项表彰。无限极新会生产基地产品检测中心、营口生产基地技术中心都已通过中国合格评定国家认可委员会（CNAS）实验室认可，检测中心还通过了"英国FAPAS重金属、农药残留"和"德国DRRR营养成分"能力验证。

在一百余年的发展历程中，李锦记淬炼并恪守着"100-1=0"的质量理念。为了确保产品的每一个环节安全可靠，李锦记人追溯到每一种产品的源头，无论是酱油使用的黄豆，还是辣椒酱的主要原材料辣椒，或者是制造蚝油的生蚝，李锦记都要精挑细选，甚至未雨绸缪。在2003年，当法国公布在印度原产的辣椒食品和饲料中发现含有致癌物质"苏丹红"时，李锦记就立刻意识到必须要在自己的产品中防止出现类似情况。年末李

锦记实验室便具备了对辣椒原料和制品进行全面检验和监控的能力。2005年，中国内地出现了"苏丹红事件"，很多跨国公司都未能幸免。广东省的抽查中，只有两家企业的产品没有查出苏丹红成分，其中的一家就是李锦记。李锦记以谨慎的态度和危机感保证了产品的品质。

同样在健康产品的生产制造过程中，他们注意到随着市场对中药材需求的增长，中药材原料的品质和供应问题日益凸显。2015年李锦记健康产品集团成立了天方健（中国）药业有限公司，以"正本清源，推动中药行业健康发展"为使命，专注于中药材、中药饮片及药食同源健康产品的种植、生产与销售。天方健按照独创中草药种植管理模式标准在全国各大道地产区建立了种植基地。通过现代化、规范化、标准化的中药材种植与管理，实现全程可追溯，保障产品的品质与功效，构建产业生态圈，推动中医药行业的健康发展。这是李锦记家族的又一创新举措。

7. 思利及人、永远创业的家族精神

李锦记在中国改革开放40年中取得丰盛成果。在这个过程中，李锦记的家族治理也吸引了越来越多的关注。越来越多的人知道李锦记，不仅仅是因为它的产品，而是因为其独特的家族委员会、家族宪法、家族办公室等机制的设置，他们对年轻一代的培养和部署，以及思利及人、永远创业的家族精神等。

思利及人，提炼自中国传统文化精粹。修身岂为名传世，做事唯思利及人，商人思利，但也同时要充分顾及他人（特别是客户及民众）的利益。人人为我，我为人人，思利及人，恰是中国"兼善天下"的传统美德的体现，李锦记努力把它贯彻到从家族到企业行为的各个方面。

无论是在弘扬中华独特的饮食文化的过程中，还是在弘扬中华优秀养生文化的道路上，李锦记家族都遇到了诸多挫折和危难。包括这个家族也曾经历过两次"家变"，受到亲情不在的惨痛教训。但在思利及人的精神

影响下，他们小中见大，危中见机，最终都能克服困难，转危为安。甚至每一次严重的危机都令他们反思自我，获得新的感悟，进一步丰富和提升了家族精神的内容。

在1998年无限极身处"两刀切"的困境时，因与董事局意见不统一，李惠森曾经痛苦迷茫过。他用了3个月的时间进行"长考"，终于领悟到"我们大于我"和"直升机思维"的含义。李惠森通过换位思考，不再仅仅局限于自我努力和付出，从"我大于我们"转变为"我们大于我"，更多地想到了家族的整体利益，从更高的层次解决问题。他调整好心态，决心和家族一道来处理当时的乱局。这是李惠森的涅槃，也是李锦记家族的一次涅槃。几经努力，无限极终于走出困境。而由这次"长考"领悟出的"直升机思维""关注对方感受""换位思考"，成为思利及人的三大要素，为健康产品集团在日后逐步发展成形的企业文化，以及派生出的系列管理模式和理念奠定了基础。

李锦记家族精神的另一个重要内容是"永远创业"。

李惠森曾经说过：这个世界唯一不变的就是变。这世界上就没有可以"守"得住的东西，无论处在哪个阶段，都需要永远创业。只有主动适应变化，不断进取，才可以在变化中实现可持续发展。

要永远创业，就要学会抓住机会。很多机会是稍纵即逝的，也有很多机会存在于变化之中，甚至是在危机当中。于是，李惠森提出了"六六七七"理论，即不要等到十拿九稳，这时的机会往往已经很少，在有了一定的把握，也就是六七成把握时就开始行动。环境是变化的，在行动中随着变化不断调整、不断完善，从而找到最合适的机会。"六六七七"是对"永远创业"的补充和延伸。如果说"永远创业"是对变化的不断探索，那么"六六七七"则是对把握机遇、采取行动的进一步指导。很多重要的决定，实际上都是在"六六七七"的状态下确立和开始执行的。

为保持家族永续和基业长青，李锦记家族不仅在企业生产经营中创新，在家族治理、文化传承中更是保持着永不止步、不断突破的创新精神。他们从"治未病"出发，创立了家族委员会，将家族成员放到同一平台上沟通、交流、分享，促进了解，减少摩擦，缓解矛盾，推动家族成员间共同以家族利益为主，彼此间更容易达成共识，确保家族成员目标一致、行动一致，以保证家族事业持续发展下去。

在企业经营过程中，李惠森受《道德经》启发，独创了"自动波领导模式"。并成立了自动波实验室，开设工作坊，与更多的人分享"自动波"的理论，在分享和讨论中，又进一步碰撞出新的思想风暴。

作为家族企业，近年来，李锦记始终关注着中国家族企业群体的传承与发展，并以此作为承担企业社会责任的创新与突破。李惠森作为全国政协委员，连续12年递交关于家族企业的提案。李锦记家族乐于分享家族的成败得失，希望自身的经历可以对家族企业群体有所帮助；他们成立了独特的家族企业群体事务部，推动家族企业群体间的交流与分享，探索中国家族企业的可持续发展之路，为推动非公有制经济健康发展和非公有制经济人士健康成长做出努力。

思利及人、永远创业，推动着这个百年家族40年来的高速发展，成为这个家族基业长青、家族永续的基石和保障。

李锦记家族始终具有浓浓的民族自豪感和使命感。他们提出了三项家族宏图，包括：第一，延续李锦记家族；第二，为中华民族创造历史；第三，成为家族企业典范。

在2015年出版的《家族精神》中，李文达对李锦记凭什么"成为家族企业典范"回答了八条理由，它们依次是：

①我爱我的家人，爱我们的家族；

②我爱我的先辈，爱他们创下的产业；

③我爱我的企业，爱我的员工；

④我爱我的祖国，爱香港，我要为之做贡献；

⑤我看好我们家族的前景，看好企业和李锦记品牌的未来；

⑥我信任同心同德的子孙们；

⑦我相信自己的气魄和勇气；

⑧我相信传统家族可以蜕变成现代家族。

李锦记这个百年家族至今已传承到第六代，第五代成员业已于近年加入家族委员会，参与家族事业的核心管理。在很多华人企业还在以"百年企业""百年品牌"为目标时，李锦记家族已放眼至千年，开始考虑传承千年的计划和部署。在近40余年高速发展中，危难与机遇总是同时并存，正是在攻克艰险的过程中，李锦记家族以对祖国未来和香港未来的坚定信心，抓住机遇，为自己插上腾飞的翅膀。现在，国家进一步深化改革开放，全力推动"一带一路"建设及粤港澳大湾区发展，李锦记与香港一同迎来前所未有的商机。在新的机遇面前，这个传承了131年的家族，正在翻开崭新的历史篇章，谱写更多的家族传奇。

二、方太集团：感恩　立志　笃行

没有改革开放，就不会有民营企业家的奋斗舞台。方太集团名誉董事长茅理翔先生在其著作《百年传承》一书中这样写道："我亲历了改革开放中如火如荼、波澜壮阔的农村工业化运动。尽管奋斗是万分艰辛的，但我们见证了中国经济社会翻天覆地的变化"，仅仅40年时间……"变成了朝气蓬勃的新兴工业大国，创造了世界奇迹。我们这一代人感到无比的荣耀与兴奋。"这段话道出了老一辈草根创业者的心声，也道出了茅氏家族齐家奋斗40年的心声——感恩、立志、笃行。

"方太现象"是中国民营企业、高端制造业和厨电产业中经常被人研究和乐道的话题，茅理翔、茅忠群父子及其家族能在创业的平台上不断实现自我价值与家族价值，盖因于：立志，立志忠于初心，创办方太以来，茅氏父子始终坚守定位，既成就了一个牢牢占据中国高端厨电领导者地位并超越"洋品牌"的行业领导品牌，亦孕育了卓越的创业创新经验和丰富的精神文化结晶；笃行，笃行而择善固执，方太选择成为一家以使命、愿景与价值观为驱动的企业，在完成创业、传承、创新与超越之后，更以"为了亿万家庭的幸福"为新的目标不断突破自我。

1. 创办方太之前

茅理翔先生出生于1941年，幼时家贫，父亲靠打长工谋生经年在外，母亲常年熬夜做针线活以补贴家用，全家常常过着半饥不饱的生活。在母亲的教育下，茅理翔从小就立志"为茅家争气"，以优异成绩考上慈溪中学，但不幸突然罹患严重的类风湿性关节炎，两次瘫痪在床，耗尽家里钱财，无奈辍学。当家人倍感无助时，茅理翔没有放弃自己，自学中医艾灸，忍着剧痛用艾火熏烧膝盖，终于能下地走路。

1965年，按照人民公社的要求，茅理翔组织"赤贫人群"成立了长河人民公社综合性厂，并担任主办会计，一做就是10年。到20世纪70年代，综合厂的业务大幅下滑，茅理翔开始跑供销，一年200天在外面跑，关节炎时不时复发，茅理翔每天都要吃止痛片。为了省钱，他只买便宜的阿司匹林，药效虽好，但对胃的刺激很大。茅理翔说："跑供销10年，我也含了10年的止痛片。现在想想，我的眼睛大概就是因为吃这个止痛片吃得太多，毒素扩散到了眼睛里，所以到我70岁的时候，才突然之间发作，看不清了。"

茅理翔这样的创业者们共有的品质——哪怕需要走尽千家万户、说尽千言万语、吃尽千辛万苦、想尽千方百计，他们都走在拼搏的路上。

2. 飞翔的十年

1985年，茅理翔先生成立慈溪无线电元件九厂，并亲任厂长。但翌年即遭遇其创业过程中的第一次严峻危机，当时国家宏观调控，慈无九厂主要生产的黑白电视机零配件严重滞销，工厂停工，6个月发不出工资，茅理翔亲自培养的副厂长和六个技术员也都走了。此时，夫人张招娣从另一个效益更好的针织厂的副厂长的职位上辞职下海，到慈无九厂担任副厂长，主抓内部管理。而茅理翔则到外面寻找新产品、新市场。其间，两次车祸，历经磨难，差点儿丧命，终于找到一个小产品。1986年，慈无九厂当年开发、当年投产的JZDD-3型电子点火器荣获浙江省名优特新产品"金鹰奖"，企业当年获利20万。为庆祝产品获奖，茅理翔决定举办"金鹰杯文艺大奖赛"。每年举办一届的文艺大奖赛的传统延续了下来，而且越来越好，到今天已经变成了"方太春晚"。

当年的文艺晚会上，员工们十分高兴，茅理翔暗暗下定两个决心：

第一，我做厂长一天，一定要像国有企业一样按时发工资；

第二，我做厂长一天，一定要让员工享受丰富的文化生活。

这两个决心就是茅氏家族创业的初心，其实质就是要让员工得到物质和精神两方面的幸福，今天已经成为方太理念、原则和行为的文化内核。这两个承诺标志着企业家在创业历程中给企业注入了原则和爱，而"金鹰杯文艺大奖赛"也给这个企业注入了早期的企业文化。

1989年，茅理翔到广交会摆地摊，将点火枪出口海外，产销做到世界第一，他也因此被外商和媒体誉为"点火枪大王"。

1992年，茅理翔成立飞翔集团，但突遭外协厂背叛，该外协厂将配件组装为成品，到广交会与飞翔竞争，拉走了飞翔一半的生意。这是茅理翔第一次创业所遭遇的第二次危机。此时，他动员女儿茅雪飞、女婿俞炳在结婚的第三天即下海办配件厂，挽救了飞翔集团。

1994年，点火枪市场大打价格战，价格从1.2美金一个一直降到0.3美金，飞翔集团亏损了，开始寻求二次创业。这是第一个10年的第三次危机。这时，茅理翔又动员刚刚从上海交通大学研究生毕业的儿子茅忠群回乡帮忙，并与儿子一起另起炉灶，共同创办了方太。

茅忠群先生与父亲反思了为什么飞翔集团10年里会出现三次危机，总结原因有二：一是没有自主技术，二是没有自主品牌。由此，在成立方太时，茅忠群将创行业第一品牌、创自有技术作为方太的总方针。

茅理翔先生在回忆中曾有这样的描述："当时有人说我，你是傻子呀，三次危机时你把家人一个个都拉下海，万一失败了，你不是坑害了全家人吗？我说，这也许就是傻子精神吧。"这种"傻子精神"的实质就是民营企业齐家奋斗的精神，就是牺牲、奋斗、团结、奉献的精神。"傻子精神"不仅催生了方太，更催生了千千万万的民营企业。

历尽考验、危机和陷阱之后，对于茅氏家族来说，十年汇聚成了一段艰辛而又难忘的创业回忆，成为了方太这一品牌诞生的精神基石。

3. 创业传承，创新发展

1996年1月18日，宁波方太厨具有限公司成立，由茅理翔任董事长，茅忠群任总经理。方太是茅理翔寻求转型、二次创业的产物，也是茅忠群在父亲帮助下独立创业的产物。茅忠群回乡创业，成了当时浙江地区第一个担任总经理的名牌大学研究生。通过对飞翔的调研和观察，他发现老企业管理粗放、技术落后、区域闭塞、人才匮乏，所以，茅忠群向父亲提出了：

一是搬到开发区，以获取地域优势；

二是不带老厂人，以重新招聘人才；

三是要做新产业，以推进产业转型。

茅理翔全部同意了。

作为一个年轻的总经理，茅忠群亲自带领人员到全国各地调研，发现当时市场上的油烟机都是仿造国外的，并不适合中国国情，有滴油、漏油、不美观、噪音大、吸力不强、拆洗不便等六大问题。于是，他决心创造符合中国人烹饪习惯的、由中国人自主设计的油烟机。在1995年这一整年里，茅忠群带领技术人员，连续8个月奋战，当时工厂里装不起空调，夏天温度很高，大家赤膊画图纸、开模具，赤膊开会，终于开发出第一台由中国人自主设计的、符合中国人烹饪习惯的油烟机，之后的大圆弧深型机、A8人工智能机、厨后系列、飓风系列产品又连续刮起四股方太旋风，方太品牌一炮打响。

茅忠群在方太成立初期曾提出这样的市场导向的思想：人们的需求构成了市场的丰富性和多样性，也为每一个善于挖掘市场潜力的企业提供了拓展空间。同时，他也提出了产品研发的战略指导思想：人无我有，人有我优。而随着第一年的系列产品纷纷上市，方太初步形成了自己的产品开发理念：针对消费者需求，不断否定自我，不断反省不足，不断利用高新技术精益求精地改进。

这些超前的思想理念逐渐构筑了方太独特的创新文化，使得方太在一开始即展现出引领潮流的创新态势。而茅忠群在企业定位、产品研发、市场研究等方面展现出来的卓越能力让父亲茅理翔更加放心，完全将研发权交给了他。

迄今，方太先后推出了中国第一台欧式外观中国芯的塔型吸油烟机、第一台近吸式吸油烟机小灵风、第一套嵌入式厨电产品"银家三系"，以及全球第一台专为中国人发明的、拥有百余项专利的水槽洗碗机。

迄今，方太在全国已有员工19000余人，除却雄厚的本土设计实力，方太还拥有来自韩、日等地的设计力量以及高端厨房生产设备及国际工业制造先进技术。方太坚持每年将不少于销售收入的5%投入研发，拥有包含厨房电器领域专家在内的近千人的研发人才团队，国家认定的企业技术中心和行业前沿的厨电实验室，包括两个中国合格评定国家认可委员会认可实验室，分别在德国、日本等地设立研究院，并于2010年被国家知识产权局评为"全国企事业知识产权试点单位"。截至2018年年初，方太已拥有专利2066项，其中实用专利数1405项、发明专利数量316项。

　　这些年，方太反复强调，不仅要创造高品质的产品，更要创造有意义的服务。好的企业和产品不仅要满足并创造顾客需求，还要积极承担社会责任，不断导人向善，促进人类社会的真善美。例如保护家人美丽和健康的不跑烟油烟机，保护环境、减少污染的星魔方，解放双手、为梦想制造时间的水槽洗碗机等，不仅具有极高的设计品位，能提供很好的感官体验，而且具有保护家人的美丽和健康、保护大气环境、保护双手、节省时间来陪伴家人等人文情感内涵。

　　产品创新是方太创新的根本，除却传统的"独特、领先、高档"的创新要求之外，方太还赋予了其新的内涵：以顾客为中心，即打造无与伦比的顾客体验，让顾客动心、放心、省心、舒心、安心乃至幸福。由此，方太的产品创新已经衍生为售前、售中、售后的全过程创新，包括技术创新、营销创新、服务创新和产品创新。

　　关于方太的品牌名称，茅理翔、茅忠群父子一度有分歧，茅理翔希望沿用"飞翔"一名，茅忠群则认为"飞翔"这个名字太平淡、不聚焦，与方太的厨电定位联想度不高。最后，通过"家庭情感官"母亲张招娣的协调后，茅理翔不仅认同了儿子的意见，而且亲自两次前往香港，请出香港方太方任利莎拍"方太"广告。因此，1998年便诞生了"炒菜有方太，抽油烟机更要有方太"的红遍大江南北的广告语，方太销量同比增长200%，这一营销案例成为中国"名人的名字与品牌名字同一，名人的职业与品牌行业统一"的典型案例，并被列入清华、北大的案例库。

随着中国人的消费升级，方太品牌也在不断升级。从创业伊始的厨房专家到后来的高端厨电领导者，再到2015年提出"因爱伟大"的品牌主张，茅忠群认为："不管品牌口号怎么变，方太做好产品、做好服务的初心不会变，行业定位专业化、市场定位高端化、质量定位精品化这三大定位也不会变。"

迄今，在品牌提及率、品牌认知度等关键指标上，方太居厨电行业翘楚地位，并以厨电行业独家身份成功入选2018年CCTV"国家品牌计划"。

茅忠群曾提出方太品牌的三不原则——不打价格战、不上市、不贴牌，一直为外界所称道。

1999年，方太取得行业第二的地位。厨电行业突然掀起价格战，方太市场受到严峻考验。总经理茅忠群坚决不降价，董事长茅理翔专门撰写了一篇《只打价值战，不打价格战》的文章，阐述了方太的经营理念和竞争思路。之后，方太产品不但不降价，还提高了价格，特别是茅忠群带领的团队迅速推出了一台新品，即新一代吸力更强、噪音更低、外观更时尚的T型机，价格虽然比老款高出了10%，但销量却迅速回升。方太从顾客需求出发，很快用产品和服务打动市场。

确立"只打价值战、不打价格战"的思路，既保护了方太品牌，也保护了厨电行业，更保护了消费者的利益。在这个思想的指导下，方太更加聚焦到满足顾客需求、创新潮流产品、提升服务品质上来，这也成为指导公司发展的根本战略。

是否上市并不表明一个企业的好坏。"方太不做500强，要做500年"，茅忠群认为，"我们需要坚守，而方太选择不上市，是因为方太还需要聚焦既定的理念追求和战略定位"。比如，当国内各个行业都遭受金融危机的重创时，方太却投入巨资建设当时世界规模最大的厨电实验室。

如若从上市公司利润报表的角度去考虑，是肯定无法做出这样的决策的。

"我不上市，就完全可以按照自己的思路来发展这个企业。如果因为上市，有钱了，就去投资，不符合我的战略。我们的战略是非常专注地把一件事情做好。我觉得这样就足够了，因为在家电行业，拼命扩张没有多大意义。"茅忠群说。

2009年，方太终止了给海外500强企业的代工业务。茅忠群认为，既做自主品牌又做代工，会在企业里造成矛盾，只能专心做一个。而且方太生产的产品比较高端，给别人代工也没有任何成本优势可言。从那以后，方太在海外市场销售的全部是自主品牌。

这个"三不原则"促使方太成长为一个能坚守定位、价值竞争、诚信经营的企业。这种坚守为树立行业规范、促进行业发展、保护行业及消费者利益做出了积极贡献。

淡化家族制，实行职业化管理是茅理翔企业管理的一大提升，他说："民营企业不搞家族制不行，完全家族化更不行。我们走的是淡化家族制的路子。"其中包含两层意思，一是承认方太是家族企业，二是方太的家族制有其自身的特点和存在的合理性，基本上避免了一般家族制产生的诸多弊端。

"淡化家族就是一场痛苦的自我革命。"茅理翔说。在家族企业里，管理的矛盾可以用管理的方法解决，但家族的矛盾用管理的办法往往行不通。但茅理翔认为，假如女儿管财务，太太管生产，全是家里的人，那么优秀的人才怎么进得来？企业一定做不好。要做现代企业，首先要从企业家的用人观念上做改变，其次要实现人才队伍的职业化。1998年，茅理翔提出"淡化家族制"理论，即在总裁以下的中高层干部中不允许有家族成员，并将这一条写入了方太文化手册。自那以后，茅忠群开始引进大量人才，来自国企、外企、500强的高级职业经理人纷纷加入方太，组建了一

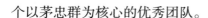

个以茅忠群为核心的优秀团队。

"淡化家族制"的效果之一即是排除干扰，为引进优秀人才铺路，真正打造一个家族控股、职业管理、与时俱进的现代企业。自此近20年来，以人为本的人才理念和人才体系成为方太特色：一是文化融合，无论来自国企、外企还是其他优秀企业的职业经理人，到了方太都能融入方太文化；二是三权下放，为高级人才提供了发挥平台；三是关爱人才、培养人才，为方太储备了大量年轻力量。

理解人才、尊重人才、培养人才、包容人才的氛围，促进了方太的大发展。

茅忠群还导入6S管理、ISO9000等基础管理制度，调整了组织架构，新设了人力资源部、企业管理部、法律事务部、服务物流部，导入了卓越绩效模式，并通过目标管理、全面预算管理、人力资源绩效考核等制度体系，完善了企业管理，使企业运营规范化、制度化、流程化。

茅理翔曾用三个转变总结方太的职业化变革：一是完成了从家族人管理向经理人管理的转变；二是完成了从家长制管理向制度化管理的转变；三是完成了从个人管理向团队管理的转变。他说："我第一次创业搞飞翔，只有我一个孙悟空，现在方太有几百个、几千个孙悟空，大家都在方太这个舞台上跳舞，而方太这个舞台也因此更发展、更亮丽了。"

2002年8月，方太启动了首届"阳光计划"，向外招聘应届毕业的大学生，开启了自主培养未来方太优秀人才的系统工程。企业越是发展，方太越是重视自主培养人才，在"阳光计划"的基础上又推出了"启航计划""群星计划""飞翔计划""巅峰计划"等一系列人才培养计划，不仅在制度上实现职业化，在人才队伍上亦完全实现了职业化。

方太对待人才有两个出发点：重视人才，以人为本。方太发挥人才优势有两只手：从外引进，自主培养。方太对待人才的态度可以从三个方面解读：从使命来看，要帮助员工实现物质和精神两方面幸福、职业与生命两方面成长；从愿景来看，要打造使员工快乐学习、快乐奋斗的企业家族；从价值观来看，要帮助员工提升"仁义礼智信、廉耻勤勇严"的正能量，且能够感恩、励志、笃行。

2002年，方太明确了使命和核心价值观，并在2006年提出了愿景：在2015年突破50亿、2017年突破100亿，方太又分别提出了"成为一家修己安人、导人向善的伟大企业"的新愿景和"为了亿万家庭的幸福"的新使命。

"把办企业的目的想清楚了，企业办起来才会轻松，否则每天都很纠结。"在茅忠群看来，任何事情从价值观角度看都很简单，但是从利益角度来看都很艰难，因为凡事从利益出发总会发现决策中有这个不对那个不好的，当把顾客和员工利益置于第一位时，就不再关注市场竞争，而如果你全力以赴地关注顾客和员工的需求，会有人追得上你吗？

茅忠群还提出了"中学明道、西学优术、中西合璧、以道御术"的经营总纲，他认为中国的"道"是中华文化的一个核心密码，而西方的"术"则是践行大道的有效方法。中西合璧、以道御术，就是用中华文化的道、企业的核心理念，去驾驭、去改造、去优化西方的一些现代管理方法。这个经营总纲的核心是以心为本的经营，管理要以人为本，人要以心为本，心要以心灵的成长为本，以心性的提升为本。方太认为，儒家讲修己以安人，修己以安百姓，而作为企业管理者要先把自己修好，然后把员工的心安好，把顾客的心安好，这就是心本经营。

文化是业务的发心与方法，业务是文化的呈现与结果。对于方太，将文化与业务相结合激发了新的动力，包含创业力、创新力、奉献力、持久力四个维度，具体落到部门、员工身上。这个动力的结果则为业绩表现、组织成长、战略延续。它的根本力量是，让全体方太人进一步统一思想、明确方向，通过明晰"方太从哪里来，方太到哪里去"进一步唤醒主人翁精神。这种文化管理的方式，是中国式管理的一个重大探索，一目了然，深入人心。

从2002年到2006年，方太通过现代管理转型完成了从传统家族企业向现代家族企业的转变，其标志在于对"家"的诠释。方太认为，若要实现"家的感觉更好"，首先要让顾客、员工、合作伙伴、社会"家的感觉更好"，最后才是股东"家的感觉更好"。2018年2月7日，方太更是提出了"为了亿万家庭的幸福"这一新的使命，亿万家庭包括顾客家庭、伙伴家庭、方太人大家庭、祖国大家庭、人类大家庭。其实质就是树立方太经营的根本理念：承担社会责任，仁道经营，修己安人，导人向善。

方太一贯重视企业社会责任，于2006年推出了第一份社会责任报告并坚持至今。2009年参与了"中德贸易可持续发展与企业行为规范"项目，与德国技术合作公司合作开展企业社会责任项目，制定了"遵守法纪、弘扬道义、诚信经营、和谐发展"的方针，形成了方太整体的社会责任观。方太认为，企业的社会责任包含三个层面的内容（见表6-1），首先是法律责任，它是生存的基础、底线；其次是发展责任，要做到和谐、永续经营；最后是道义责任，要向社会传播传统美德和公益事业。

表6-1　方太的社会责任观

法律责任	
产品责任	严格遵守产品安全、健康及相关国家强制性标准
员工责任	严格遵守员工安全、健康、《劳动法》等法律法规
纳税责任	严格遵守国家相关税法
环保责任	严格遵守国家环境保护等法律法规
发展责任	
产品创新	为顾客创造价值，提升生活品质，推动社会发展
员工成长	培养德才兼备的员工，让员工得到健康的成长与发展

和谐发展	注重企业与员工、社区、环境、客户、同行的和谐关系
永续经营	以德为先，以心为本，追求企业永续经营
道义责任	
商业道德	遵守公司商业行为准则和员工商业行为规范
共赢思维	关注企业与员工、供应商、客户、政府及社区的共赢
慈善公益	关注助学、敬老、赈灾与文化教育等
文化传播	用户持续关怀计划文化讲座、方太青竹简国学推广计划

2009年，方太即发起成立"方太慈善会"，围绕教育关怀、扶贫救灾、敬老助学持续推进"方太助学基金""灾区救助计划""疾康身健计划"、甘肃高台县"金秋助学计划""贫困儿童捐助计划""社区敬老计划""村企和谐计划""员工救助计划""青竹简国学计划""国学图书室计划"等，累计对外慈善捐赠逾1.6亿元。为传递仁爱之心、弘扬社会正能量，帮助青年群体及困难群体树立信心不断贡献自己的一分力量。

除却公益慈善，方太亦十分重视和谐共赢的经营发展理念，强调为客户创造价值、为企业创造利润、为社会创造繁荣、为员工创造前途、为合作伙伴创造机会，并构建了"顾客得安心—员工得幸福—社会得正气—经营可持续"的战略管理平台。

对于员工，方太坚持以员工为根本的管理理念，并于2015年获得怡安翰威特所评选的"中国最佳雇主特别奖——学习践行奖"荣誉称号。

对于环保，方太于2003年在行业中率先通过了ISO14001认证，从产品设计、节能降耗、减少排污等角度，以自身技术优势建设"健康环保厨房"，发明了"蝶翼环吸""高效静吸"等油烟机技术，创造了专为中国厨房发明的三合一水槽洗碗机。

对于社会声誉，方太积极践行商业道德行为，始终强调"不弄虚作假、不贪污受贿、不滥用职权"三大纪律，自成立以来未发生违法违纪行为，连续多年被评为宁波市纳税信用A级纳税人，2012—2015年连续被国家工商总局评为国家级守合同重信用企业。

对于文化传播，方太自2006年起即启动"方太至诚服务计划"，以"至诚服务城市主题讲座"形式在全国各城市开展主题讲座，将"幸福人生"诠释始终。活动策划以"家庭"为原点，以"用户"为中心，倾听用户的意见及反馈。并于2010年起持续推进"青竹简国学计划""方太儒家管理模式经验传播""家族企业传承教育项目"等，推广中华优秀文化、传递民营家族企业可持续发展观。

"仁者爱人，替他人着想"，这是方太集团的文化标签，也是方太22年来忠于初心，始终专注于高端嵌入式厨房电器的研发和制造，致力于为追求高品质生活的人们提供优质的产品和服务，打造健康环保有品位有文化的生活方式，让千万家庭享受更加幸福安心的生活的终极动力。而未来，方太还要完成无数个"感恩、立志、笃行"的自我轮回。

（范　斌）

三、匹克体育：迈向国际一流的品牌

匹克体育用品有限公司是一家以"创国际品牌，做百年企业"为宗旨的集团式企业，主要从事设计、开发、制造、分销及推广匹克品牌运动产品，包括运动鞋类、服装及配饰，至今已有20多年的专业研发、制造和销售经验。目前，匹克在中国的零售网点达6000家，在海外拥有40多个经销商、200多个经销网点，已建立起成熟的产销结合的国际品牌运营体系，业务遍及欧、美、亚、非、澳五大洲110多个国家和地区。

自1989年创立以来，匹克就将"创国际品牌"作为企业的宗旨。在创牌的探索中，匹克先后完成了名称国际化、标准国际化、商标国际化、品牌国际化、资本国际化等五个步骤，建立起全球化的基础框架。2011年2月，匹克在时尚之都——美国洛杉矶成立分公司，全面进军美国市场，并以此为据点拓展国际市场。2012年2月，匹克全球旗舰店在洛杉矶开业，借助于美国在全球市场强大的辐射能力，渗透到更广泛的国际市场中去。2014年9月，匹克西班牙旗舰店在马德里开业，由此揭开了整合全球资源、营销全球市场的新篇章。从中国走向世界，从"产品出口"到"品牌输出"，匹克取得了令人瞩目的成绩，并在竞争激烈的国际市场中占据一席之地。近年来，匹克的海外销售收入占总销售额的20%以上，是国际市场销售占比最高的中国体育品牌。

匹克曾是NBA官方市场合作伙伴，和NBA圣安东尼奥马刺队、迈阿密热火队、休斯敦火箭队缔结了官方合作伙伴关系，并先后签约帕克、霍华德等20多位NBA顶级球星。作为以篮球运动用品起家的品牌，匹克抢占了国际高端篮球赛事资源的制高点，并和亚洲的伊朗、伊拉克、黎巴嫩，大洋洲的澳大利亚、新西兰，欧洲的德国、塞尔维亚、黑山，非洲的科特迪瓦、喀麦隆等来自五大洲的国家队达成合作。2012年伦敦奥运会，匹克赞助支持七国奥运代表团，打破了奥运会上国外品牌一统天下的局面。2014年，匹克成为中国唯一的FIBA首届篮球世界杯全球合作伙伴。2016年，里约奥运会，匹克赞助的12支奥运代表团获得了8金19银15铜的好成绩，让匹克服装多达42次登上领奖台。通过和这些国际赛事组织以及球星的合作，匹克将自己的品牌精神、专业产品带到了世界各地，成功树立起一流的国际体育品牌形象，也体现出中国体育和中国体育品牌在国际上的强大影响力。

在做足基础工作之后，匹克正在加速市场国际化的进程。2012年，匹克提出"三百目标"，即匹克商标在100个国家注册、匹克产品进入100

个国家和地区销售、10年内海外销售收入达到100亿人民币。在"以内保外，以外拉动内"战术的指引下，匹克"环球远航"的梦想之旅正在稳步前进，国内和国际市场的销售捷报频传。

秉承"团结、求实、高效、创牌"的企业精神，匹克将继续以篮球、跑步为核心，拓展网球、足球、排球、自行车等领域，在产品线和产业链方面进行延伸，不断完善体育产业生态圈，实现从单一的体育用品公司到综合性的体育产业集团的跨越。

1. 匹克国际化之路："铸牌"行动

"我们国家有复兴中华的梦想，现在我们的综合国力天天在上升，卫星已登月，航母已入海，诺贝尔奖也有了，却在体育用品方面缺少一个响亮的国际名牌。"这是匹克集团董事长许景南常挂在嘴边的一段话。无论是在峰会论坛，或是大学讲坛，或是公司大会小会，或是跟朋友聊天，他都要情不自禁地说出这段话。这是因为，在许景南的心里一直有一个苦苦追求的梦，就是把匹克铸造成一个全球响亮的国际名牌。为了这个目标，他和所有匹克人30年如一日展开了铸牌行动。

行动是把梦想楔入现实的艰巨历程，就像装甲车行进在大地上，每一步都留下深深的辙痕……

2. 名称国际化

20世纪80年代初，福建泉州地区如雨后春笋般冒出了大批制作服装、鞋帽的小加工厂，许景南是这场大潮中的先锋。当时，耐克计划在泉州投资鞋厂，于是许景南将目光瞄准了运动鞋，希望为耐克配套加工。

然而，就在许景南将厂房建成之际，耐克却撤走了。许景南痛定思痛后，下决心自创品牌。他隐隐意识到，未来的市场很可能就是品牌的市场，他说："为什么我们只能贴牌加工？中国人要有志气、有信心做自己的品牌。"在改革开放初期，大多企业还在为生存发愁时，他却提出自创品牌，这是何等的大胆和超前。

许景南不只是一个头脑灵活的生意人，更是一个目标远大的企业家，经过耐克突然撤资事件，他已经深刻地认识到，自创品牌必须走国际化道路、创国际品牌，企业才能走得更远，才能在更高的平台上与大牌竞争。但他更清楚，匹克与国际大牌相比根基薄弱，要在经济全球化的大潮中实现"创国际品牌""建百年企业"的目标，如果不能在基础方面符合国际标准，根本无法与耐克等国际品牌同场竞技。匹克必须走在前边，扎实根基，才能让国际化成为自己与众不同的优势。

1989年，许景南正式成立了自己的鞋服公司，其品牌叫"丰登"，对于中国人来说这是一个吉祥的名字。许景南逐渐发现，很多国内企业在做国际品牌时，多数都会遇到名称上的障碍，创国际品牌，必须要有一个国际化名称。经过与合作伙伴研究，一年之后，"匹克"取代了"丰登"。匹克的英文PEAK，是山峰，是最高点，寓意不断攀越高峰的自我挑战精神，也和更高、更快、更强的奥林匹克体育精神联系在一起。深刻的体育精神和容易发音的特点，在日后很快为世界消费者所接受，为匹克进入全球市场打下了良好的基础。

有了一个响亮的国际化品牌名称后，"行动派"许景南即刻用高薪将耐克留下的大部分技术人员、工人全部吸收到自己的工厂，奠定了匹克运动鞋生产的高起点，并果断将"创国际品牌"的重心定格在篮球运动鞋上。1991年，匹克为八一队打造了国内第一双大码篮球鞋。以此为起点，匹克开始了打造中国专业篮球装备品牌的历程。

本来，企业应在顺风顺水的道路上奔驰。可是一些合股者却为了个人私利闹起退股，为了处理好股权股债，匹克的资金周转面临困境。然而，许景南丝毫都不动摇铸造国际品牌的决心，他多方借贷、忍痛割爱，把公司的地皮划出6亩卖给了人家。当清理好股权股债时，市场已发生了很大变化，销售阵地已转化为专卖店遍地开花。于是匹克奋起直追，在全国各地开起专卖店，其全盛时期达到7000多家。匹克鞋在市场上火了，竟有外商愿意出高价订货，却又提出一个条件，不打匹克牌号，要贴外国标签。许景南一句话顶回："我们不要金山银山，只要一个国际品牌。"

许景南把制鞋的品牌名称从带有浓厚泥土气息的"丰登"更改为与国际运动息息相关的"匹克"，克服了脱胎换骨的阵痛，迈出了"国际化战略"的第一步。

3. 标准国际化

优质的产品是获得市场认可和信任的关键。许景南深谙此道，因而斥巨资引进国外先进生产线，学习先进生产工艺流程，规范生产管理程序，并且全面培训员工——聘请高级工程师为员工上课，建立起一整套完整的质量管理机制。

1996年，匹克拿到了ISO9000国际质量管理体系和产品质量保证体系的认证，通过了ISO1400环保认证和ISO8000职业健康安全认证，成为国内运动鞋行业首批通过认证的企业。

许景南自豪地说，与国际大牌相比，我们的质量不比他们差，他们的大多产品是别人代加工的，而我们都是严格按国际质量认证标准自己制造的。许景南说，国际品牌能做到的，我们也能做到；他们做不到的，我们同样能做到。

4. 商标国际化

1993年，福建泉州匹克集团正式挂牌即开启了国际商标注册工作，同年在全球65个国家进行了商标注册。"商标是无形但最重要的资产，也是匹克未来能够参与国际竞争的先决条件。"许景南的商标保护意识非常强烈，并在之后的多年间持续推动匹克"商标国际化"的进程，获取国际市场"绿卡"。每年匹克的商标权维护费超过200万人民币。

从一个默默无闻的品牌，到被国际上认可，这是一段十分艰难的路程。很多中国人面对开放的世界，显得很不自信，认为什么都是国外的好。匹克在美国开专卖店前，曾对市场进行了调查，当问起是否购买匹克商品时，美国人爽快地说可以，而华人给出的答案却是看看再说。许景南曾发出这样的感慨：国人的自信心不足，让走出国门创国际品牌的企业常常感到自己是在孤军奋战。

国际商标注册，困难重重，但许景南就是不信这个邪，困难再大，也必须让匹克走出国门、走向全球。匹克商标仅在美国注册，就用了整整15年。 2011年12月，匹克独自投资的首家篮球概念主题店在洛杉矶韦斯特菲尔德商场二楼试营业。3个月后，另一家店铺在洛杉矶的好莱坞梅尔罗斯大街开业。匹克用一系列令人感叹的数据践行着"让世界穿上中国鞋"的承诺。

5. 品牌国际化

一个国际品牌一定需要国际高端组织和明星为其代言，这是不变的定律。因此，瞄准全球品牌营销制高点，把匹克与国际高端赛事、与具有全球影响力的体育组织捆绑在一起，成为匹克为推进品牌国际化进行的"五大准备"之一。

行动之初，默默无名的匹克受尽了白眼，作为赞助商第一次受邀去美国看NBA的许景南，还被怀疑是骗子，签证被从窗口扔出，还伴着一句"NBA哪用你赞助！"在一次国际投资会上，有位国外投资者不看好匹克创国际品牌的战略，声称匹克若不改变战略就不入股投资。许景南十分坚定地回应：如果不能接受匹克的创国际品牌战略，那就请你不要买匹克的股票。长久以来，许景南从未动摇过创国际品牌的信念。

2005年12月，NBA赛场上终于第一次出现中文广告，一块印有鲜红匹克山峰标识的广告牌出现在休斯敦丰田中心球馆篮球架下方的显眼位置，成为首个亮相NBA比赛现场的中国篮球用品品牌。它用中文告诉全世界，这是中国匹克，是中国人的匹克。当时许多华人都很激动，纷纷致电感激匹克，他们几十年都未曾在NBA赛场看过中国企业的中文广告。

匹克曾是NBA官方市场合作伙伴，和NBA圣安东尼奥马刺队、迈阿密热火队、休斯敦火箭队缔结了官方合作伙伴关系，并先后签约帕克、霍华德等20多位NBA顶级球星。作为以篮球运动用品起家的品牌，匹克抢占了国际高端篮球赛事资源的制高点，并和亚洲的伊朗、伊拉克、黎巴嫩，大洋洲的澳大利亚、新西兰，欧洲的德国、塞尔维亚、黑山，非洲的科特迪瓦、喀麦隆等来自五大洲的国家队达成合作。2012年伦敦奥运会，匹克赞助支持七国奥运代表团，打破了奥运会上国外品牌一统天下的局面。2014年，匹克成为中国唯一的FIBA首届篮球世界杯全球合作伙伴。2016年，里约奥运会，匹克赞助的12支奥运代表团获得了8金19银15铜的好成绩，让匹克服装多达42次登上领奖台。通过和这些国际赛事组织以及球星的合作，匹克将自己的品牌精神、专业产品带到了世界各地，成功树立起一流的国际体育品牌形象，也体现出中国体育和中国体育品牌在国际上的强大影响力。

6. 市场国际化

从2011年开始，全球经济疲软，体育用品行业也受到了挑战。但在许景南看来，"国际市场是我们一个很好的发展空间"。正是这种信念给予匹克力量，匹克大胆地逆势提出了"三个100"海外市场发展目标，即匹克商标在100个以上国家注册，争取全球覆盖；匹克产品进入100个以上国家和地区；力争在未来十年内海外销售收入达到100亿人民币。

为完成宏伟的"三百目标"，匹克制订了详尽的发展计划，在品牌推广、产品研发、市场拓展方面全面发力。尤其在提升产品质量方面，决心加大新技术、新品研发方面的投资，他们在泉州技术中心的基础上，先后组建了广州研发中心、北京研发中心以及美国洛杉矶研发中心，四大研发设计中心构成了匹克的核心创新平台，吸纳了来自国内及美国等地的优秀科研人员和设计师300多名，逐步实现人才国际化，从提升产品科技含量、丰富产品新颖款式等方面，为海内外消费者开发出更加符合运动需求、更时尚的产品。

如今，匹克正着力建立全球销售网络，以抢占全球市场、研发资源，推动品牌国际营销向产品全球销售跃升。

四、贵州百强：泛家族企业的传统与传承

1977年的中国，绝大多数中国人还没有意识到新时代的序幕即将拉开，一场没有任何历史经验的巨大变化正在走近每一个中国人。此后数十年，这场改革给中国人带来前所未有的财富。对于他们来说，真正缺乏准备的不是如何使用财富，而是如何面对财富的价值观。

现任贵州百强集团董事局主席的张沛，就出生在那个变革时代的节点。当时他的父亲——贵州百强集团创始人张之君还是贵州一个县城医院的眼科医生，和当时大多数中国人一样，面对新时代的来临如同面对新生儿一般，无措而又充满期许。

1. 传承要放到家族企业战略发展的高度综合思考

20世纪80年代初期，张之君与哥哥张芝庭开始创业，兄弟俩共同缔造了一个驰名中外的"贵州神奇集团"。21世纪初，张之君离开神奇集团开始二次创业，创办了贵州百强集团，业务涉及制药、百货、地产、酒店、铁合金、食品、饮料等十多个行业，组建三十多家企业，历经并购、资产重组；尝试与跨国公司、央企、国企和众多民营企业合作；投资过银行、

银行类金融资本和非银行金融资本，进行资本运营。

伴随着中国改革开放的年轮，张之君幸运地完成了创业及家族资本的原始积累。与大多同时代企业家不同的是，他一直在思索如何面对中国家族企业的治理与传承。从1990年开始，张之君边管理企业边从事家族企业研究，他意识到，家族企业必将越来越多，其活动也将日益成为我国的一个重要经济现象。而且不仅私营企业普遍存在家族制管理，其他类型的企业如乡镇企业、集体企业、合伙企业、股份合作制企业、民营承包企业等也大量存在家族制或泛家族制管理。"贵州神奇"发展迅猛固然可喜，但也势必面临着家族企业共同的难题——传承与发展。于是，张之君开始思索企业下一步的打算，要么是兄弟二人一起继续守着那份巨额资产的家业，要么离开神奇集团再次创业。

伴随着第二次创业，张之君开始全面考虑交接班的问题，所有的布置都是战略性全盘规划。张之君要交给子女一个健康向上蓬勃发展的企业，这需要一批有能力有创新的人才团队。提出实施人才战略，汇一流人才、囤四方人脉、聚高端网络、创卓越企业；用人不疑、疑人善用的用人理念。"我们这一代企业家经常考虑更多的是企业的稳定可持续发展，而人才是关键。没有优秀的人才一切都是空中楼阁，所以企业一定要给优秀人才提供一个永远可以不断去追求创造的发展环境。"这就是张之君的企业人才观。他通过"大集团，小公司"的模式在集团内部培养企业家和"亿万富翁"，使集团"成为企业家的摇篮"。他提出的富翁计划、摇篮工程、群星璀璨、共享价值的理念，为企业不断招揽和培养出大批优秀人才。这些优秀的人才不止帮助企业不断扩大，更为下一代顺利接班打下基础。

张之君认为，中国传统"家文化"中的一部分会与现代公司治理机制产生矛盾，因此要处理好二者之间的关系，使得各个利益方各得其所。

要充分认识到，家族企业模式和泛家族企业制度存在的长期性存在的必然性。更重要的是建立强大的公司治理体系，高效的治理能力和科学的决策机制的重要性，最终要实现治理的现代化才是家族企业寻求的目标。经过多年的研究，张之君为百强确立了"家族企业是主流，公共公司是方向"的发展目标，这一目标的核心是产权问题。在此基础上，张之君又提出了"中国式泛家族企业制度"。所谓"泛家族企业"，就是从家族企业向现代化企业制度转化的中间形态。在一定程度上，产权分散对企业发展更有好处，能够将企业经营带入更加科学化、合理化的轨道。对于今天的中国家族企业来说，如何超越血缘建立共同体，如何在社会环境与伦理变化极大的时代，重拾传统并构建"现代经理人"结构，成为中国泛家族企业组织需要面对的重要问题。张之君认为，一个比较成功的泛家族企业，具有产权明晰、股权优化、结构合理、治理规范、机制灵活、以人为本的特点，做到产权明晰，恰如其分的两权分离、三权制衡、以授权为主体的分权共治。他通过引入产权经理人、职业经理人，与家族经理人，使得贵州百强高层管理团队中的精英人才与家族成员都能在这个平台上充分发挥聪明才智。

传承是每个家族企业面临的重大课题，责任重大，要放到家族企业战略发展的层面来思考，要做好长期的、系统的、全面的规划。从产权制度、治理结构、决策机制、以人为本等方面系统思考，提出用哲学思想指导企业发展，用制度经济学规范企业行为，用科学发展观引领企业方向，用边际经济学来建立起企业的护城河。就是张之君为贵州百强顺利传承，从而走向百年企业精心制定的战略方针。

2. 传承要注重下一代的培养

张之君认为，企业的传承是一项重大工程，要注重下一代的培养，而培养不仅仅局限于好的基础教育，家庭教育是很重要的环节。"厚德传家久，物丰正道行"善良、互信、友好、包容是家族长盛不衰的护身符。良好的成长环境，和谐的沟通氛围，长辈的以身作则、言传身教可以将自己的商业品格、人格魅力、商道智慧、精神境界潜移默化地传承下去，特别到培养他们具备财富以外的东西，包括远见、胸怀、格局、哲学思维、独特的商业智慧和胆识。其影响力是其他培养方式无法取代的，家庭教育和其他培养方式的结合也应当是家族企业培养接班人的优势。

张之君膝下有三个子女，他非常重视对孩子们的培养教育。他一直采用的是开明的教育，根据对子女性格、价值取向、个人追求、文化底蕴以及人脉资源的了解，为每一个人分配适合的工作。把合格的人才放在适合的位置上，做到财要配位，德才兼修。"干什么工作，首先要看他喜欢不喜欢，喜欢的事才会做得好！"张之君说。如今其三个子女均在集团任职，儿子张沛担任了董事局主席，大女儿张岩任集团监事，小女儿张娅任集团总裁。他们在父亲潜移默化的教育下成长，没有所谓富二代的光环，十分简单朴素，沉稳从容。

张之君在交接班的过程中，一直在思考"交什么"。这种思考，是很多面临交接班的企业家都在做的事情，但因为每个人的具体情况不同，思考的内容和方向也就有了千变万化。

如果把"家族企业"看成社群或者是部落，传承也将是一个不受"环境"、"气候"与"地理条件"影响而必然发生的事实。在人类对自我几千年的观察与记录显示，最重要的传承应该是传承"面对变化"的能力，面对自然与非自然变化的能力，其实也就是最根本的"生存能力"。

张之君说："我的主张就是不强迫子女，给予自由的发展空间，包容子女。传承作为家族企业发展的战略需要组成部分，不仅仅是物质的交接，更是精神的交接。在交接的过程中，我会思想开明，多与后代沟通，多发现后代的优点。而且，我要求子女首先要善良、大度、包容和勤奋，坚定的信念、坚毅的耐心、和坚强的意志。内心强大、内涵丰富要有足够的知识底蕴，还要有企业家精神，做到'事业无巅峰，学习无止境'，追求卓越、永不懈怠、历久弥新、知深行远。企业家精神是一位成功人士所必备的品质，具体来讲就是学习精神。首先要不断地学习，通过学习来提升自己独立思考能力和独立生存能力，和判断是非的能力。还要有科学的财富观，一定要具备创造财富、驾驭财富、超越财富的能力和境界，最后实现人生的价值。"

每个时代有每个时代的需要，老一代的想法下一代并不能完全接受，下一代的做法又不一定符合老一代的意愿，这需要找到平衡点。张之君主张，要相信新生代，年轻一代的思维非常活跃，要多看他们的优点。要允许后代犯错，错误比经验更可贵，但不要在同一个问题上犯同样的错误。老一代在传承过程中，当好教练、导师，甚至能被视为教父。

这个过程也是一个新一代成长的过程，在理论与实践中不断地提升能力，在思考与反省中寻找发展的方向。我们一直认为成功是暂时的，成长才是永恒的。没有成功，只有成长。只要每天都在成长，就会和成功越来越近。张之君提出："自信是基石、自强是动力、自省是品格、自律是天条"新生代深刻领悟之后，才是走向成功的法门。

张之君的子女在谈到父亲对自己的影响时，一致认为是"开明"。

儿子张沛说："在传承的过程中，留给我印象最深刻的就是父亲会'放手让我做事情'，留给我足够的发展空间与自由的平台，更加不会限制我，这也是我越来越热爱这份工作的主要原因。"

小女儿张娅对此感受良多："刚工作的时候，对于家族企业没有概念，对于公司更是一知半解。父亲告诉我要认真学习，学会思考，勤奋工作，要自觉学习、终身学习、跨界学习、卓有成效的学习。在交接的过程中，父亲也会考察我们，看我们是否能够胜任这份职责。是否拥有很好的道德品质，是否有能力去处理公司的事情，是否拥有坚定的信念。父亲从不要求和命令我们做事，他只给我们意见和提醒。"

在所有历史的传承描述中，我们都能看到传者与承者之间的冲突，无论表现形式如何。尤其是创一代对于原始组织文化基因的偏执与纠结，往往带来更大的冲突与矛盾。21世纪中国的家族企业尤其需要重视这个问题，这源自20世纪80年代改革所诞生的中国企业，经历了三十余年的创业历程，当下正处于创一代的交接时期。承接者需要面对的是创一代的"偏执"，时代的局限使得大多数创一代企业家只能通过"偏执"得到成功，承接者需要理解创一代的心路历程，并且给予足够的分析与理解。此时的创一代已不再是挥斥方遒的创业者，而开始渐渐成为期盼未来的守望者。张沛与张娅如他们的父亲一样幸运，他们遇到了一位宽容而睿智的创一代，早已开始思考传承，在宽容的同时认真观察，给予机会与提醒，超越父亲的身份，像教练面对队员一般的守望着。

3. 传承需要有目的地选择和引导

张之君认为，有时候选择比努力更重要，传承不是单纯的子承父业，传承是可以有更多的选择，其实是人对知识结构的认识和职业生涯的选择，不可能只有规划没有选择。尤其是现在国内家族企业面临的大多数是独生子女，要根据不同对象和时机，加以引导和推动。

"商海搏击多繁非，历久弥新见精微，纵使心智能得悟，仍需修身续光辉。"这是张之君给儿子张沛的题字。通过诗句，张之君把自己在时代中的感受直接表述给了儿子。历繁非方能见精微，这是变革时代亲历者的"皮肤记忆"，如同战场上老兵的生存经验，把自己体会超越时代的感受提炼为诗，纵使得悟，仍需修身，取中国传统"修齐治平"的典故，期望能将之传承给家族更远的后人。

1977年出生的张沛与父亲张之君一起开始第二次创业，现主管药业产业，而这中间却是有一个从抗拒到习惯，再到喜欢与热爱的过程。张沛在大学毕业以后因为对家族从事的行业不感兴趣，而喜好做了一些其它工作，期间张之君也曾几次让他加入百强工作，但是都没有做过多的时间。他一直认为家里并不只有他一个孩子，不一定非要他来接班。直到2002年，在父亲的坚持下，张沛也开始渐渐理解了父亲的良苦用心，才真正投身进入了制药行业，再也没有离开。到2005年，在父亲的影响下，在与父亲的共同创业中，张沛已经喜爱上这个行业，他现在说"这个行业不是父亲安排的"。

张沛是父亲张之君对企业转型坚决的支持者和贯彻者，坚决贯彻父亲提出的：实业为基础、投资发展、创新驱动、品牌引领、融合联动的五环战略。内涵式提升、外延式扩张、整合式发展三驾齐驱态势。于2007年和2011年主持了公司第一次转型和第二次转型。张沛认为首先转的是观念和思维，从结构矛盾和战略上的盲点入手，解决好企业未来发展的方向。他断然退出了一些不适合企业发展的产业，再次明晰了以制药业为主的经营策略，做到主业突出、结构合理、稳中求进、行稳致远。在第二次转型中，更加注重产业结构的优化，重视发展质量和实效，特别重视企业资金链、负债比和现金流的规划。他提出"自觉转型、自主创新、自我超越、全面反省"的第二次转型思路，并坚持至今，且已经开始第三次转型。

张之君培养小女儿张娅，采用了与对张沛截然不同的方式。

2003年，张之君的女儿张娅开始在跨国公司国际酒店在酒店，做管理工作，两年后，张娅寻找到一个20万平方米的地产项目。她找到了父亲，希望向集团拆借资金。在听女儿详细地讲解项目方案之后，张之君说家族集团就是一个平台公司，为家族成员和精英打造实现价值的发展平台，同意了女儿自己成立公司独立运作的想法。

张之君对女儿投资额巨大的房地产项目，不仅拆借资金给她，并且对公司的运营很少干涉。新成立公司的项目选择，股权设置，人员配置，资金筹措等，完全由张娅操作完成。三年之后，由张娅主导的房地产项目顺利完成，获得很大成功。借此机会，百强集团也进入了房地产产业，并且与中央企业合作，成为保利贵州的第二大股东，现在已经有数十亿元的资产规模。

"明大势远见卓识，行之律坚守边际，知进退道法自然，敬心佛天人合一。"这是张之君对小女儿的赠言。

后来，张之君在谈到为什么支持女儿张娅的投资时说，"家族企业在转型和二次发展过程中承担着巨大的风险，要具备试错的心理准备。我认为，创业型接班，代际传承需要老一辈主动调整自己的观念和角色，要早交班，交好班。"

"试错"，是张之君对待子女交接班问题始终秉持的观点与方法。

通过多年的经营，张之君体会到：家族企业应该学会寻找传承机会。就算这一代不愿意，不代表下一代不愿意，可以隔代传承，这也是他目前正在研究的一个论题。"作为家族企业每一代应该培养一个杰出的接班人，不是每一个都是，但必须有一个。"

4. 传承需要两代人之间的沟通与互补

当然，在每个交接的过程中都会遇到分歧与困难，而父子之间存在强大的信任与尊重，使得所有的问题都顺其自然的解决。张沛说：沟通、信任、尊重才能达成共识，"起初，我刚接手公司的时候，会遇到许多问题，我会与父亲沟通，多听取他的建议，并且尊重他的意见。后来，慢慢对公司有所了解，若遇到问题，依旧会听取父亲的建议，但是我会根据公司实际情况，认真的分析与处理问题。"在交接的过程中常会遇到新老员工摩擦的问题，而这样看似很难解决的问题，在张氏父子之间处理的非常顺利。张沛提到："我不会去区分新老员工，只要在百强一天，他们就是公司的员工。最重要的是我要传达这样的理念：我们都是百强的员工，在我这里没有新老之分，而且我的大门会对所有的员工敞开，我的员工都有我的手机号码，只要你有事情找我，就一定可以找到。所以，在传承过程中，父亲的影响与教育，使得我们相互宽容、相互体谅，兄弟姐妹间的关系非常融洽。"

发现同行者是创业者的基本能力，能带领并不强大的同行者前行并获得成功，更是优秀创业者的重要表现。而对于继承者来说，如何建立新的同行者是他们面临的第一个挑战。不同的历史时期，不同企业组织的发展阶段，需要使用不同的价值观及分配形式来处理"同行者"。张之君的创业历程面临过分拆与重组，对于中国泛家族企业的弊端有着深刻的认识，在角色设计中基于产权，把血缘与非血缘关系的"同行者"根据不同阶段的需求，给予正确的安置与回应。继承者们需要清醒地面对当下的阶段，找到面对角色的阶段性方案，能否构建并完善新的"同行者"设计，需要靠继承者自身的表现。

百强的宣言是：我们要建立一个永续经营的伟大公司，构建卓有成效的学习型组织，创新型企业，成为行业的先行者和最受尊重的企业。与员工、客户、股东、利益相关者，共享发展带来的繁荣与福祉。而对于父亲的理念，张沛也有自己的理解。他认为："由于父辈经历的太多太多，他会去思考，去总结经验，去努力解决所遇到的所有问题。父亲提出：务实的理想主义者，谨慎的冒险精神，与时俱进的演化能力。包括'泛家族企业制度'特别是恰如其分的二权分离，'三权制衡'，目标都是我们要成为一个永续经营的卓越企业，这一系列的建议一定是对公司发展有利的。张沛谈到自己最理想的生活状态时，他兴奋的提到："我个人很简单，比较随性，我希望可以成为一位纯粹的股东。但是由于中国职业经理人的制度不完善，当今的职业经理人个人人生轨迹不明确，也缺乏一些主动性，因为想要作一个纯粹的股东有难度。当然，我也在考虑是否可以去完善职业经理人的制度。还有，我希望自己的子女去自由的发展与快乐的生活，去做他们自己喜欢的事情。这也是我想做公共公司的一个小小心愿。"

经历创业的磨砺，我们看到张沛正在结合企业发展战略目标，从一个纯家族企业转变为泛家族企业，进而施行公共公司的现代企业制度。

和兄姊一样，经过不断的磨炼，女儿张娅也已经成为独当一面的公司总裁。她说："在工作中，我会保持谦虚的态度，向每位员工学习，不断地提升自己。在这过程中，慢慢学会如何解决问题，也逐渐懂得了如何管理企业。通过磨炼，我明白：管理好一家企业，一定要具备远见、诚信、勤奋、善良、大度和包容，要有正确的财富观，坚守底线，低调奢华，高调进取、朴实和勤俭的作风才能够保证事业的持续发展。要对企业有责任感，还要有强烈的风险意识。"

正是父亲这种潜移默化的影响与以身作则的态度，使得子女在面对代际差异，产生的分歧时，更为成熟和理智。张娅认为，在传承的过程中最重要的就是对待公司实际问题的处理，不要完全推翻父辈的决策，而是认识问题，分析问题，改善问题。

如果遇到问题，张娅会主动与父亲探讨商量。张娅提到："我与父亲也会有不同意见，通常是在用人上，毕竟两代人在很多事情的观念上都有一些差异。而父亲只是给我意见和建议，他从来不命令我们必须服从，所以起初我会坚持自己的想法，但是通常最后还是证明父亲的意见更为准确。这是与他的人生经验密切相关的。我也从中意识到自己仍需增加识才、用人的经验与对人才培养的判断，尽量减少误判。"

在父亲的引导下，张娅迅速成长为睿智果敢的女企业家。她通过父亲的教诲、家庭的影响和自身的经历，总结二代企业家应具备的素质为：第一个要尊重，尊重父辈交给我们的财富，尊重老员工对企业的贡献，他们创造的财富和成果都是来之不易的；第二是珍惜，父辈交给我们企业，维护好它，不能糟蹋它，这是我们的责任；第三要学会财富的使用，价值观要符合通用的财富观念，奢侈是没有边际的，那是没有意义的；第四是接受，这是最重要的一点，父辈在创业这个过程中是成功的，但他们也不是完人，父辈做得不好的，要学会接受，不要单纯的否决掉，急于推翻，来证明自己。第五是敬畏，对法律的敬畏、对道德的敬畏、对权力的敬畏、对财富和民众的敬畏意识。老一辈的意见是非常宝贵的，要听，要和父辈建立信任的关系；最后要科学的评估自己的能力，做决定时是否经过充分的思维，是否听取了各方的意见。

张娅没有辜负父亲的期望，反而回馈了父亲很多的惊喜。如今，张娅正为贵州百强成为永续经营、可持续发展的百年传承企业而努力。

5. 总结

在张之君有意识的逐步引导下，百强已在平淡和自然中完成了交接班，一切都显得顺理成章。如今的张之君只是一位慈祥和蔼的老人，平时写写诗词，练练书法，与朋友聚会聊天，不再过多的干预公司的事情，安心的让子女管理企业，把更多的时间用在对经济现象、企业发展规律的思考与总结上，对制度经济学、哲学经济学、边际经济学有深层次的思考和探索。贵州百强在新一代企业家的领导下，仍在健康有序的由纯家族企业向泛家族企业制度过渡，向实现百年常青的"公共公司"的终极目标不断迈进。

张之君说："中国家族企业是一个巨大的商业群体，未来将会有更多的家族企业面临传承问题。老一代承担的不仅是企业责任，还有重大的社会责任，一定要把传承问题列入企业发展战略来思考。要充分认识到传承是自然现象，要自觉、主动交班，早交比晚交好，千万不能临床交班，遗书交班是最不可取的，而不能顺利交班的责任多在老一代身上。因此，在传承问题上一定要放下身段，多在子女身上找优点，特别是要找出两代人之间的互补优势，与晚辈建立互信和沟通的长效机制，做到'扶上马，送一程'。"

经历了41年改革开放的中国，拥有着未曾想象的财富。历史拉开新的帷幕，带给人类全新未知的改变。经历这场改革历程的创业者是幸运的，幸运之处不在于是否成功或积累多少财富，而是在于这是一段人类历史长河中的"非常时期"，对于世界的秩序有极大的影响，在其巨大影响下，这批创业者得到历练，他们所获得的精神收获，无论对个人、家庭、民族还是国家，都有着深远的意义。

五、均瑶集团：黄钟大吕吟芳华

在改革开放的大潮中，在时代的指挥棒下，在跌宕起伏的乐曲中，均瑶集团紧跟时代的步伐，上下求索，守正出奇，为这支影响中国命运的曲目增添了独一无二的均瑶音符。中国道路是均瑶生命的律动，不断砥砺前行的勇气成为百年老店进程中不可或缺的动力。

1. 命运之神

王均豪忆及创业经历时说，一切从我的家乡温州市苍南县的渔村——渔岙说起。如果不是那股改革开放的时代大潮，唤醒了蕴藏在我们温州人身体里的创业激情，我可能会是一个如父辈一样的本分渔民。20世纪80年代中后期，我们三兄弟背上编织袋，加入了温州十万购销大军。创业初期，我们陆续做过很多行业，不干胶、饭菜票、徽章，从简单的挣钱开始，追逐自己的梦想。温州交通不便，渔岙更是一个三面环山、一面环水的偏僻小村，要坐上10多个小时的汽车，才能换乘火车。"那时候，火车椅子下一睡十几个小时是家常便饭，尝遍了各种艰辛。我们三兄弟在生意场上摸爬滚打的头十年正是中国经济体制改革的萌芽初期，我们是浙江"四千精神"（历经千辛万苦，说尽千言万语，走遍千山万水，想尽千方百计）的践行者，我们总是能第一时间嗅出机会。然而，当时我们自己也没有预料到，我们的拼搏会成为民间力量突破旧体制的急先锋，成为践行改革开放的排头兵。当时的温州商人就像余华在《兄弟》一书中写道的，他们像野草一样被脚步踩了又踩，被车轮辗了又辗，可是仍然生机勃勃地成长起来了。

1990年9月，亚运会在北京举办，均瑶参与了亚运会旗帜、徽章、招贴画的供应，完成了原始资金的积累，迈出了成功的第一步。民营资本的萌芽使得贫穷已久的底层民众对财富的渴望如同解压缩式的释放，潘多拉的盒子真的被打开了，先富起来的温州人曾经成了众矢之的，国家部委对温州乐清县假冒伪劣产品的查处事件轰动一时，然而，监管严查却没有影响到均瑶的事业。王均豪说："做人要摸摸胸口的'巴掌地'，要对得起自己的良心，父亲最平凡朴实的语言成了我们做生意的人生信条，'良心经营'成了我们创业的初心，为我们规避许多风险，更为我们今后的事业插上了飞翔的双翼。"

2. 梦想之旅

1990年春节期间，16岁就背井离乡闯荡世界的大哥王均瑶，在从长沙回温州的长途大巴上，亲身经历了在长沙做生意的温州人长途跋涉回乡之苦，于是他决定包飞机。王均瑶叩开湖南省民航局的大门后，遭遇了不曾预想的困难和艰辛，然而解决跋涉之苦的初心让他所向披靡，在敲到一百多个图章后，他用精诚所至，金石为开的精神撬开了中国民航紧闭已久的铁门，王均瑶承包的长沙—温州的航线终于被允许开通。1991年7月28日，一架苏式"安24"型民航客机从长沙起飞，平稳地降落于温州机场。此事令三兄弟名声大噪，"胆大包天"事件被媒体誉为改革开放的经典案例广为流传。

1992年，国内首家民营包机公司——温州天龙包机有限公司成立，2002年，均瑶集团作为民营企业从"边缘"首次进入民航主业——入股东航武汉有限公司。

"胆大包天"的创举，让蕴藏在三兄弟身体里的企业家精神从一点星火，燃起了冲天的激情。没有激情，碰到困难就会退缩，有了激情，就可以往前走。正是这样的激情与初心，让"飞天梦"不断翱翔。

2004年，大哥王均瑶英年早逝，他的"飞天梦"却没有因此陨落，带着兄长的遗志，两兄弟继续着飞天事业：2005年6月，均瑶集团获准筹建上海吉祥航空，次年9月实现首航；2014年2月，再下一城——由吉祥航空控股设立的九元航空经国家民航局批准在广州筹建，当年实现首航。

航空板块发展的同时，均瑶集团搭建空中桥梁，解决出行难的初心依旧。吉祥航空开通了很多支线航线，这些支线目前都没有其他航空公司飞，对于当地来说是架起了一座桥梁，架起了它跟经济发达地区的桥梁，不仅促进了当地经济发展，也是社会责任的一种体现。二哥王均金始终把"为社会创造价值"放在考量业务布局的首位。目前，上海参与"一带一路"，浦东国际枢纽港建设已经提上日程，吉祥航空也将以枢纽港利益最大化为原则，参与到浦东国际枢纽港建设，服务于上海的交通网络建设，加入到"一带一路"桥头堡的建设。

1994年6月，在"一杯牛奶强壮一个民族"的感召下，均瑶乳业开始起步，在全国建立了乳业生产基地，销售网络遍及全国，逐渐做大了乳业的均瑶品牌。均瑶乳业积极向大健康领域转型，已更名为均瑶大健康饮品股份有限公司。其所研发的"味动力"乳酸菌饮料以过硬的产品质量，已成为行业中的知名品牌，单体销量也走在市场前列。正在推出的"体轻松"草本植物饮料，填补了国内细分市场和消费的空白，引领消费。一直以来，均瑶坚持做良心产品，坚持以让顾客满意、社会满意作为生产经营的出发点，以严苛的标准选择原材料、以精湛的工艺进行科学生产、以严格的要求做质量检测、以保障消费者权益目标净化市场，确保各项产品安全可靠，让消费者放心。

1998年10月，均瑶集团拍得温州市区出租车经营权，均瑶出租车以统一形象、统一管理、先进的国际化经营理念，进行集团化运营操作。其在促进温州出租车行业从第一代家庭经济运作方式到第三代经济运作方式的历史性转折中，做出了巨大的贡献。

3. 希望之梦

随着国际化现代服务业的脚步不断加快，均瑶集团将自己与上海这座城市的发展紧紧连接在一起。2004年1月，近8万平方米的上海均瑶国际广场建成投入使用，成为上海第一幢以民营企业冠名的甲级商务楼。2004年6月，中共均瑶集团有限公司委员会成立，成为上海第一家直属社会工作党委的民营企业党委。新华社电文称：均瑶集团成立了中国"级别"最高的民企党委。从此，均瑶集团这条在浩瀚大海中航行的小舟有了前行路上指引方向的"船舵"。

2005年，"非公36条"，即《国务院关于鼓励支持和引导个体私营等非公有制经济发展的若干意见》的出台，使我国经济体制改革迈向一个深层次的成熟阶段。2006年，全国"两会"上确立了上海要率先大力推进国际经济、金融、贸易、航运中心的建设。踩着这个时间节点，均瑶集团对于自己的航线日益清晰，确立了"为社会创造价值，建国际化现代服务业百年老店"的企业使命。在接下来的5年中，均瑶集团先后参与了无锡市商业大厦的改制和武汉市汉阳区房地产公司的整体改制。积极探索公益事业新模式，参与改制上海市外国语小学和外国语中学，致力打造"百年名校"。在上海市场深耕细作，以不断向前的姿态迈进，以不停探索的精神践行改革的政策。

2013年，上海自由贸易试验区成立，"上海国资改革20条"发布。在第三波金融改革的机遇期，为了更好地参与上海金融中心的建设，服务实体经济发展，均瑶集团作为主要发起人将全国首批、上海首家民营银行——上海华瑞银行设立在自贸区。2015年，参加完两会，时任第十二届全国人大代表的二哥王均金向习近平总书记汇报了他的金融梦，韩正书记在侧介绍时说，他们在自贸区是民营试点第一批。

华瑞银行以"历久恒新，百年华瑞"为企业愿景，以"服务小微大众、服务科技创新、服务自贸改革"作为战略定位，守正创新探索差异化特色经营模式。2016年，华瑞银行成为中国首批投贷联动试点银行。

2016年，在上海新一轮国有企业混合所有制改革的大背景下，均瑶集团又一次打响改革的"第一枪"，将1979年老一代工商业者创立的爱建集团重归民企阵营。

均瑶集团的发展壮大，企业经营的中心已经转化为肩负使命的"担当"，所有的投资都以促进社会进步为原则，以给社会做加法为理念发展产业，成为经济建设的创新基因、活力细胞。均瑶集团以航空运输、金融服务、现代消费、教育服务、科技创新五大板块积极参与"五个中心"建设。

4. 赤子之心

1999年，均瑶集团跟随中国光彩事业促进会组织的"光彩三峡行"来到三峡库区，开启了三峡库区支援建设之路。此次"光彩行"结束之后，均瑶集团当即宣布在三峡坝区的宜昌市投资兴建乳业基地，实施"万户奶牛养殖计划"，打通上下游供应链，重点帮助解决库区移民就业难题。10多年来，均瑶集团在三峡库区累计投资10亿元人民币，带动了5000人就业，并推动当地产业升级。

2001年，均瑶集团不仅是国内企业中第一批向联合国递交"全球契约"承诺书的企业，在发展企业的同时更注重回馈社会、多为社会创造价值。同时，在参与公益事业、光彩事业方面，一直以积极饱满的姿态走在前列，争做先锋。2003年，均瑶集团捐款1000万元设立大学生志愿服务西部计划基金。二哥王均金数次以全国政协委员、全国人大代表的身份为促进民办教育的发展递交建议和提案，他还一直关注中西部地区的教育均衡问题，关注教师的培养。均瑶集团在上海市徐汇区、四川省都江堰、新疆喀什、贵州毕节分别设立了"均瑶育人奖"奖教基金，通过奖教基金培训、鼓励优秀教师扎根一线，持续为国家教育事业的发展贡献力量，目前已有几千名教师从中获益。2009年，均瑶集团创立了中美杰出青年培训项目。截至2017年年底，累计资助选送了300多名杰出青年赴美参加培训，培养了一批又一批有理想抱负、坚强意志、综合能力、国际视野的"弘毅之士"。2008年5月18日，汶川大地震发生，均瑶集团向汶川灾区累计捐款、捐物、免费运送救灾物资累计逾650万元。

20多年来，均瑶集团充分发扬富而思进、扶危济困、义利兼顾、德行并重的精神，并在实践中以义为先，在发展企业的同时更注重回馈社会、自觉履行社会责任，先后投入10多亿元用于光彩项目帮扶，10多亿元用于教育事业，过亿元用于各种公益活动和慈善事业。

2016年，根据中央统战部的指导和部署，均瑶集团以实际行动贯彻"精准扶贫、真抓实干"的国家战略。捐赠一亿元，在中国光彩事业基金会下设立"光彩·均瑶扶贫济困专项基金"，主要用于帮助贫困地区和贫困人口脱贫、基础建设等公益慈善项目。在公司设立"均瑶集团精准扶贫行动领导小组"，二哥王均金亲自担任组长，先后在贵州望谟、湖北宜昌、云南陇川、甘肃文县四地开展了精准扶贫工作。因地制宜、精准施策，通过"产业扶贫、就业扶贫、智力扶贫、助学扶贫"的创新模式参与精准扶贫。

在贵州望谟，设立的"均瑶集团精准帮扶洛郎基金"，首批投入1000万元，采用"公司+龙头企业+种植大户+贫困户"的模式，以"国家脱贫攻坚计划"为任务，以"均瑶集团帮扶项目"为职责，建设望谟县万亩板栗高产示范园，通过五个步骤完成了板栗从种植到加工产品销售的闭环链条：一是吸纳建档立卡贫困户到示范园务工；二是聘请农技专家指导种植大户和贫困户学习板栗种植技术；三是资助每户种植10亩板栗；四是制定万亩板栗高产示范区核心区整体规划和实施步骤；五是帮助龙头企业通过航空食品审批，成为吉祥航空的机上食品，使其增加销售渠道和提高产品品牌。使得"授之以渔"成为突围贫困的利器，均瑶集团对贵州省望谟县洛郎村的扶持范围覆盖了从生产到市场化的所有环节，已经形成了较为成熟的模式。除了在资金上帮扶外，均瑶集团还在管理上提供帮扶，选派优秀党员干部到当地挂职，专职从事精准扶贫工作。帮助当地企业、贫困户建机制、细管理，助其提升管理水平。

均瑶集团27载的芳华，在改革开放的广阔天空中展翅翱翔，开创了改革开放史上多个"第一"：第一个私人承包飞机航线，第一个成立民营包机公司，第一个民营企业入股民航主业，第一批筹建民营航空公司，发起设立全国首批民营银行……这些"第一"串成了均瑶成长的印记，同时，均瑶的发展旋律也为改革开放的交响曲增添了别样的音符。改革开放40年，均瑶既顺应了改革，也推动了改革，没有辜负改革开放40年这个前所未有的新时代。改革开放40年来，中国的建设取得非常伟大的成就，均瑶是这个大变革新时代环境下的探索者，寻求企业家个人的立身之本。面对复杂的环境，均瑶要做企业的百年老店，为社会创造价值，达到顾客、员工、股东和社会满意，助国家强盛，最终实现中华民族伟大复兴的中国梦。

六、中联永亨与改革开放同路前行

中联永亨集团总部坐落于美丽的滨海城市厦门，地处海峡西岸经济区中心，是一家集养老产业投资、文化产业投资、土地一级开发、房地产开发、建筑施工、劳务和建材等业务为一体的大型综合性集团。以集团公司为核心平台，旗下控股厦门中联永亨文化产业投资有限公司、厦门中联永亨养老产业投资有限公司、漳州中联投资发展有限公司、漳州曜阳中联置业有限公司、厦门中联永亨建设集团有限公司、厦门中联永亨房地产开发有限公司、厦门市瑞隆建材有限公司、厦门中恒发建筑劳务有限公司、长泰中联永亨旅游休闲有限公司等多家子公司。

1. 求新求变40年

改革开放40年，伴随着锐意进取、求新求变的浪潮，中联永亨集团应运而生、顺势而为。

中联永亨集团是从建筑安装行业起步的。

1993年，经建设部批准成立深圳中联水工业技术开发总公司，主营业务为市政工程勘察、设计、总承包业务，水工业与环境工程高新技术、科技成果的开发与应用，工业与民用建筑及市政工程施工等。

1996年12月16日，厦门市瑞隆建材有限公司正式成立，经营范围包括生产、加工、安装金属器件和批发零售建筑材料、五金交电等。公司积极开拓市场，生产经营形势呈现上升趋势。

1998年12月23日，厦门中联建设工程有限公司正式成立，政企脱钩，划属中国建筑工程总公司系统，注册资金1.2亿元，经营范围包括房屋建筑施工总承包壹级、市政公用工程施工总承包壹级等。通过不断地开拓发展，公司的社会形象继续得到提升。

2001年7月17日，厦门永亨房地产开发有限公司正式成立，经营范围包括房地产开发与经营、物业管理、房地产信息咨询等。

2003年2月12日，漳州永亨房地产开发有限公司正式成立，并在漳州延安北路成功开发了"永亨世家"商品房项目，创下2005年当年开盘100%销售率的记录。从而使集团产业结构调整更好地得到完善，综合竞争力跨上了一个新台阶。

2005年4月，厦门中联投资有限公司正式成立，开展对工业、农业、高科技、交通、旅游业、教育、科研、文体等事业的投资。

2006年2月24日，漳州中联投资发展有限公司正式成立，同年在漳州龙海市投资建设锦江道的土地一级开发项目，一、二期总投资8亿元。

2014年3月14日，为使集团产业布局更趋成熟，多元化经营更有效，厦门中联永亨文化产业投资有限公司与厦门中联永亨养老产业投资有限公司相继正式成立，注册资金分别为5000万元和6000万元，经营范围包括对第一产业、第二产业、第三产业的投资（法律、法规另有规定除外），具体有养老产业投资与资产管理、实业投资、酒店管理等。

2014年4月，厦门中联投资有限公司更名为中联永亨集团，注册资金2.18亿元，经营范围包括对工业、农业、高科技、交通等的投资及房地产开发经营等。集团把深入调整和拓展产业链作为一项战略发展计划，把切实提高企业综合竞争力作为一条发展主线。

2014年6月26日，漳州曜阳中联置业有限公司正式成立，注册资金1亿元，与中国红十字会总会事业发展中心合作投资开发漳州曜阳国际老年公寓项目，涉足文化、养老产业预示着我们以更新的面貌、更昂扬的斗志、更饱满的激情，向着更高、更远的目标奔跑。

2017年3月6日，厦门中联建设工程有限公司整合建安产业资源，将厦门中恒发劳务公司和厦门瑞隆建材有限公司整合组建成立中联永亨建设集团公司，注册资金3亿元。建筑施工业务板块站在了一个新的历史起点上，走向一个全新的发展阶段。

2017年3月16日，收购长泰马洋溪生态旅游区雄峰山庄项目，该项目约占地1500多亩。2017年3月21日，注册成立长泰中联永亨旅游休闲有限公司，注册资金2000万元，旅游项目的开发与运营是为了更好地提升养老项目的品质，让人们在休闲旅游度假的同时，也能够充分拥抱大自然。

2. 创新集团 做强事业

根植于厦门这片沃土，中联永亨集团生长得枝繁叶茂，2017年产值近50亿元，年纳税总额达1亿元以上。中联永亨集团已发展成为闽南地区独树一帜的中联品牌，具有丰富的大型项目开发、施工经验及雄厚的资金实力。

中联永亨集团经过25年的历练，现已形成多元化的战略发展格局，拥有了一支充满激情的具有战略思维、创新精神和经验丰富的管理团队；"用心做事、感恩做人"已成为所有中联人共同坚守的理念。

一路走来，中联人不仅创造了令人瞩目的物质财富，还形成了独特的中联文化，为中联永亨集团的可持续发展奠定了坚实的基础。秉承合作共赢，携手发展，创造社会价值、企业价值和自我价值的中联精神，中联已经成为厦门城市建设的重要力量，旗下厦门中联永亨建设集团有限公司系福建省建筑业龙头企业，连续12年位列厦门市百强企业，在全国各地共下设分公司16家。

厦门中联永亨建设集团有限公司创建了一批经典工程，囊括中国建筑工程质量荣誉最高奖"鲁班奖"、国家优质工程奖、华东地区优质工程奖、福建省"闽江杯"、厦门市"鼓浪杯"、漳州市"水仙杯"、成都市"天府杯"、深圳市"金牛杯"等上百个奖项。公司已获批准的国家级工法、省级工法及企业级工法30余项，并荣获多项国家级专利、实用新型技术及发明专利。

通过不懈努力和执着追求，集团形成了独特的团队精神和优秀的企业文化，以科学、严谨、高效、务实的工作作风和一丝不苟、精益求精的工作态度，得到了众多业主和社会各界的信赖与认同。先后获得"全国守合同重信用企业""首批全国建筑业AAA级信用企业""全国建筑业先进企业""全国优秀施工企业""全国工程建设质量管理优秀企业""中国建筑业综合实力排序100强企业""全国实施卓越绩效模式先进企业""中国工程建设诚信典型企业""福建省建筑业龙头企业""福建省先进建筑企业""福建省省级房屋建筑工程施工总承包预选承包商""福建省民营企业20强""福建省诚实守信示范单位"等上百项荣誉。自1997年起，集团历年荣获省、市"守合同重信用企业"；自2005年起，集团历年被授予"纳税特大户企业"和"银行资信AAA级企业"荣誉称号及连续12年入选"厦门企业100强"。目前，"中联"商标已入选为福建省和厦门市著名商标。

在高质量的快速发展中，对市场经济异常敏感的中联人，不断努力培植新的利润增长点，延伸产业链，发展房地产、土地一级开发、养老产业及文化产业投资。

旗下漳州永亨房地产开发有限公司在漳州延安北路成功开发了"永亨世家"商品房项目，创下当年开盘销售率100%的记录。

旗下漳州中联投资发展有限公司，2006年在漳州龙海市锦江道的土地一级开发项目系龙海市第一号重点项目，一、二期总投资8亿元，共开发商住用地约850亩（因政府拆迁问题尚未全部完成）。其中，一期已出让170亩，土地出让金约9.5亿元。项目二期规划净地面积680亩，目前项目基础设施已全部完成，正在进行安置房建设及征地拆迁，预计每亩出让金能达到1000万元以上的市场价值。

旗下漳州曜阳中联置业有限公司正与中国红十字会总会事业发展中心合作投资开发漳州曜阳天成健康城项目。该项目坐落于"厦门后花园"漳州长泰县马洋溪生态旅游区十里村，项目总用地面积共计3381亩，远期规划总居住人口1.2万人，总投资约50亿元。建设内容包括二级医院、护理院、老人活动中心、养老公寓、家庭陪护式院子、特色商业街、精品酒店、体育馆、幼儿园等配套服务设施。漳州曜阳中联置业还将在此打造一个家庭旅游度假区，在举家旅游度假的同时，还可以亲近大自然。本项目由中联永亨集团与中国红十字会总会事业发展中心倾力打造，旨在打造华东地区最具特色的高端医疗养老养生滨湖度假新标地。

旗下厦门中联永亨文化产业投资有限公司，2012年，与中国文化管理学会艺术研究工作委员会组织400多位艺术大师共同编制《和平颂——钓鱼岛抒怀书法绘画集》。2013年，与北京华风雅韵文化创意有限公司合作拍摄《李太白的道德经》戏剧。2016年，赞助了在国家博物馆举办的"王者之香——陈荫夫写兰画展"。2017年，与中华文化促进会、厦门大学、厦门大学校友总会合作并赞助了在国家大剧院举办的第29届国际科技与和平周之"世界和平之夜"大型演出等文化类公益事业。

中联永亨集团在发展过程中，不仅积极寻找自身的发展定位，还不断地总结和探索，以提高员工思想道德素质为目的，将企业文化、精神文明建设充分结合于企业经营核心工作中，把企业文化建设融入企业管理、党建工作和精神文明建设的全过程，逐步形成具有时代气息、健康向上、独具中联永亨特色的企业文化。员工队伍的整体素质和工作质量也明显提高，管理团队精神面貌焕然一新，社会形象和市场竞争力迈上了新的台阶，各项工作均取得了突出的成效。

集团把党建和工会工作融入企业经济发展和精神文明建设，厦门卫视专门对公司的党建工作进行了采访报道。2018年8月6日，厦门市委组织部非公办、思明区委组织部、观音山党工委调研指导公司党建工作，并对集团党支部今后的工作计划和开展形式提出了很多宝贵的意见和建议。集团党支部定期组织各种形式的专题学习，采用"民主生活会""沟通座谈会"等多形式的活动，扩大员工间的交流和沟通空间，使员工真正感受到自己在企业受到尊重和认同。每年组织全体党员"参观革命基地和革命纪念馆教育实践活动"，让全体党员重温了入党誓词，以铭记最初的革命理想和历史使命，开展"两学一做"党员教育实践活动。

中联永亨集团奉行与员工共同成长的进步理念，力求营造平等宽松和谐的工作氛围和自我激励、自我管理的机制，积极打造激发员工潜能的平台，满足员工人生规划发展的需要，使员工的福利待遇、社会经验和人生价值都能随公司的发展而稳步提升。集团工会关注每一位员工的身心健康和职业发展，针对员工的实际，采取灵活多样、切实可行的工作方式，充分发挥和调动员工的积极性，引导和帮助员工以主人翁姿态投身工作。投入专项资金建立职工文体活动室、充实图书阅览室图书资料；丰富职工的文体生活，举办各类文体竞赛；设立中联永亨集团健身俱乐部，锻炼公司员工身体素质，增强同事感情；每年还开展中秋博饼活动、元旦迎新晚会、月度生日会等一系列丰富多彩的活动，尽一切力量满足员工的精神文化需求。集团工会每年定期组织员工体检、定期进行员工家访，慰问和帮助困难员工、帮助外来员工解决子女入学问题，打造建言献策平台，让员工通过微信平台、董事长信箱等多种渠道将意见和建议反馈到总裁办。同时建立科技创新奖励制度，鼓励和表彰在科技创新、技术改造等方面涌现出来的集体和个人，在集团内部形成了浓厚的科技创新氛围，进一步提升了企业的凝聚力和向心力。

3. 责任、使命与担当

中联永亨集团把"用心做事、感恩做人"作为企业的核心价值观及企业不断成长的灵魂，激励着集团顺应时代的变化而发展。过去的20多年里，集团接受着种种挑战，筚路蓝缕、开拓创新，通过科学化的资源整合，产业结构升级与多元化投资，特别是在中国民营经济研究会家族企业委员会的指导下，发展为福建省的龙头企业。

自20世纪90年代开始，林瑞龙先生陆续向家乡泉州市泉港区、厦门的教育事业、公益慈善事业捐资，近10年对社会捐献财物2000多万元。公司成立以来，赞助了清华大学环境科学与工程系研究"环境保护与可持续发展"课题；分别捐资在厦门大学、华侨大学、福建省工程学院、厦门理工学院及泉州市泉港区设立了"中联永亨建设奖"助学金，奖励品学兼优的学生及优秀教师；2008年5月12日四川汶川发生8.0级大地震后，公司党支部和工会立即发出倡议组织全体员工捐款捐物，调派四川分公司组织机械设备、人员队伍，及时成立了抗震救灾应急抢险队伍，奔赴救灾现场第一线，公司总经理郑肃宁同志作为福建省建设系统第一支工程建设领域赴四川抗震救灾的房屋应急评估专家组的一员，紧急奔赴抗震救灾第一线。同时，公司负责对口援建彭州7万平方米临时居住活动板房，是厦门市援建任务最重的公司。在6月5日至7月24日短短49天里，四川分公司共组织了386位技术精湛的技术工人，投入了大量的施工机械设备，建设活动板房，高质高效地完成了任务，得到了各级政府的高度赞誉和肯定。2011年，青海玉树大地震发生后，公司积极发动员工多次为灾区捐款捐物。

集团在公益事业方面获得许多荣誉，2008年9月，被福建省人民政府赠予"襄教树人"荣誉；2008年6月，被龙海市人民政府授予"慈善大使"荣誉称号；2008年，被我国住房和城乡建设部授予"抗震救灾先进集体"荣誉称号；2009年，获得"心系家乡，捐资助学"荣誉称号；2010年，获得"捐资助学，奉献爱心"荣誉称号；2011年，获得中国红十字会人道救助事业捐赠谢忱；自2012年起，连续多年荣获中国红十字会总会事业发展中心授予的"爱心企业"称号。

林瑞龙先生目前担任北京国际科技文化交流协会会长、中国民营经济研究会家族企业委员会副会长、中国文化管理学会艺术研究工作委员会副会长、福建省海峡品牌经济发展研究会副院长、厦门市企业和企业家联合会副会长、厦门市泉州商会创会会长、厦门市侨乡经济促进会荣誉会长、厦门市内联企业协会名誉会长、福建省建筑行业协会第六届理事会副会长等职。

北京国际科技文化交流协会由一批在文化界、科技界颇有建树、德高望重的老专家、老学者组成,由总政治部文化部原部长、十届全国政协委员、六届全国文联副主席田爱习将军发起成立。协会广泛开展科技与文化的信息交流、融合研究、成果展示、国际合作等,促进科技与文化的深度融合,以期更好地运用先进技术建设和传播先进文化,努力提高文化的现代化水平。田部长是文化界名人,是军内外公认的文化大家,政治思想和文化素养非常高。多年来,他积极无私地投身社会公益事业,先后创办了文化扶贫工程,组织了文化万里行活动,在创办本协会的5年时间里,田部长殚精竭虑、废寝忘食,千方百计利用自己的声望和资源,广泛联系和动员社会力量,大力发展国际文化交流。在田部长的带领下以及全体专家的共同努力下,协会成为4A级的高知名度和有影响力的社会组织。

北京国际科技文化交流协会有着很好的软实力,协会的全体同志都是社会科技界、文化界的精英,林瑞龙先生作为协会会长,按照协会方针原则深化和拓展协会职能,围绕公益、共建、共享这"三公",最大限度地发挥协会在弘扬民族文化、推进国际交流、打造文化品牌等方面的作用。林瑞龙先生还担任中国民营经济研究会家族企业委员会副会长,通过中国民营经济研究会向中央统战部、全国工商联等部门提交有关家族企业的动态信息和研究成果;开展家族企业的自律教育,履行企业社会责任,反映家族企业的呼声和要求，维护家族企业的合法权益，推动中国家族企业可持续发展。中国过去40年经济高速增长的历史其实也是家族企业蓬勃发展的历史，家族企业在国家改革开放和现代化建设的过程中发挥了重要的作用。

2017年12月4日，《中国家族企业年轻一代状况报告》在北京发布，现中联永亨建设集团有限公司董事长林惠斌先生作为年轻一代企业家代表上台发言，中华全国工商联合会、《人民日报》、中国经济网、人民政协网、中国政协传媒网等网站、报社对此报告会的发言进行了报道。在发言中，林惠斌表示："家族企业的接班人和创业者是民营经济队伍中的重要成员，能否顺利完成父辈所创企业的传承与发展，不仅是我们每个家族和企业的事情，更是事关非公有制经济健康发展和非公有制经济人士健康成长的大事。我们的父辈以强国富民为己任，努力打拼，为家族也为社会做出了积极贡献，作为他们的接班人，我们要努力继承好这笔宝贵的精神财富，不仅要做好企业和财富的传承，更要把企业的核心价值观和社会责任发扬光大。作为中国家族企业的年轻一代，我深刻体会到一种磅礴的力量，十九大是一个新时代的起点，我们将从此迈上新征程。时不我待，必须更加努力，参与到这个新时代的伟大实践中去。"

值此改革开放40周年之际，中联永亨集团在建筑、经济、文化等行业对厦门经济特区的腾飞发展起到了积极作用，无论在哪个领域，中联永亨集团都将坚定信念，恪守"合作共赢，携手发展"的企业宗旨，秉承"用心做事、感恩做人"的企业核心价值观，大力弘扬工匠精神，树立优秀的企业家精神，以从容的心态面对未来，对社会、客户、员工负责，为社会的发展和中华民族的伟大复兴做出更大的贡献。

（林惠斌）

七、融旗集团：铭记初心　追梦奋进

2019年是我创业38年暨创办企业25周年。当今的福建融旗集团有限公司已发展成为集工程施工、金融、保险、环境科技、装配式建筑、房地产、工业地产、沥青混凝土生产、BT/BOT/PPP/EPC投资建设于一体的综合性大型企业集团，旗下拥有21家独立的法人公司以及在全国设有20多个分公司，其中福建省融旗建设工程有限公司为市政、房屋建筑总承包一级，地基与基础、消防设施、机电设备安装工程专业承包一级企业，并建立了福建省省级企业技术中心。

随着融旗集团不断健康发展，我不停地思考：我们从哪里来、现在在哪里、将到哪里去？习近平总书记指出："一切向前走，都不能忘记走过的路；走得再远、走到再光辉的未来，也不能忘记走过的过去，不能忘记为什么出发。"因此，面向未来，面对挑战，作为一名民营企业家，一定要铭记初心、牢记使命、追梦前行。

1. 苦涩青春　艰难探索

我生长在福清市三山镇四面环海的大扁岛一个普通的农民家庭，由于兄弟姐妹多，家境十分贫困。因此，1981年中学毕业后，便辍学回家务农。面对家里收成低下的几亩山地和鱼货稀少的海上滩涂，为能改善家里经济的窘困，我挑过石头和到海滩上挖贝壳卖钱，承包过三山养殖场修路，到福州鼓山樟林粮库打过工，到养殖场养殖过紫菜，建设过立体养猪场，在河道池塘里养过鱼，还与他人合伙承包了大扁垦区250亩海滩栽种木麻黄。然而，承包修路赚的钱被他人冒领赌博，打工工钱一分未拿到，养猪场因资金缺口大而停建，养鱼因水质问题而失败，只有栽种木麻黄获得成功，现在既能防风固沙，还造就了一方风景。我所做的这一切，虽然没有全部获得成功，但在实施过程中表现出我有很强的组织、协调、管理能力。改革的大潮席卷八闽大地，激发了我的创业勇气，我不甘心过老守家乡"一亩三分地"的日子，必须义无反顾地走出家门，到更广阔的天地去打拼、去寻觅商机，外面的世界也许会更精彩。

1982年秋，我辞去了三山建筑公司工作，带着对城市生活的憧憬，怀着忐忑不安的心情，依依不舍地辞别了家乡，加入农民进城务工的行列，来到福州市开始了创业的第一步。一开始不知疲倦地跟着包工头打工赚钱谋生，过着出行走路睡不安生的艰难日子。1985年夏，有一天我和几个朋友到西湖公园游玩，碰巧遇到两个闽侯包工头想把西湖清淤工程进行转包，经过洽谈，双方签订了转包工协议，工程完成后略有盈利，比我打工赚得多，那时我高兴至极，觉得有生以来干了一件最了不起的大事，也开始摸到了干包工活的一些门道，更树立起了强大信心，激发我凡事不等不靠、只争朝夕、事在人为的思想。从此，我便开始通过各种渠道和正当的人脉关系转包部分工程，自己组队施工并在施工中严格管理、保证质量，不断受到发包方肯定和好评，在业界也树立了良好口碑。

近10年的打工生涯，有心酸和泪水，有鲜花和掌声，更重要的是积累了一定的"财富"——学到了业界的运作方式、工程施工技能和管理经验，磨砺和锤炼了自己，为我后来不折不挠地艰苦创业打下了坚实的基础，并开始在经济上有了一定的积累，转承包工程也做得风生水起，一切似乎都走得很平顺，按常人都会不由自主地产生满足感，但我心中总按捺不住一件事——探索筹备成立一家属于自己的工程公司，以实现多年的梦想。

2. 追梦前行　以智展业

1994年初，我开始着手创办公司，用自己多年的积累和向亲朋好友借来的共167万元资金作为注册资本，租赁了50平方米民房作为办公场所，经过半年的筹备申报，终于在1994年9月28日取得营业执照，宣告福清市融旗市政工程有限公司正式成立，成为福建省第一家个人投资经营的市政工程公司，并于1995年2月获得福建省建设厅核批的市政三级资质，从此我有了追梦的平台。

公司设立之初，没有工程项目施工，财务只出不进，资金压力大，工程技术、管理人员缺乏，自己既当老板又做员工，甚至做财务、搞卫生、跑业务一肩挑，种种困难和各方面袭来的压力，几乎压得我喘不过气来，好在都被我逐步巧妙化解。我常想：美丽的人生是干出来的，而不是想出来的；真实的财富是干出来的，而不是等出来的。现在我要做的就是放下包袱，轻松上阵，凝心聚力把公司做大、做强、做出成效来。

近一年后，机会终于来了。福州聚龙路两个标段工程项目，有53家企业报名投标，经过激烈的竞标，最后我以683万元中标其中一个标段，与正常投标价格约1100万元相差417万元。中标后，政府主管部门召开由20余人参加的会议，认为融旗公司刚成立，承接的第一个项目中标单价这么低，一旦做不起来会造成巨额损失，公司会倒闭，工程也会受影响，让我们慎重考虑是否放弃。否则，我们要做出郑重承诺，一定要做得起、做得好！在这种氛围下，我想这是公司成立后第一个中标项目，做确实风险很大，不做在行业中很难有出头之日；做就有我展示能力的舞台，不做连容下我的看台都没有；有事做总比没事做好。于是，我斩钉截铁地回答做并做了承诺。结果该项目打造成了精品工程、样板工程，获得"省市优良工程"，时任福州市市委书记习近平还亲笔题写了《聚龙路》路碑，赢得了市场和口碑，也赢得了各级政府、各方人士一致好评。

公司成立以来，先后完成各类建设项目300多项，业务涉及桥梁、公路、市政、水利、隧道、环保、古建筑、园林景观等领域。其中承建的南平金山隧道工程在福建省最早采用了预应力锚索支护技术；福州金鸡山——

温泉公园廊桥是福建省超大跨度的景观廊桥；福清市豆区园是福建省内最大的假山群体公园；福清市第二污水处理厂是福建省首座创新型地埋式的污水厂；南平跨江大桥为技术难度特别复杂的悬索斜拉协作体系桥。以上所承建的工程中多项获得省、市级优良工程：福州二环路梅峰高架桥获福建省市政工程"金杯奖"，南平跨江大桥工程获"九峰杯"优质工程奖。

3. 谋划布局　多业并举

在建筑业市场竞争日趋激烈的大环境下，保持主业经营稳定，争取多元化发展，寻求新的利润增长点，一直是我努力思考的课题。进入新世纪以来，我致力于实现经营结构由单一的市政建筑施工向多元并举的转型，坚持做强做大企业的发展思路。确立以生产经营为基础、以资本经营为支撑、以板块业务为单元、以投资业务拉动主营业务为导向的经营模式；发展方式由速度数量型向质量效益型转变，商业模式由施工总承包向施工投资联动转型。通过资本运作，在BT、BOT、PPP、EPC等市场占据重要地位，进入高附加值的"上游"市场，成功实现传统融旗企业产业的转型升级、多元经营、跨越发展。

发展环保业。融旗集团投资的福清市第二污水处理厂，通过高新技术进行城市环保污水处理，是福建省首座创新型地埋式污水处理厂，形成"地下污水处理、地上景观花园"的良好格局。一期工程污水处理能力为6万吨/天，已投入运营，远期处理能力为12万吨/天，工程总投资7亿元。2017年开始，公司以PPP模式承担福州市晋安区寿山乡村级污水处理设施、福清市乡镇污水处理设施维护和运营。这些项目正在按计划有序推进，有的项目已完成。2018年，公司在福建省内收购了三座污水处理厂。

投资金融业。集团旗下福建省融旗投资有限公司与很多国内知名金融企业建立战略合作伙伴关系；与清华紫荆资本合作成立母基金，主要以基金方式运作绿色生态、科技创新产业等项目的投资及合作。公司与清华紫荆资本共同申请健康险牌照。同时还在积极探索设立引导基金、城市开发基金、基础产业投资基金等，放大资金使用效率，提升企业经营活力，提高企业盈利水平。

投资沥青混凝土产业。先后在闽侯祥谦和福清宏路建成了两座现代化的沥青混凝土拌制厂，年生产能力达150万吨。

推行建筑工业化，项目管理科学化。融旗集团推行企业转型升级以企业发展不同阶段需求，企业个体综合情况，成熟一个推进一个。推进建筑工业化战略是融旗公司紧随行业发展潮流，结合自身20多年积累的建筑施工经验，积极探索并谋划实施的一项可行性道路。2018年，融旗集团在福清江阴投资的装配式建筑产业园项目，为拓展省内外建筑工业化市场谋篇布局。该项目总占地1000亩，以生产装配式PC构件为主，建材生产为辅。目前，一期占地188亩，正推进PC工厂建设。

为了进一步夯实集团技术基础，发展绿色建筑核心技术，融旗集团充分利用各方资源和互联网为企业的技术创新服务。与福州大学、厦门大学、福建工程学院等多所高等院校建立多种形式的合作关系，与福州城乡规划设计院等结为战略合作伙伴，与中城投建设集团、中铁上海工程局有限公司、中国电建市政建设集团有限公司、中国二十冶集团有限公司、福建海峡环保集团股份有限公司围绕公共基础设施投资建设海绵城市、综合管廊工程等以工程联合总承包等形式进行合作。公司成立的福建平潭天物信息科技有限公司，围绕机械租赁网络平台等项目大力引进科技研发人才，目前公司的研发团队在积极探索借助大数据技术手段，研发"万能机械"软件，对机械设备管理和租赁业务实行信息化管理。通过深入研究、探索应用BIM技术与工程项目管理深度融合，实现项目管理数据化、科学化，提升项目精细化管理水平。

4. 顾全大局　攻坚克难

2008年，为了深化世界闽商大会的成果，打造世界闽商合作的平台，促进广大海内外闽商的回归、联谊和协作。在福建省委统战部、省工商联的指导下，成立了福建省世界闽商实业有限公司，并在福州会展中心北侧竞得一片土地，用于建设福建省世界闽商大厦永久性会址和配套的"闽樾湾"住宅。在项目运作中，有原始股东牵涉刑事案件，致使项目陷入停滞。对此政府制定了两项原则：全部清退原股东由新人接盘；重组不成，政府将收回土地。为不使项目"流产"和伤了闽商的心，省工商联提出进行股东重组，新任董事长应具备省政协委员、省工商联副会长、省光彩协会副会长"三个"硬性条件。2014年3月17日，经选举由我担任董事长，并产生了新的一届董事会。

我接手闽商公司后，面临土地延期开发将被政府收回；建筑工程施工许可证未办理；建筑高度未报请军方审批；地面绿地、苗木、古榕树、电力高压塔杆、通信信号塔杆没有迁移；地下花海公园供水管线、地铁线路贯穿项目地下没有处理；失地农民的土地和青苗补偿款未发放到位而引发干扰；拆迁"钉子户"未搬迁；土地的平整、场地围墙、基础勘察尚未施工；施工图纸没有设计；工程项目诸多事项的报建审批没有进行；原始股东私下发包并已进场的包工单位的撤场和补偿；原始股东内定的总经理及安插的相关人员清退；原始股东在取得溢价利益后，还不断阻碍和干扰公司重组后的各项工作等历史遗留问题。可谓困难重重、举步维艰。但我并没有气馁，而是迎难而上、沉着应对、协调各方、厘清问题、精心筹划、合理布局，带领董事会成员本着"扬汤止沸，不如去薪"，"溃痈虽痛，胜于养毒"，尽快消除闽商公司的负面影响，尽快完成闽商大厦的重组理念。有计划、有步骤、定时间、定节点地展开工作，为树立新的闽商形象，打响闽商品牌，促进海西经济建设和促进闽商大融合做出不懈努力。

目前，项目已经完成包括设计施工图的图纸审查、政府审批、地下基础工程的施工工作，并制定了项目的推进时间表。尽管还存在着原始股东不配合工作、银行贷款融资难、股东自筹资金负担重、资金缺口大等问题。但我和其他新进股东在本着对项目负责和使命感的推动下，想方设法、全力以赴推进项目向前发展。我相信在省工商联的正确领导下，我坚信股东们有智慧、有能力、有信心一定能够克服各种困难，完成项目的开发建设工作。

5. 主动担当　铸就精神

人是要有精神的，缺失精神的人，势必会缺少前进的动力，迷失前进的方向。一个企业的发展，必定有其领导人的精神在引领。在建设中国特色社会主义新时代，做一名优秀民营企业家应有什么样的精神？我认为应该"担当好三种责任、弘扬好五种精神"。

担当好三种责任，第一是政治责任。中国特色的民营企业家最关键的还是要有信念，要不忘初心、牢记使命、坚定不移跟党走，对国家对未来充满信心，心无旁骛、集中精力抢抓机遇、谋求发展。我于1993年7月加入中国共产党，1998年融旗公司成立党支部，是福清建委系统首家民营企业成立党支部的公司。我作为支部书记按照"班子建设好、党员形象好、作用发挥好、制度落实好"的"四好"要求建设支部。1995年，成立了共青团支部、工会组织，加强党对非公有制企业的领导，把好思想导向，扭住党建工作的重点。每月进行1～2次企业文化培训、学习座谈会，支部书记亲自上党课；将非公有制经济人士理想信念教育实践活动纳入公司生产经营工作中的一项系统工程；逐步创新完善了一本企业特刊、一道文化长廊、一部文化宣传片、一套规章职责上墙制度、一个品牌建设项目等；在全省民营企业中我集团首家开展理想信念报告会，并邀请国家著名经济学家兰建平教授作"民营经济发展"专题讲座；组织参观革命老区、慰问革命"五老"人员、举行红色之旅、瞻仰伟人故居等系列活动，充分发挥高管人员、中层干部、生产技术骨干和优秀员工的主观能动性，发挥党组织战斗堡垒和党员模范带头作用，凝聚意志，汇聚力量，促进企业的发展壮大。

第二是发展责任。我认为民营企业家要坚持发展实体经济，坚持不断创新转型，才能实现企业的高质量发展，承担好推动中国经济加快发展的责任，这就是民营企业家对社会和谐的最大贡献。

第三是社会责任。民营企业家作为改革开放的最大受益者，要增强感恩意识，把真挚情怀转化为实际行动，积极承担社会责任，为构建社会主义和谐社会贡献力量。30多年来，我积极参与社会各项公益事业，在扶贫济困、帮教助学、抢险救灾、闽江调水、光彩事业等公益活动中，先后向社会组织或团体捐资捐款累计达3000多万元。为构建和谐社会尽心尽力做出奉献，得到各级政府和社会各界的好评，也因此受到各级政府和组织的表彰，获得的荣誉诸多，如福建省政府特别授予的"惠泽桑梓""闽商建设海西突出贡献奖"等。

对照党中央、国务院对企业家的要求。我认为，民营企业家除了担当好三种责任，还要弘扬好五种精神，即爱国精神、奋斗精神、合作精神、契约精神和敬业精神。

"爱国精神"体现了人们对自己祖国的深厚感情，反映了个人对祖国的依存关系，是人们对自己故土家园、民族和文化的归属感、认同感、尊严感与荣誉感的统一。弘扬爱国主义精神，需要每一个人培养爱国之情、砥砺强国之志、实践报国之行。就是把爱国、强国、富民作为新时代民营企业家的重大使命，自觉同以习近平同志为核心的党中央保持高度一致，坚定理想信念，努力践行社会主义核心价值观，履行爱国的责任或义务，正确处理国家利益、企业利益、员工利益和个人利益的关系，把个人理想融入民族复兴的伟大实践。

"奋斗精神"是一种不怕艰难困苦，奋发图强，艰苦创业，为国家和人民的利益乐于奉献的英勇顽强的斗争精神。这种坚韧不拔、百折不挠的奋斗精神正是企业家精神的重要内涵。奋斗"不积跬步，无以至千里；不积小流，无以成江海"。民营企业家的发展史，就是一部奋斗史。因为他们有梦想，所以他们要奋斗。越是在困难和矛盾挡道时，越是用奋斗来逢山开路、遇水架桥，越是用奋斗来攻坚克难、固本开新，一切美好的东西都是靠奋斗创造出来的。

"合作精神"是个人与个人、群体与群体之间为达到共同目的，彼此相互配合的一种联合行动的认知与情感。创造相互理解、彼此信赖、互相支持的良好气氛是有效合作的重要条件。社会主义市场经济的健康发展离不开合作。民营企业家在今天的竞争时代，应当具有非常强的"结网"的能力和意识。因为，只有选择合作，才能成为最具竞争力的一族；只有善于合作，才会有强大的力量，才能把蛋糕做大，把事业做大、做强；只有合作共赢，才能"1+1"不等于2，而是大于2。合作可以使双方共克时艰，共赢商机，提振信心，共同发展。

"契约精神"是指存在于商品经济社会，由此派生的契约关系与内在的原则，是一种自由、平等、守信的精神，是通过法律、法规、合同、规则、准则来强制约束人的。民营企业家应坚守契约精神，学会按规则出牌，把诚信守法作为安身立命之本。在企业的运作上，秉持诚信守法，依法经营，照章纳税，不能不管法律如何规定而掺杂着自身利益的运行规则贯穿于体制、机制、制度之中。在订立契约时不欺诈、不隐瞒真实情况、不恶意缔约，履行契约时完全履行，做到不想违约，不敢越轨，不能失信。让契约各方都具备契约精神，保证契约的真正实现。

"敬业精神"是以认真负责的态度，对事业全身心忘我投入的境界，从事自己的主导活动所表现出来的行为品质。民营企业家的敬业精神，是把经营企业当作自己的长远事业，其目标是"为顾客创造价值，为员工创造机会，为社会创造效益"，最终通过事业的成功来获得人生价值的自我实现。表现在有强烈的敬业心，看准就干，勇往向前，持之以恒，永不言败；有勤勉的工作态度，勤于思考，自信虔诚，脚踏实地，无怨无悔；有旺盛的进取意识，不断创新，兢兢业业，一丝不苟，精益求精；有无私的奉献精神，艰苦奋斗，忘我工作，赤心报国，奉献社会。

6. 心无旁骛　健康成长

企业是由人管理的，一个优秀的企业，必然有一个优秀的领头人。民营企业健康发展，关键取决于民营企业家健康成长。民营企业家健康成长，势必会推动民营企业健康发展，二者相辅相成，是有机统一的整体。在新的历史条件下，民营企业家应怎样健康成长，必须沉心秉承八个典范。

做率先学习的典范。"不会学习、不重学习、不勤学习、不善学习，就不可能搞好企业，一个优秀的民营企业家必然是学习的典范"，这是我的学习信条。在公司成立之初，我对企业管理有许多不懂的地方，不懂就主动去学、去问、去钻研。我把学习当作一种信仰，坚持博采众长、虚心求教的态度，向同行学习，向下级学习，到成熟的企业参观学习，先后参加了中央党校研修班学习、清华大学研修班学习、北京大学——福州海西现代金融中心区企业管理高级研修班学习、福建省委党校研修班学习、福州市委党校研修班学习、福州市首期民营企业家党校进修班学习、福州市非公有制经济代表人士高级研修班学习。通过努力学习，企业管理、工程施工、经济、金融等方面的知识不断丰富，起到了完善自我、超越自我的作用。我还撰写发表了多篇论文，获得优秀论文奖，受到同行与专家的好评。

做开拓创新的典范。在我国经济发展进入新常态时，民营企业要长高、长大、长壮、长美，企业家的创新意识和开拓精神起着决定性作用。我体会到开拓创新要善于学习、与时俱进，不断用新知识代替旧知识，用新思维改造旧思维，用新观念替换旧观念，使自己的思想观念跟上时代步伐和公司发展的要求；要坚持高标准、严要求，精益求精，锐意进取，勇于实践，敢为人先、勇于超越，充满激情，"无中生有"和"有中生新"两手抓、两手硬；要有首创精神、进取精神、探索精神、顽强精神、献身精神、求是精神，永不言败、永不泄气、永不放弃、永不抛弃的气概。20多年来，融旗集团在我的领导和运筹下，不断在开拓创新中快速健康发展，经营规模不断扩大，经营业绩持续增长，近3年来缴交税费1亿多元。公司通过了ISO9001质量管理体系和ISO14001环境管理体系的双认证，被评为"全国百家明星侨资企业""全国上规模民营企业""全国优秀施工企业""福建省建筑业龙头企业""十一五期间先进企业""福建民营企业百强""建筑业AAA级企业""全省近5000家建筑业企业20强""守合同、重信用"单位、"2014年度全省民营企业文化建设优势企业""明星纳税企业""福建省著名商标"等荣誉称号。

做"亲""清"政商关系的典范。非公有制经济的健康发展离不开绿色清廉的政商关系。习近平总书记指出，领导干部同非公有制经济人士的交往应该为君子之交；新型政商关系概括起来说，就是"亲""清"两个字。在构建新型政商关系中，我清醒地认识到，只有在"清"的基础上才能建立真正的"亲"情，才能产生共同奋斗实现中国梦的巨大合力。我严格坚持凡事都要依法依规，坚守底线，做到不触法律底线，不踩纪律底线，不违政策底线，不破道德底线，与政府交往中在边界分明、各就其位、彼此清白、公开透明、依法依规的轨道上良性互动，以适应社会主义市场经济体制的内在要求。做"亲""清"政商关系的积极践行者，在

"亲"政中守法诚信，不断提高自身素质，光明正大搞经营，遵纪守法办企业；讲真话说实情、建净言献良策，斩断投机杂念，不行贿不违法、讲诚信守承诺，努力营造政企和谐氛围。长期以来，融旗公司所赢得的工程项目、地产土地等，我从未依靠关系、依靠人情、依靠金钱办事，从未把商业贿赂当成经济发展的"润滑剂"，而是通过收获创新红利做大做强产业和品牌取胜，从而不断推动了企业持续健康发展和培育了自己健康成长。

做诚信守法的典范。诚信守法是一种道德、责任和形象，一种用来评价人的基本尺度，更是现代企业，尤其是民营企业的发展之本。正所谓"人无信而不立，业无信而不兴"，"以遵纪守法为荣，以违法乱纪为耻"。在市场经济竞争中，诚信守法经营打造的是企业的品牌，提升的是品牌的知名度和美誉度，必将切切实实为企业发展增添无限的生命力。记得10多年前，我受一位知名人士委托，帮他的朋友向银行做担保贷款，之后被担保人无声无息地消失了。事情发生后，有人建议我进行股权结构调整、更改公司名称以空对空，采取金蝉脱壳的方法推卸责任，我没有采纳他们的意见。我认为人生奋斗是为了人品，企业发展是为了品牌，担保贷款是我做的，我就应该承担其后果，不应该推卸责任，让银行受损失，让银行经办人受惩罚。为此我毅然将300多万元的债务扛了下来，并想方设法还清了这笔所谓的债务。我坚守了诚信守法的底线。

做议政建言的典范。我既是一个城市的建设者，也是一个对城市建设积极献计献策者。1997年，我当选福清市政协委员。1998年，当选福州市政协委员。2007年，当选福州市十三届人大代表。2007年，当选省工商联直属委员会副会长。2013年，当选第十一届福建省政协委员，还兼任诸多社会团体职务。我格外珍惜和热爱人大代表、政协委员工作，在10多年参政议政历程中，始终把民生问题作为工作的出发点，坚持心系民众，为民发声，尽心尽责。尽管自己公司的工作繁重，仍积极参加视察、调研、走访等活动，深入基层，迈进群众家门，体察民情，与群众进行广泛的沟通和交流，就群众关心的重点难点问题进行深入细致地调研，撰提议案，及时反映人民群众的呼声。先后提出了100多项提案，其中大部分得到各级党委和政府的高度重视和采纳实施，为经济社会发展做出了应有的贡献。

做弘扬工匠精神的典范。"工匠精神"是一种职业精神，它是职业道德、职业能力、职业品质的体现，是从业者的一种职业价值取向和行为表现，是社会文明进步的重要尺度，是企业前行的精神源泉，是企业竞争发展的品牌资本，是民营企业家健康成长的道德指引。我认为"工匠精神"就是追求卓越的创造精神、精益求精的品质精神、客户至上的服务精神。我记得福州江滨大道F段工程施工时，我到现场检查，发现挡土墙坡率比有一点点问题，即责令施工人员全部拆除重建，当时仅材料费一项损失就高达50多万元，事后我对项目负责人进行了处罚，尽管他们很不服气，但培育了他们负责态度、执着敬业、认真严谨、精益求精、注重细节、追求完美、不跟别人较劲、只跟自己较劲的理念和追求，历练了管理队伍，消除了隐患，将一丝不苟、精益求精的工匠精神融入工程施工每一个环节，做出打动人心的一流工程。

做艰苦奋斗的典范。我从创业到成功，经历过市场的惊涛骇浪和人情的冷暖厚薄，几多风霜，几多坎坷，才有了今日的成就，其秘诀就是艰苦奋斗。如果我不能吃苦，不肯吃苦，是不可能获得任何成功的。1982年下半年，我来到福州，由于人生地不熟，工程建设信息不畅通，也没有经济基础，只能跟着包工头打工赚钱谋生。打工赚的是工时费，一个月也就百八十元。为了多赚钱，别人晚上休息，我经常加班通宵，拖着板车给百货公司送货；为了能节省一些住房租金，我从仓山到鼓楼、从马尾到建新租住过10多处简陋的民房、厂房、仓库，连公厕边的房子都租住过。在很长的时间里，日子过得异常艰苦，回想创业历程，我深知衡量一个企业是否先进，不仅要看它的物质成果、经济效益，而且要看企业发扬艰苦奋斗精神的广度和深度，在任何时候，艰苦奋斗精神都应成为企业进步、发展的重要标志之一。

做光彩公益的典范。我以强烈的社会责任感，参与光彩事业、公益慈善事业、"百企帮百村"精准扶贫行动、应急救灾等。2010年7月，我在美国考察，得知家乡正遭受特大洪灾的消息，在第一时间主动向福州市委、统战部认捐50万元，以表爱心。2016年，闽清特大洪灾，在第一时间我组织10多台机械组成救援团队奔赴灾区实施救援。2016年，公司与霞浦县北壁乡下岐村对接，结合自身企业优势，根据下岐村的现状，有针对性地开展帮扶工作，促进下岐村的发展，为加快精准扶贫工作贡献绵薄之力。

（施忠旗）

第八章

社会组织和专业机构在服务家族企业中成长

一、为家族企业服务贡献专业力量

改革开放40多年造就了中国民营企业的发展壮大。截至2017年年底，中国民营企业的数量超过2700万家，个体工商户超过了6500万户，注册资本超过165万亿元，民营经济占GDP的比重超过60%。从数据来看，当下的民营经济，已贡献了中国经济的半壁江山。

与此同时，也相伴成就了民间服务民营（家族）企业专业机构的茁壮成长。这些不同类型的民间专业服务机构正贡献着重要力量，是民营（家族）企业的"智囊团"，是民营（家族）企业创始团队的"能量站"，是家族的"得力帮手"，不仅推动了民营（家族）企业发展、创新和传承，也推动了不同行业的转型和升级，更推动了区域经济向更高质量更高水平发展。这些民间服务机构活生生的面貌，正如方太家业长青学院院长茅理翔"一颗为帮助中国家族企业成为百年老店而奋斗终生的、几乎着了迷的、燃烧着的心"的真实写照。

海川视野研究团队运用产业链和价值链分析方法，聚焦研究和民营（家族）企业紧密度更高的市场化专业服务机构，围绕所作出的贡献度（时间、紧密度、影响力）进行重点机构名单梳理及深度分析，试图较完整地呈现出这个群体的发展面貌。

　　研究发现，服务民营（家族）企业的专业机构无处不在，群体很庞大、业务涉及面很广，服务客户受众很多。这些民间服务机构不论其出身背景如何，都用自己的专业方式帮助着数以百万计的民营（家族）企业。它们的形态包括：咨询公司、培训公司、市场调查公司、文化传媒公司、家族学校、协会、商会、俱乐部、律师所、会计所、私人银行、财富管理和信托机构、家族办公室、私董会、创新工场，等等。

　　这些民间服务机构有些聚焦服务于当地企业，有些则选择国内几个地区的企业，有些为全国性的专业服务机构。这些机构小到一个人（自由的专业工作者），多到数百人、上千人（专兼职合一）。它们的客户选择也不一样，主要在年营业收入100万到500亿元的跨度里提供不同的专业服务。它们中有的是专门定位于家族企业服务机构，有的则更广泛地为民营企业服务。尽管民营企业中的绝大部分为家族企业，但是聚焦于家族企业研究与不聚焦于家族企业研究的专业机构，在具体的服务方式上还是有一些差别的。

　　这些民间服务机构具体的服务内容丰富多彩：有的机构无所不包；有的则是聚焦于一个专业门类，做深做透；有的是有所为、有所不为。具体的服务形式也同样是丰富多彩的，如咨询（专项、综合、微咨询、顾问等）、培训（短期、长期，专题、综合，线上、线下等）、私董会（会员、非会员等）、文化传媒（影视、电视、书籍、报告、榜单、论坛、游学、线上语音等）等方式并存。之所以有更多的服务于民营（家族）企业的专业机构产生，一是因为市场的专业需求广泛存在；二是因为通过为这个群体服务，可以更好促进经济发展和社会进步。

　　研究显示，想真正服务好民营（家族）企业，这些专业服务机构缺少"真功夫"不行，事实证明，"真功夫"才是它们能够得以生存和发展的根本。从核心价值贡献来看，这些专业服务机构贡献方式多样：

有的专门解决信息需求；有的专门解决人才需求；有的专门解决资金需求；有的专门解决客户开发需求；有的专门解决投资理财需求；有的专门解决法律需求；有的专门解决传承需求；有的专门解决企业家个人修炼需求；等等。

从这些民间机构的贡献来看：文化传媒机构制造有价值的最新信息，使客户从信息获取中做出预判和决策；培训公司提供更多的思想、理念、方法和技巧，使客户增强面对多变环境的综合能力，提升客户企业的竞争能力；咨询公司提供更多定制化的专项或综合解决方案，加速客户企业业绩增长和传承创新；市场调查机构提供信息、数据，使客户提前洞察消费者需求，从而更好满足消费者；私董会组织共创更多新的智慧、能量，使企业家群体相互赋能，提升企业家个人格局和境界；金融机构、非银行金融机构、第三方财富管理机构、家族办公室、会计事务所等提供客户资金需求，投融资、财富管理、家族理财、财务规范等，解决客户资金和资本增值综合解决方案；律师事务所提供法律综合解决方案，解决客户法律风险、财富传承、遗产继承等；新生代组织（协会、商会）提供会员信息交流、学习成长、商业转化等服务，解决会员交接班过程中的困惑和迷茫；等等。

当然，还可以列出其他一些服务机构，如猎头公司、招聘公司等，这些机构很大程度上在帮助民营（家族）企业解决人才需求问题，从某种程度上来看，这类型的人才服务机构群体也很大。还有IT服务公司，除了专门的IT咨询之外，还通过与非专业的IT咨询链接产生互动，为民营（家族）企业提供专业服务，产生的推动力依然是巨大的。但由于考虑到这类民间服务机构，提供的是普适性的服务，不能更好体现紧密度、特色等，此次没有专门研究。

研究团队感同身受的是，当一个机构为某个民营（家族）企业做出贡献时，内心的喜悦是不言而喻的。即使是一次小小的改变，也是令人高兴的事。尤其是在客户开发、战略定位、商业模式、接班人培养等方面，一旦有了贡献，对企业是贡献，对专业机构自身价值提升也有极大帮助。

面向未来5～10年，甚至更长时间，研究团队相信民间服务机构将会在新时代中国梦的伟大征程路上贡献更多有生力量、提供更多有价值的服务，研究团队更相信也更希望更多有识之士汇聚进来，形成对企业创新、对行业变革、对社会进步的重要推动力量。

二、文化传媒机构影响重大

2012年11月10日，在央视一套播出的电视剧《温州一家人》，收视率很高，获得了64%高美誉度，而当时温州地区更是万人空巷收看该剧。通过温州一户普通人家的草根创业史，贯穿起改革开放30多年的壮阔历程和时代变迁。温州精神不单纯是商业精神，更是反映了一种源远流长的民族精神。

2013年5月17日，上映的《中国合伙人》，累计票房突破5亿元。该片讲述了从20世纪80年代到21世纪，大时代下三个年轻人从学生年代相遇、相识，共同创办英语培训学校，最终实现"中国式梦想"的故事。这已不仅仅是新东方的传记片，更是中国人一起经历创业，经历改革开放的30年。

我国民间的文化传媒机构很好地记录、见证了改革开放40年的变迁史，也见证了民营（家族）企业40年的发展史。这一方面的传播表现方式包括书籍、报刊、电视、广播、电影、互联网、论坛、榜单、书院等，在文化传播、文化整合、文化传承等方面功不可没。表7-1所示为国内重点文化传媒机构名单。

表7-1 国内重点文化传媒机构名单（15家）

服务机构	创办时间	代表人物	相关业务
《中外管理》	1991年	杨沛霆	家族传承专栏、管理传播、管理论坛、管理培训、地方书院建设
《新财富》杂志	2001年	薛长青	资本市场深度研究，"新财富最佳分析师""新财富金牌董秘""新财富中国最佳投行"等权威排名
北京华本基业	2002年	李文明	地产界人脉与战略资源平台
上海第一财经传媒	2003年	周健工	第一财经频道品牌栏目中国经营者，2015年大型季播节目《中国经营者·家族传承》
《浙商》杂志	2004年	朱仁华	500强浙商榜单排名，浙商精神传播
中国金融在线	2004年	/	为机构和个人投资者打造"一站式综合金融服务平台"，发布创富报告
上海胡润百富投资	2006年	胡润	跨界全媒体平台，旗下拥有调研与顾问咨询、全媒体矩阵、圈层活动与公关、金融与投资以及胡润国际五大板块
广州肯塔基文化传播	2007年	张韬	整合公关服务，代理经营《家族商业评论》（中文版）杂志国内区域广告与发行总代理
创业黑马（北京）	2008年	牛文文	专门为成长型企业创始人提供创业服务
北京慧谷家族	2011年	陈婷	以家族传承为核心，以家族社群、家族教育、家族方案为抓手，为中国家族企业提供可持续传承的系统解决方案
北京新慈传媒	2011年	刘东华	出版《中国慈善家》，家族传承论坛，家族传承游学
北京凤凰文化	2014年	殷剑峰	出版《财富管理》杂志，家族财富论坛、游学、白皮书、榜单、商学
和讯财经中国会	/	李犁	财经会议、财富精英俱乐部，举办中国家族传承创新峰会
中经传承（北京）	2015年	王立鹏	出版发行《家族企业》杂志，最佳企业传承评选、中国家族企业传承主题论坛、名企"懂"事会、家族企业传承海外主题游学、家族接班人培训
厦门市一波说文化创意	2017年	杨一波	语音类、视频类在线平台"一波说"

注：此名单主要基于时间、紧密度、影响力维度整理而成

改革开放以来，特别是2000年以后，民间的文化传媒机构在民营（家族）企业传播以及推动方面的力量愈发明显，主要存在四大突出特点：

1. 随着时间积累，聚焦于民营（家族）企业的专业类文化传媒机构主导地位愈发凸显，他们在民营（家族）企业研究、传播、服务等方面的话语权不断增强。成立于2015年的中经传承（北京）文化传媒有限责任公司，是国内首家服务于家族企业垂直客户群的多媒体运营平台。该公司出版发行《家族企业》杂志，已连续4年主办中国家族企业传承主题论坛，现场参会人数近1万人，全程直播置顶推荐，累计百万播放量。

这类专业型的面向民营（家族）企业服务的文化传媒机构，已越来越多地得到政府、行业、企业的认同。

2. 一部分参与进来研究民营（家族）企业的文化传媒机构，这类型机构在发布榜单等方面具有极强的影响力。上海胡润百富投资，现已成为全球最领先的研究中国高净值人群的权威机构。已连续18年发布胡润百富榜，是民营（家族）企业创造财富多少的风向标；而且最近还发布了《全球视野下的责任与传承——2017中国高净值人群财富管理需求白皮书》，这是首份针对中国高净值人群全球财富管理需求的白皮书，聚焦家族传承和企业家社会责任。

《新财富》杂志自创刊至今，已推出"上市公司成长性排名""中国最佳分析师排名""《新财富》500富人榜"等在海内外产生广泛影响的专题或报道。这些排名已成为民营（家族）企业洞悉国内资本市场及商业趋势的平台，是他们判断商业方向的利器。

这类型的财富榜单评选，对民营（家族）企业将产生极强的导向价值，也对社会更多群体关注起到了非常好的宣传作用。

3. 还有一部分文化传媒机构，他们或多或少地在家族企业高端论坛方面有参与，对地区甚至全国的民营（家族）企业起到了正面的宣传作用。

《家族商业评论》在潮汕地区与潮商开展潮商论坛，在山西平遥开展晋商论坛，在浙江宁波开展浙商论坛；成立了500家族圆桌会俱乐部，每周10~15人一桌，5~8家家族企业家、子女等围坐展开私密交流与新项目、资源的整合。

基于浙江土壤成长壮大的《浙商》杂志，以传播浙商精神为使命，连续10年发布浙商全国500强榜单，过去连续举办过3届中国民企少帅大会。对浙商群体发展壮大具有针对性的正能量传播，发挥了集聚商帮媒体领域的影响力。

4. 基于互联网发展成长起来的互联网新兴媒体，由于流量大，在投资理财信息服务、家族财富管理等方面的影响力不容小觑。金融界在线网站为机构和个人投资者打造"一站式综合金融服务平台"，发布《金融界2017中国民营上市公司创富报告》；目前网站访问用户超过1亿，注册用户超过3000万，平台聚集可投资资产超过万亿元，几乎覆盖了中国全部活跃的投资理财人群。

和讯财经中国会俱乐部依托和讯网资深的财经资讯和专业的金融工具，结合联讯集团强大的智库资源，为高净值人士提供最直接的投资理财服务，包括但不限于理财信息快递、盘面实操会诊、投资经验互惠、优质产品遴选、财富管理订制、意见领袖私会等，旨在打造最权威的财富增值服务平台，在2017年还举办了中国家族传承创新峰会。

面向未来5~10年，文化传媒机构将更加凸显以下三大发展趋势：

1. 面对民营（家族）企业交接班高峰，致力于深耕家族企业的文化传媒机构，在创新服务产品的前提下，通过资源整合，将逐步出现借助资本市场发展壮大的机构。在这一方面，创办于2008年的北京创业黑马，于2017年在创业板上市，是一个较为类似的成功案例。公司主营业务为创业服务，具体为通过线上线下相结合的商业模式，向创业群体提供包含创业辅导培训、以创业赛事活动为代表的公关服务、创业资讯和其他辅导培训服务等在内的综合服务。自2010年9月开展至今，黑马营已招收15期营员共计1167名创业者。据统计，整个黑马社群3万会员于2015年内共融资609亿元，发生835起融资事件，截至2016年10月，共有52家黑马企业登陆创业板、纽交所、纳斯达克、新三板或上海股权托管交易中。正因为有了资本市场的背书，创业黑马在提供创业服务方面将发挥更大的贡献。

2. 围绕行业细分，深耕行业，提供专业的行业解决方案，这样的文化传媒机构的生命力更可持续。这一方面的文化传媒机构也将越来越多。成立于2002年的北京华本基业文化传播有限公司的经验，是可供借鉴的。截至2018年，致力于地产界人脉与战略资源平台，以营造受世界尊敬的中国企业家群体为己任，举办过超700期企业家论坛互动，汇聚了300余位基础设施建设、房地产、金融投资、医疗健康、文化和旅游等产业领军企业董事长会员。在这个聚焦细分行业领域，聚集了一大批有影响力的知名度高的行业领军创始人，提供了好的解决方案，不仅满足了会员需要，也对社会的推动起到了好的带动示范作用。

3. 依托互联网新兴媒体，创新传播模式，提供更受民营（家族）企业欢迎的产品和服务，这支新兴的文化传媒力量将愈发靓丽。尽管这方面的尝试还少，但也有一些萌芽。借助于互联网媒体而开展的语音类、视频类在线平台"一波说"，以图文、音频、视频等形式在今日头条、百度百家、界面、喜马拉雅FM、优酷等16个渠道发行，上线6个月，触达受众超过7000万人。其中优酷财经"一波说"视频节目，短短几个月，已有两千万播放量；在界面开设的一波说会员专栏，短短两个月，超400万阅读量，大多数文章阅读量10万以上。互联网新兴媒体在这方面的传播力量，是我们不能忽视的，未来也将更有想象空间，值得去挖掘、开发。

三、培训机构百家争鸣

改革开放后，中国经济有了突飞猛进的发展，经过短暂的"野蛮生长"后，民营企业家们有了一定的财富积累，知识匮乏、竞争加剧、人才短缺、摸着石头过河风险太大，管理培训行业便应运而生。

21世纪以前，中国的管理培训产业处于发展初级阶段，市场规模不足百亿元，企业规模都很小。在需求和供给的双方面推动下，最近几年，企业管理培训业发展迅速，商业模式创新和技术创新不断涌现，企业培训市场规模不断扩大，企业培训行业已经发展成为庞大的智力产业。

据有关统计，国内企业培训的市场规模在2000亿到3000亿之间，其中面向中高管、普通员工的通用管理和一般职业技能培训分别约占20%和10%，而面向中高管、核心员工的专业职业技能约占70%。

伴随着我国商业环境的巨大变化，培训行业主要经历了四个发展阶段：

1. 第一阶段：20世纪90年代开始，台湾和香港的各种大师开始登陆大陆，他们既是大师，又是培训师，一场培训会学员少则数百，多则上千名。这其中代表人物是余世维和陈安之，他们从讲座到出书、卡带再到光碟。一段时间，不同大师的演讲培训视频占领了机场和车站的书店。在这方面作出杰出贡献的公司如时代光华。时代光华成立于2000年，创建之初主要从事文化产业，立足于为客户提供优质的精神食粮，策划、组织、生产了一大批出版物、多媒体产品、管理软件、文化收藏品等。从2002年开始，时代光华主体业务开始转型，集中精力专注于成人教育，特别是管理培训产业。2005年，推出全国第一家基于互联网的e-learning网络商学院。至今时代光华已是一个有较强实力的教育培训产业集团，一个颇具影响力的全国知名品牌。到目前共出版发行了近千套培训音像教材，整合了上千位讲师的优秀师资力量。

2. 第二阶段：到了2000年前后，尽管企业家们学习了大量的知识，但这并没有帮他们在困境中成功突围，竞争变得空前加剧，昔日"多快好省"的竞争模式在市场上变得步履维艰。这其中具有代表性的企业有以卖学习卡模式的聚成。深圳聚成成立于2003年，总部设于深圳，是国内知名的企业咨询培训专业运营商，是国内管理咨询培训行业的一类企业。聚成向企业提供管理咨询培训服务，产品有大型公开课、在线商学院、华商书院商界领袖博学班、企业内训咨询、精品班、全球商界领袖大讲坛及其他高端论坛等，基本满足了企业和社会各层次人才的再学习需求。据不完全统计，聚成现有会员企业10万多家，每年为社会和企业培训各类人才超过100万人次。

同样模式的还有影响力集团。影响力集团由易发久先生初创于1996年，正式成立于1999年。历经13年的发展，其在历史上创造了无数辉煌的奇迹，曾多次被同行业评为培训行业第一品牌。其以"培训产业报国"为使命，以"为中国民营企业普及管理的必修课程"为愿景。凭借完善的产品体系、服务系统和影响力吸引并整合了大批优秀企业家、专业讲师和课程资源，有力地推动了大量民营（家族）企业的稳健成长，帮助大量经理人完成了职业化转变。据不完全统计，接受影响力培训的企业和学员人数超过500万人次。

3. 第三阶段：2005年前后，聚焦于专门研究家族企业传承培训的服务机构开始浮出水面，宁波方太家业长青学院是其中的典型代表。自1998年提出淡化家族制以来，老一辈企业家、方太集团创始人茅理翔先生逐步退出企业经营管理，投身家族企业的治理、经营与传承的研究，其先后提出了"口袋理论""企业发展平台论""传承转型同步论""接班人控股论"等治理理论，又先后出版了《飞翔的轨迹》《飞翔的管理》《飞翔岁月》《管理千千结》《家业长青》《百年传承》等多部著作，是清华、北大、浙大等多所高校的兼职教授。自2002年起，茅理翔先生开始到全国各地讲课交流，并于2006年12月18日第三次创业，秉持"德学日新，家业长青，强国富民、复兴中华"理念，经教育主管部门和民政部门批准，成立了专司民营（家族）企业接班人培养的学校，从而催生了中国首家立足于家族、依托于企业、服务于社会的旨在帮助家族企业成功实现代际传承的民办非营利性教育机构——宁波家业长青接班人学院。

从2007年的接班人专修班，到政企合作联手共建的民企接班人"黄埔军校"，再到中国首创的特色传承战略方案班。学院已经成功举办15期企业接班人专修班、19期接班人团队建设专题班、260余期考察学习班、两期老师班、33期传承战略方案班、5期欧美日本香港国际游学班，累计培训企学员逾3万人、教育二代逾3000人、深度服务企业家家庭逾300个。

学院不仅是单纯的专业输出，更有"文化输出"。学院连续10年承办国际家族企业论坛，先后捐赠浙江大学家族企业研究所、浙江大学企业家学院、茅理翔家族企业研究优秀论文奖项目逾2.5亿元，为促进中国家族企业研究队伍的成长与国际国内家族企业研究专家及企业家互动交流作出了大量贡献，也促进企业界、媒体界及政府和社会各界人士对家族企业以及民营企业家有了新的认同。

国内外著名商学院及研究机构纷纷到学院考察交流。美国沃顿全球家族联盟项目执行委员会、美国全球竞争力研究院、全球家族企业联盟（FBN）、法国2020代青年企业家俱乐部、台湾长荣大学、台湾董事学会、日本近江商会三方好研究所、香港科技大学家族企业研究所负责人以及浙江大学、中山大学、上海交通大学、北京大学、法国巴黎大学等知名家族企业研究机构和学者纷至沓来，学习交流家族企业代际传承及可持续发展问题。

学院同样得到了中国民营经济研究会家族企业委员会认可，全国不少省市组织企业家来学习交流探讨，广西南宁市委统战部、福建泉州组织部、广州番禺区组织部、温州经信委及人事局、扬州邗江区组织部、成都市工商联等组织民营企业两代人到家业长青开展系统学习，并助力江苏省组织部的"家族企业接班人培养千人计划"。亚太家族企业俱乐部、法国2020青年企业家俱乐部、香港传承学院、浙江大学全球企业家教育项目组等定期到学院开展交流学习。

4. 第四阶段：2015年前后，互联网进入4.0时代，"产业+互联网"的发展模式越来越普及，基于互联网的线上培训企业如雨后春笋般出现，其中比较有代表性的是格局商学和混沌大学。这两家机构都是以"互联网+培训"的方式运营，让知识传播更便捷，对以知识传递为主的传统培训公司是一场颠覆和变革。

其中混沌大学，创立于2014年，是一所没有围墙的互联网创新大学，隶属于上海知行明德投资管理顾问有限公司。它的特色有5个方面：学员可以每周六早上在被窝里看课程直播；直播结束，视频回放极速更新；更好用的独立音频播放页；笔记还原课程精华观点；大量同学的学习总结作参照。

从重点培训机构名单（见表7-2）分析来看，大量的民营培训公司定位于为民营（家族）企业提供门类众多的专业培训服务。培训内容几乎涵盖了大学管理学院、商学院全部的内容，甚至还要更丰富一些。只是内容教学更加注重解决具体问题，推崇实战性。

在培训设计上，为民营（家族）企业的老板及合伙团队、高管、中层经理人、基层管理者提供针对性培训课程。即使为一个群体提供培训服务，也存在进阶课程设计。比如，针对老板群体，有普通的总裁班课程，有深度的"董事长"进阶课程，有细分的面向一代二代的"传承战略方案

表7-2　国内重点培训公司名单（25家）

服务机构	创办时间	代表人物	核心业务
新华商智	1995年	刘建南	培训、游学
北大纵横商学院	1998年	王璞	培训、咨询
时代光华	2000年	余世维	出版、培训、互联网
时代华商	2001年	鲁强	培训
思八达	2002年	刘一秒	培训、投资
深圳聚成	2003年	陈永亮	管理培训
尚德机构	2003年	刘通博	职业教育
北京影响力	2004年	刘永忠	管理培训、会员私董会
天智教育	2004年	张涛	培训、咨询、策划、出版
时代浙商	2004年	沈松华	培训、咨询、资本
深圳中旭企业管理股份	2005年	王笑菲	培训、咨询、英才教育、文化传播
宁波家业长青接班人学院	2006年	茅理翔	培训、咨询
博商管理科学研究院	2006年	曾任伟	培训、咨询、投融资
和君商学院	2007年	王明夫	培训、咨询、投资
东方财智商学院	2008年	唐森丽	培训、资本、咨询
博雅俊商学院	2008年	李欣	培训、投资
天元鸿鼎	2009年	洪生	培训、咨询
正商书院	2010年	赵子龙	培训、创投
汇聚	2011年	胡国大	培训、投资
混沌大学	2014年	李善友	培训、互联网
湖畔大学	2015年	马云	培训
格局商学	2015年	李军	培训、互联网
北清智库商学院	2016年	吴树江	培训、广告、策划
浙商大学	2016年	吴坚	培训、互联网
之江商学院	2017年	朱仁华	资本、培训

注：此名单主要基于时间、紧密度、影响力维度整理而成

班"，有针对创业型"独角兽"的"上市班"，也有聚焦于投融资的"董事长班"，等等。

近几年，又出现了私董会方式的学习，使单一老板群体的培训进入更新状态。大企会员私董会是这个方面的典型代表。这些课程培训，不仅在课堂上听讲，还有丰富的国内外研学。广泛而深度介入具体企业实践进行研讨，开阔了学员眼界，使培训效果递增。

围绕企业中层管理者培训，除了听课之外，还导入沙盘演练、行动学习等方式，使学员"身临其境"，更容易接受课程内容，更容易将其运用于具体管理工作。大课之外，小班教学也与日俱增。小班教学则更加"咨询化"了。更多地以对话和辅导方式，使学习更加深入。微咨询方法、私董会方法的应用，使培训公司的培训也得到升级。

培训公司还会举行大型论坛。这些论坛的参加人员通常会超过300人，甚至逾千人。场面宏大，氛围令人振奋。主题通常是围绕市场环境变化，找热点，吸引眼球。论坛、峰会主办机构举行这样的活动，积极推动了民营企业家、管理者对眼下和未来某些核心问题的重视和认知，为自己企业的战略定位提供思考，为办好企业增加信心。

大环境在变，用户需求在变，随着民营企业家和资本的介入，面向未来5～10年，大量的培训公司将会更加突出以下七大发展趋势：

1. 一大批有志于教育改革的民营企业家将投身于这个领域。他们以特色为切入口，聚焦时代变革趋势和企业成长痛点，将兴起一股新的企业家办学风潮。比如，过去3年，浙江地区就诞生了湖畔大学、浙商大学等。湖畔大学由柳传志、马云、冯仑、郭广昌、史玉柱、沈国军、钱颖一、蔡洪滨、邵晓锋等9名企业家和著名学者等共同发起创办。湖畔大学坚持公益性和非营利性，旨在培养拥有新商业文明时代企业家精神的新一代企业家，目标学员主要为创业3年以上的创业者。湖畔大学立志为创业者传道授业，并将遵循公益心态、商业手法的原则，专注于培养拥有新商业文明时代企业家精神的新一代企业家，主张坚守底线、完善社会，坚持公益性和非营利性。湖畔大学跟其他商学院不一样，湖畔大学不是培养企业家怎么创业，而是希望让企业能够活得更长。马云曾说，希望在湖畔形成一种文化，让每个企业活长、活久，中国企业活到30年以上的非常之少，而这个大学的愿景就是做300年。

2. 专业机构之间的战略合作将更深，聚焦民营（家族）企业的培训机构将不断放大，培训机构、商学院向"大学""学校"转型将越来越多。随着客户需求的细化和挑剔，培训机构要么不断创新产品，要么不断聚焦细化客户服务，要么不断联合其他机构做大规模。这一方面，其中和君商学依托多年的培训口碑积累，未来很有可能转型为"学校""大学"。

3. 培训机构的开放性在不断增加，跨界合作也将相应增多。这方面，其中与咨询公司的协作是显而易见的趋势，尽管两者有较大不同。培训机构的培训越来越喜欢吸收咨询公司的专业顾问讲课，只要咨询顾问口才不错，愿意讲课，他们的专业优势就会通过培训展现出来。对培训公司来讲是一件好事。缺少研究、咨询实践的讲师越来越不被欢迎，而有着丰富顾问和咨询经验的老师～则更容易在教学中与老板和管理者产生互动和共鸣。

4. 培训机构内部将不断加快创新服务模式。培训机构要么以快速迭代产品领先，要么以提供培训、咨询、资本等一体化综合解决方案取胜。从目前情况看，知名培训机构更趋向于后者。单一培训方式的时代对于这些知名培训公司来讲已基本结束。

5. 移动互联网发展迅猛，企业移动学习平台将持续受青睐。从用户需求角度，我们发现，很多民营（家族）企业管理层已经逐渐从"60、70

后"过渡到"80、90后"，"80、90后"是伴随互联网成长的一代，因此他们的思维方式、知识结构和交流方式与传统培训思维截然不同。传统的授课模式、网络式培训模式面临困境，新型的移动化、碎片化、游戏化培训方式处于蓬勃发展态势，如何让学习内容更加生动、有趣、互动，充分调动员工的积极性，寓教于乐，理论与实践有效融合，成为用户最大的痛点。借助移动互联网平台和工具学习，移动学习成为新生代更愿意接受的学习方式，将更加备受企业青睐。

6. 社交媒体发展成熟，企业培训讲师IP化、垂直细分化。移动互联网为线上培训提供了天然便利的环境和土壤，单线上培训平台和工具就有：QQ群、微信群、千聊直播、朝夕日历的直播、红点、网易云课堂、腾讯云课堂等，使用十分方便，同时，支付宝和微信支付带来的便捷支付也是一项重大的帮助。社交媒体的丰富和活跃，学习成长类移动教育平台产生，为企业培训IP讲师打造个人品牌提供了机会。企业培训行业的超级IP登场，企业内部讲师IP化，专业领域的意见领袖IP化，倒逼培训平台纷纷开放优惠政策吸引或者培养自己旗下的IP讲师。未来也会有越来越多的专门针对家族企业培训的培训师IP出现。

7. 人工智能等下一代培训技术将得到应用。人工智能（AI）、虚拟现实（VR）等新兴互联网技术的研究取得了长足进展，并且在很多领域应用，如制造和文化艺术领域。目前在国外已经出现了人工智能虚拟现实培训技术，如用虚拟现实的方式来培训汽车修理工程师如何去给汽车换轮胎，这些技术在培训领域的应用将极大增强培训的体验性和培训效果。我国也正在支持、布局人工智能等下一代技术的发展。而企业对培训的需求，培训行业的内外部竞争压力，必然要求新技术与培训相互融合，以推动培训进入新时代。

四、咨询公司贴身服务

从1996年北大纵横注册成立第一家民营咨询公司以来，民营咨询类公司从小到大，群体规模不断扩大。另据国家统计局2015年数据显示，中国咨询类企业达26万家，以研究咨询为主营业务的企业占比为14.6%，和君、中为、零点咨询等整体实力较强的咨询公司数量在1600家左右，这些企业占据国内咨询研究市场38%的市场份额，而其他众多新兴咨询公司则占据了22%的市场份额。国内重点咨询公司名单如表7-3所示。

表7-3　国内重点咨询公司名单（15家）

服务机构	创办时间	代表人物	相关业务
北京正略钧策	1992年	赵民	战略、组织、人力资源、流程等综合性咨询
北京北大纵横	1996年	王璞	以管理咨询为核心，大力拓展商学、资本、人才等多个领域的业务，为企业提供全方位、全生命周期的智力服务
南京东方智业	1996年	成志明	战略、管控、组织与流程、人力资源、企业文化、定制化人才培养工程等综合性咨询
北京和君咨询	2000年	王明夫	咨询、资本和商学
上海经邦咨询	2000年	薛中行	中小民企股权激励
北京国富咨询	2002年	周永亮	战略、人力资源咨询研究
北京华夏基石	2005年	彭剑锋	提供系统化、实操性的组织结构、人力资源管理、企业文化建设解决方案
北京世纪纵横	2005年	闫同柱	通过五位一体（战略+管理+IT+资本+人才）一体化解决方案，致力于为实体企业提供一体化的转型升级、两化融合（工业4.0）及创新发展解决方案
深圳乐博学坊	2006年	程良越	专业从事家族企业与财富传承、领导力开发与精英家族人才管理的专业顾问、教育机构。传承战略、家族治理、家族宪章、接班人计划、家族信托、资产配置
江苏领跑者咨询	2006年	唐峰	战略制定、组织架构改良、人才培养、绩效提升等综合性咨询、培训

续表

服务机构	创办时间	代表人物	相关业务
北京盛景网联	2007年	彭志强	面向中小企业创新转型的管理培训和咨询业务
北京海川视野	2008年	郑敬普	为家族企业的传承与机制创新提供管理咨询、培训和私董会服务
北京长松咨询	2008年	贾长松	企业管理系统
德勤（中国）家族企业中心	2012年	李文杰	家族企业咨询服务、家族办公室服务、家族企业发展报告
FOTT惠裕全球家族智库	2015年	范晓曼	为中国家族办公室提供专业咨询服务，形成全维度共享云家族办公室平台

注：此名单主要基于时间、紧密度、影响力维度整理而成

纵观20多年以来，尽管咨询公司的侧重点不一样，但丝毫不影响它们对民营（家族）企业的专业服务与价值贡献。无论综合性的咨询公司，还是专业性的咨询公司，都有其独特一面。在服务民营（家族）企业方面，咨询机构主要呈现出五大特征：

1. 大型综合类咨询机构，没有更清晰分类界定服务对象，但他们在服务民营（家族）企业方面，包括服务内容、分支机构、服务客户数量、综合营业收入、行业影响力等扮演着极其重要的角色。综合性咨询公司，也并不是无所不包，而是有所为有所不为。比如，起家于战略咨询、营销咨询、财务咨询或其他各类咨询业务的，随着时间推移，既形成了起家特色和优势，又涵盖了更多与起家业务相关联的咨询业务。

在服务形式上已经形成了几种不同的咨询公司：商学+咨询+投资；商学+咨询；咨询+投资；咨询。需要看到，不管是哪一类服务方式的咨询公司，都用自己的方式为大大小小的民营（家族）企业服务。

北大纵横，集团总部设在北京，在上海、深圳、广州、武汉、重庆、合肥、南宁、沈阳、济南、太原、乌鲁木齐等20多个城市有分支机构；集团拥有近千名全职专业咨询师、18个事业部、138个行业中心、15个职能

研究院。

"商学+咨询+投资"类的咨询公司，既有自己的商学教学平台，又有各类咨询内容和多种咨询方式，同时又有自己的资本平台（基金），这样的咨询公司对民营（家族）企业的服务是全方位的，贡献往往更深、更广。和君集团、博行合教育等就是这个类型的咨询公司。

华夏基石集团推动了近千家大中型中国企业进行战略转型、组织变革、机制创新、文化重塑，特别是核心团队起草的《华为基本法》所产生的社会示范价值，更是让社会和行业赞叹不已。

结合国家两化融合战略推进，世纪纵横集团的8S智慧管理平台被评为中国管理软件最佳产品奖，在咨询行业历经其十几年的探索与实践，成功地为600多家本土企业提供了具有实效性的管理咨询服务。

北京国富咨询员工规模超过600人，分支机构超过30家，涵盖北京、上海、浙江、江苏、广东、湖南、福建、辽宁、河北、河南、内蒙古、香港以及美国的纽约和日本的东京，服务客户超过5000多家。出版了《华立突破》《江山永续》《逆商方太》《方太儒道》《江山永续》（第2版）、《中国制造业上市公司价值创造》等书籍。

2. 外资大型咨询机构尽管服务面向的更多是大型国有企业，但大型的民营集团企业也越来越被接受和认可，不过在服务民营（家族）企业方面，外资大型咨询机构内部的某一个部门开展服务较为常见。在德勤全球网络的支持下，2012年开始，德勤（中国）家族企业中心重点围绕中国家族企业开展管理咨询服务、家族办公室服务，提供多元角度的家族企业发展研究报告，有利推动了家族企业的行业研究和咨询服务。

3. 一开始成立，就是为家族企业定向服务的，这类机构有面向全国，也有面向国际的，也有聚焦于某一个地区的。"完全"聚焦于家族企业服务的咨询公司较少，它们的做法依然是有所为有所不为，在定义自己核心业务的同时，照顾到家族企业的特性，综合性地提供了多项业务组合。家族企业更多希望咨询公司能够"一揽子"承接更多内容，如果聚焦于一个方面，恐怕不能满足家族企业的需求，尤其是中小家族企业更是如此。但这类机构，他们始终深耕于家族企业的咨询服务，以服务家族企业为荣，以为家族企业正名为强大的使命和动力，推动家族企业不断得到社会认可。北京海川视野、深圳乐博学坊就是这个方面的典型代表。

北京海川视野，成立于2008年，聚焦于为家族企业的传承与机制创新提供管理咨询、培训和私董会服务。"少帅"名词的倡导者，2010年出版了《家业长青——将富二代打造成少帅》一书，在业内被称为"家族企业传承咨询领域的领跑者"。10年来北京海川视野在杭州、上海、合肥、武汉、南京、珠海、青岛等地设立分支机构，核心合伙人和专家在大学（超过15所国内一流大学），培训机构，部分省（市、县）政府相关部门、协会举办的企业家、总裁、高级管理者的各类工商管理班、论坛讲座、演讲超过3000场。为企业家及其企业提供私董会服务超过700场。为200家左右的家族企业提供不同专业、不同服务时间的管理咨询服务。

成立于2006年的深圳乐博学坊，是专业从事家族企业与财富传承、领导力开发与精英家族人才管理的专业顾问、教育机构。乐博学坊服务过的华人家族遍及美国、加拿大、日本、新加坡、马来西亚等国家和中国台湾、中国香港等地区，成功地服务过300多家企业、500多所高校，积累了大量国内外华人家族企业传承服务案例。

4. 近几年来，借助于民营（家族）企业对于规范化、激励等方面的急迫需求，出现了以"管理系统建设"为核心产品的快速发展的咨询公司。这类咨询机构，从诞生那一天起，就聚焦于某个独特专业内容，如营销、财务、人力资源、阿米巴、精益管理等。不管哪一种情况，都会对民营（家族）企业产生影响，提供有价值的服务。有的服务深度、广度更突出一些，有的则聚焦于一个点产生贡献。这类咨询公司，爆发性强，在细分领域影响力大，对中小民营（家族）企业规范化服务渗透率强。北京盛景网联、长松咨询、上海经邦等就是这方面的典型代表。

北京盛景网联经过8年的积累，公司已拥有超过3万家学员企业，在庞大的中小企业客户流量基础上，盛景构建了创新的平台型商业模式，营业收入超过3亿元。

长松咨询科以管理系统为主导，分别有企业操盘手培养、企业战略系统、企业组织系统、企业财务系统、企业营销系统、干部训练、咨询辅导、互联网在线教育、青少年接班人培养系统等项目，产品形式为工具包、培训课程、咨询辅导、在线教育等，在国内拥有超过7万家的企业客户。

只做一项核心业务的咨询公司，也非常有价值，值得发扬。比如，聚焦于股权激励的上海经邦咨询，现已为数千家企业提供了股权激励咨询、培训、投资服务，被市场公认为国内股权激励咨询领域的领导者，咨询成果先后被《三联周刊》《新民周刊》《中国企业家》《IT经理世界》《中国经营报》《南方周末》《董事会》等新闻媒体跟踪报道。

5. 依托政府力量推动，在区域性范围内，为民营（家族）企业提供咨询服务。江苏领跑者咨询有限公司，聚焦于战略制定、组织架构改良、人才培养、绩效提升等综合性咨询、培训；足迹遍布全省各地，先后受省委组织部、经信委、统战部与各市县组织部、人才办、经信委等政府职能部门委托，实施了"江苏省万企升级总裁研修班""姑苏人才计划""双百工程"等人才培养工程；参与学员超30万名，为上千家企业提供点对点咨询服务，形成了地域和客户群的深度覆盖。

未来5～10年，甚至更长时间内，我国民营（家族）企业交接班将迎来高峰，服务民营（家族）企业的咨询公司将迎来更持久的春天。据"新财富500富人榜"的数据显示，我国50岁以上民营企业家占比为67%，这意味着近七成的中国家族企业需寻找接班人。无论从时间的紧迫性还是群体的数量看，这在世界范围的企业发展史上都绝无仅有。这意味着未来5～10年，我国将有300万家民营企业面临接班换代的问题。我国民营企业中约有85%为家族式经营，其经济总量在GDP中的比重已经超过60%，因而民营企业换代接班已经不只是简单的企业自家的问题，甚至在一定程度上影响着中国经济的发展。

面向未来5～10年，将会有更多有志于家族企业研究的有识之士加入，聚焦于家族企业的咨询公司将更加凸显以下四大发展趋势：

1. 在咨询公司性质上，将会出现更多明确定位服务家族企业的咨询公司。细分产生竞争力，面对民营（家族）企业和其他特性的组织，确实存在着服务的差异。解决家族企业需求，不单是提供一个专业解决方案，而是需要综合考虑到家族、企业、企业家三者之间的综合复杂性，更是将咨询看成是一个管理变革活动。通过细分服务，持续积累，建立起真正服务家族企业的有效体系、模型、方法论。北京海川视野坚持认为，客户最需要改变的是解决方法论问题，不是简单地使用工具或具体经验，而是一定要探寻其背后的逻辑，通过寻求更好的共创、共享、共成长咨询模式，使家族企业决策者与管理团队，能在咨询过程中与其共同创造出好思路、好方法，并能掌握其背后的产生逻辑。这需要时间积累，更需要勇气和持续努力。我们不仅需要像北京海川视野一般执着于家族企业咨询服务，更需要有更多的服务家族企业咨询公司的出现，群体大了，力量就会更强。

2. 由企业家资助或者企业家自己创办的咨询公司，将会越来越多，这类咨询公司的规模将得以扩大，影响力将得以提升。由罗莱科技总裁薛伟斌于2018年发起设立的明德传承学院，注册资金1亿人民币，汇集了国学、管理学及心理学的多位专家，总部在上海陆家嘴地区。该学院将致力于为家族企业的传承提供整体解决方案。针对民营企业家"富不过三代"的问题，力求以东方哲学为本，以国际先进治理模式为用，通过课程培训与咨询服务结合的模式，引导企业家建立家族企业持续传承的伟大基因和有效机制。我们坚信，只要在这个细分领域内的咨询公司，口碑极佳，影响力极好，也有愿望引进企业家资助，定会使更多企业家加入这个行业，共同推进行业发展，从而服务于更多的我国的家族企业。

3. 咨询公司新的商业模式将不断出现，"咨询+投资+X综合解决方案"的模式创新生命力也将愈发强烈。围绕家族财富管理等整体解决方案，使更多的投资公司、基金公司、资产管理公司、家族办公室蠢蠢欲动，这类型机构在创新模式、产品、服务等方面具有先天的独特优势，就看谁敢于领先一步，要么自建综合服务平台，要么合资建设，要么合作建设，不管哪一类方式，都将快速推进模式创新。围绕民营（家族）企业交接班等整体解决方案，大量的咨询公司都在挤进来，一旦看清方向，尝试后找到新的模式，就会对行业发展起到催化。围绕民营（家族）企业企业家自身管理等整体解决方案，类似于创业板上市的黑马股份等模式创新，将极大推进新商业模式，从而为更多的家族企业创始人以及二代接班人提供解决方案。这些相关联的力量和模式创新，必将对现有的咨询公司产生冲击，从而逼迫该细分行业的咨询公司不停歇地创新。否则，不创新，就只有失掉未来。

4. 咨询公司生态圈模式建设和运营的新生力量不断释放，共创、共享理念和方法将不断被运用。这类咨询公司将更多用开放的态度，与更多专业门类进行连接与合作。有的咨询公司，虽然没有自己的基金，但是善于连接外部基金，形成生态联盟，共同服务于家族企业，同样价值很大。有的咨询公司，没有自建平台，但是有商学课程体系，与大学商学院（管理学院、继续教育学院）、知名培训公司、协会、商会、政府机构等构建战略合作，长期提供管理课程，同样贡献突出，推动了家族企业的变革与发展。

五、市场调研机构向纵深拓展

中国市场调查、研究行业自20世纪80年代末期诞生，当时宝洁公司进入中国市场，为中国带来了市场研究中先进的市场分析方法和策略。从某种角度来说，市场调查公司是最早的数据研究公司，从对消费者和市场理解的角度出发，通过对用户、消费者需求的洞察，构建用户、消费者理解某一产品、品牌的认知模型，洞察其中影响用户、消费者行为的因素，为品牌建设和市场营销提供更为直接且全面的解决方案。

据欧洲民意及市场研究协会（ESOMAR）数据显示，2015年全球市场研究规模达440亿美金。中国取代日本，成为了第五大市场研究市场。从各国投入市场研究的规模来看，2015年美国为190亿美金，英国为73亿美金，中国为18亿美金。中国市场调查、研究行业营业额总量从诞生初期在全球排在倒数几位，到现阶段第5位，年平均增长率超过20%。中国作为世界第一人口大国和全球第二大经济体，这个数据恰恰也说明，中国的市场研究行业仍有很大的发展潜力。

经过20多年的发展和竞争，目前国内市场调查、研究行业呈现三足鼎立之势。第一阵营是居于世界行业领导地位的外资独资或合资企业，代表企业有AC Nielsen（AC尼尔森）、华南国际、IPSOS（益普索）、Gallup（盖洛普）等。第二阵营是国内规模领先的企业或合资企业，代表企业有CTR（央视市场研究）、CSM（广视索福瑞媒介研究）、TNS（特恩斯）、新生代、MSI、思维等。第三阵营是实力强劲的国内民营企业，代表企业有北京零点、新华信、慧聪、城予、勺海、赛立信等。

AC尼尔森市场研究公司成立于1923年，分别在1992年和1994年创办了中国广州和上海公司，在中国主要提供三大市场研究服务。零售研究，研究覆盖全国主要城市和城镇的70多类非耐用消费品。专项研究，包括一些独创的研究工具，如预测新产品销售量的BASES、顾客满意度研究（CustomereQTM）、测量品牌资产的优胜品牌（WinningBrandsTM）以及广告测试服务。最近又推出了在线研究服务。其提供的电视收视率数据和报刊广告费用监测已成为媒体和广告行业的通用指标。其研究范围覆盖了全国超过75%的广告市场。

国际联姻也成为当时市场调查公司开拓国内市场的重要模式。例如，华南国际市场研究有限公司（RI China），是SCMR（华南市场研究有限公司）与RI（国际市场研究集团）的合资公司，它的成立是本土知识和国际经验的完美结合。1990年，SCMR在广州成立，是当时中国最大的本土专项市场研究公司，也是中国第一家私营商业市场研究机构，拥有中国第一代市场研究人员。在中国拥有最大的数据搜集网络，在7个研究项目最多的城市设立了全资分公司或办事处，并在50多个城市建立了操作地，资料搜集的工作已覆盖超过200个地区，包括城市、乡镇和村庄。与此同时，和国内多家访问公司建立了合作关系。

央视市场研究股份有限公司（CTR）是国内最成功的媒体数据调查公司。它成立于1995年，是中国最大的市场调查和媒介研究公司，是中国国际电视总公司和世界领先的市场研究集团TNS共同组建的股份制合资企业。与其合作的TNS Worldpanel曾经是TNS——全球消费者市场和企业组合市场研究的一部分，2008年被WPP集团收购。此后，Kantar集团——WPP集团中信息、洞察分析和咨询业务机构，进行了重大重组，并于2009年春，宣布TNS Worldpanel正式并入Kantar集团。Kantar Worldpanel成为唯一一家100%致力于消费者固定样组研究来启发客户的公司。CTR的产品与服务包括：提供360度品牌与产品的营销传播监测、精准洞察品牌与产品策略、目标消费者行为和生活形态的追踪分析等服务。CTR拥有逾530名全职专业研究及服务人员，监测网络覆盖中国近500个城市。

根据收集的国内重点市场调查、研究机构20家名单（见表7-4），我们发现市场调研机构基本可以分为三大类：

表7-4　国内重点市场调查/研究机构名单（20家）

服务机构	创办时间	代表人物	相关业务
AC尼尔森市场研究公司（广州/上海）	1923年（1992/1994年）	YAN XUAN	市场调查、投资/信息咨询
盖洛普（中国）咨询有限公司	1935年（1993年）	乔治·盖洛普	调查/培训/咨询
益普索（中国）市场研究公司	1975年（2000年）	朱贤特	市场调查、投资/信息咨询
华南国际市场研究有限公司	1990年	/	市场调查、信息咨询
思纬（中国）商业咨询有限公司	1991年	/	市场调查、信息咨询
零点研究咨询集团	1992年	袁岳	调研、策略咨询、传播、互动数据、新媒体营销
新华信市场研究咨询有限公司	1992年	张世卿	市场调查、咨询
北京慧聪国际资讯有限公司	1992年	刘军	市场调查、咨询
TNS模范环亚市场研究有限公司（中国）	1992年	/	市场信息、分析、洞识和咨询
北京华通明略信息咨询有限公司	1992年	高余先	市场调查、咨询
央视市场研究股份有限公司	1995年	唐世鼎	市场调查、媒体
广东现代国际市场研究有限公司	1995年	吴应波	市场调查
北京艾力森中研咨询有限公司（ARC）	1996年	洪文平	市场调查、咨询
中国广视索福瑞媒介研究有限公司	1997年	徐立军	市场调查、媒体
新生代市场监测机构	1998年	/	市场调查/研究
北京开元研究	2002年	/	市场调查

续表

服务机构	创办时间	代表人物	相关业务
北京数字100市场研究公司	2004年	汤雪梅	市场调查
北京思特威信息咨询有限公司	2005年	刘守军	市场调查
北京灵动核心信息咨询有限责任公司	2010年	罗强	市场调查、媒体、互联网
中标兴质科技（北京）有限公司	2014年	于旭	技术开发/咨询、市场调查、软件开发

注：此名单主要基于时间、紧密度、影响力维度整理而成

1. 老牌外资调查机构引进国内，有分公司、合资公司模式。例如，AC尼尔森市场研究公司（广州、上海）、益普索(中国)市场研究公司、盖洛普（中国）咨询有限公司、TNS模范环亚市场研究有限公司（中国）、华南国际市场研究有限公司、思纬（中国）商业咨询有限公司、北京华通明略信息咨询有限公司。他们的主要客户是大型跨国公司、政府、国企央企等，据《ESOMAR：2015年全球市场调研行业发展报告解读》资料显示，其中市场占比最大的是制造业，长期稳定在45%左右，因为制造业包括快速消费品的客户。快速消费品与消费者日常生活息息相关，产品需要快速地更新换代以迎合消费者变化的需求。因此，对于市场调研的需求是非常大的，也是老牌外资调查机构的重点市场。外资调研机构与巨头企业的合作给国内家族企业树立了榜样，并给国内本土调研公司带来了科学的研究方法和运营思路，他们是国内调研行业的引路人。

2. 有央视等传媒或大型国有企业背景的机构，有独资公司、合资公司及紧密合作的机构。例如，央视市场研究股份有限公司、中国广视索福瑞媒介研究有限公司、中标兴质科技（北京）有限公司、北京数字100市场研究公司。这是一批基于平台资源成长起来的市场调查公司，他们要么有着庞大的媒体资源和数据库，要么有央企庞大的关系网络和内部市场支

持，虽然这些机构是国有背景，但也给大量的家族企业带来了帮助。例如，中标兴质科技公司，它已经连续13年开展中国顾客满意度调查工作，调查范围涉及耐用消费品、非耐用消费品和生活服务三大领域，涵盖80余类行业、1000余企业品牌，累计调查样本量70余万份，出版发行"中国顾客满意度手册"2000多万册，为大批企业提供了满意度调查分析报告。另一家，央视市场研究股份公司，长期关注消费者指数，是TNS Worldpanel服务于中国市场唯一的消费者指数的连续性研究，通过家庭购买记录监测包括个人护理产品、食品饮料和家居日用品在内的主要消费品的家庭购买情况。TNS Worldpanel在全球各地运用最适合当地市场的测量手段，包括条形码扫描仪、互联网、购物单据扫描，以及传统的日记和面访。使用TNS Worldpanel研究服务的客户包括国际性和本地的快速消费品牌，包括品牌生产商、生鲜食品供货商、零售商、市场分析人士以及政府机构。通过这两家机构的研究成果不难发现，这些有央企、国企背景的市场调查机构水平已经非常高，甚至基于国内市场的研究深度和广度已不亚于外资市场研究机构，从传媒、广告从业者了解到，目前国内传媒广告业采用数据已从外资调研机构转变为以TNS Worldpanel为主的国内研究机构，这一批有央企、国企背景的调研机构为国内市场调查行业起到了非常好的示范作用。

3. 民营市场研究机构。例如，零点研究咨询集团、新华信市场研究咨询有限公司（被收购）、北京灵动核心信息咨询有限责任公司、北京艾力森中研咨询有限公司（ARC）、北京慧聪国际资讯有限公司、新生代市场监测机构、广东现代国际市场研究有限公司、北京思特威信息咨询有限公司、北京开元研究。成立之初，他们当属国内研究机构中的草根阶层，经过多年的发展、创新和学习，有些民营市场研究机构已成为在行业内有影响力企业，也有一些外资企业对他们进行了并购和合资。

研究分析后发现，目前和民营（家族）企业关系最密切的应该是零点研究公司（以下简称"零点调查"），成立于1992年，由设立于北京、上海、广州、武汉的四个研究机构组成。四地机构都具备独立的研究能力，共享基于Intranet（企业内部网）的知识管理系统。零点调查的业务范围为市场调查、民意测验、政策性调查和内部管理调查。零点调查完成的业务项目涉及食品、饮料、医药、个人护理用品、服装、家电、IT、金融保险、媒体、房地产、建材、汽车、商业服务、娱乐、旅游等30多个行业。2011年以来，零点研究咨询集团积极拓展新业务，相继成立了零点呼叫中心、零点国际研究院、零点远景网络实验室等。零点服务过的主要国内客户有：万科地产、万通地产、北辰集团、和记黄埔、联想电脑、实达电脑、海信集团、丝宝集团、健力宝集团、乐百氏集团、喜之郎集团、红牛饮料、天津顶益集团（康师傅）、光明乳业、蒙牛乳业、完达山乳业、郎酒集团、杏花村汾酒集团、李宁体育用品、平安保险、昂立集团、桂林三金药业、汇仁制药、哈尔滨制药六厂、《南方周末》等。

较晚一些的有新生代市场监测机构（以下简称"新生代"），成立于1998年，是国内最具规模和影响力的消费者与媒介研究机构之一。新生代致力于为客户提供专业的市场调查和基于数据的研究与咨询服务，主要业务包括市场研究、媒介研究、消费与社会研究以及营销策略咨询。研究网络覆盖全国400多个城市与广大县城和农村，创建了覆盖传媒、广告、公关、营销的研究支持体系。由新生代率先创立的中国市场与媒体研究（CMMS）、中国新富市场与媒体研究（H3）、中国无线网民网络行为与动机研究（MMMS）、中国互联网研究（IMMS）等一系列自主研究产品已成为中国消费者洞察和媒介策略制定的必备工具和权威标准。与此同时，新生代在烟草、医药、时尚与奢侈品、IT、汽车与消费类电子、金融等领域也具有丰富的研究经验，在业内拥有良好的信誉和口碑。

大量的民营（家族）企业因市场调研服务机构而受益，成长为上市公司或大型企业，有了和跨国巨头相较量的信息、数据能力，其中福建的泉州服装产业、食品产业、快消产业受益最为明显，恒安、达利园、安踏、盼盼、匹克、361、九牧王、雅克、小样一个个全国知名企业，或多或少都受到市场调研机构的数据和报告帮助。有人笑谈，央视5台一度成为晋江频道，有泉州人的魄力和睿智，也有市场调研机构的一份贡献。

随着科学技术的不断发展，互联网迅速崛起，市场和消费者需求不断变化着。同时，各种各样的新技术，如实时监测的平台类工具［企业反馈管理（EFM）、舆情监测等］；实时观察的可穿戴设备和技术；神经科学、脑电波技术；人类学、民族志；行为经济学、进化心理学；人工智能；虚拟现实、增强现实；数据挖掘和整合分析工具以及洞察存储以及管理工具等，也被更快更广泛地应用着。这些变化，给国内市场调查、研究机构带来了机遇，同时也带来了挑战。

根据收集的大量媒体报道、研究资料进行分析后，我们初步判断，面向未来5～10年，国内市场调查、研究机构将会更加凸显以下六大发展趋势：

1. **市场调查机构业务形态更趋向于小而精。**由于越来越多的民营（家族）企业对市场调查投入相对较小，但要求却不低，市场调研机构未来的趋势是小而精而非大而全，更多小而美的调研而不是大幅度的全国范围无死角的研究。并会大规模采用社群聆听，这些意见和数据往往会比路边访问来得更真实。

2. **市场调查机构的客户需求将更趋向于系统解决方案。**调研市场从大型企业过渡到民营（家族）企业，他们内部的人才相对较少，需要市场调研机构从单纯的数据收集分析到全方位的数据收集、管理、运维、软件、分析、预测，为企业提供数据方面的系统解决方案。

3. **市场调查机构的客户需求会逐渐下沉。**从以服务政府、外资、大型企业为核心，过渡到以越来越多、越来越有支付能力的民营（家族）企业为重心，未来甚至大量的以电子商务为主的"夫妻店""兄弟店""同学店"也对市场调查数据需求越来越强，所以市场调研机构需要建立适应这些客户的服务产品和工作方式。

4. 市场调查机构要建立适应数字年代的数据收集方法。越来越多的民营（家族）企业对市场调查的需求越来越大，他们投入相对较小，但要求却不低。如果调研机构希望能在民营（家族）企业增加业务量，必须通过移动端和网络以及新兴的科技平台抓取更多数据，并采用多种数据源。甚至会与一些拥有大数据的巨头（阿里、腾讯、百度）捆绑和开展更加紧密的合作。

5. 市场调查机构将需要更加灵活运用研究工具。大数据年代，民营（家族）企业对市场变化特别敏感，需要快速做出决策调整策略，企业需要实时的数据和快速分析，实时给出对策。一切更需要数据说话，但不需要把一个概念理解透彻才执行，而是一直测试不同的小改变，而一直以数据作为微调。从过去倾向于帮助大决定和一次性决定，到现在既帮助大决定，也帮助小决定和持续性决定。观察并预测消费者现在、实时在做什么，从而预测消费者下一步会做什么，从不同视角为企业提供洞察，帮助企业决策，助力企业发展。

6. 市场调查机构将更加依托人工智能来助力。人工智能（AI）技术飞速发展，人工智能是未来科技的发展趋势，也是人类进化不可抵挡的脚步。人工智能在未来将是引领中国人工智能产业不断突破、不断前进的中坚力量。2017年，百度首次发布人工智能开放平台的整体战略、技术和解决方案。同年，腾讯公司正式发布了人工智能医学影像产品——腾讯觅影。阿里巴巴首席技术官张建锋宣布成立全球研究院——达摩院。三家国内互联网和数据巨头纷纷进军人工智能产业，市场调查公司也必须跟上时代的步伐发展，从历史数据研究得到更多AI层面的未来预测模式，提升服务能力。

六、私董会成为"加油站"

私董会这一会议组织形态诞生于1957年10月，是由美国威斯康星州割草机公司总裁罗伯特·诺斯（Robert Nourse）与几位CEO共同创办的第一个总裁圆桌讨论会议开始的。当年罗伯特的企业正处在发展的关键节点，需要做一个攸关存亡的决策。罗伯特想了又想，认为自己的能力有限、思考未必全面周延，而且他更想了解其他老板碰到类似情况是怎么考虑、怎么决策的。 因此他决定借助外脑，向周遭企业家寻求协助，帮他排忧解难。最终几位CEO朋友们一起研讨、分析、辩论，效率果然很高，罗伯特很快就理清了头绪，做出了正确的决断。后来，他们把这种交流的模式起名为The Executive Committee（"TEC"，决策者委员会），也就是现在私董会的前身。

60多年来，这种形式已逐步发展成为一项专业服务，已遍布北美、欧洲、澳洲等发达国家。中国大陆第一家私人董事会专业服务机构"五五私董会"于2006年成立，由此揭开了私董会在中国的成长序幕。此后，领教工坊、伟事达（中国）等品牌亦迅速崛起。2009年，兰刚和张伟俊将伟事达引入中国，他们将国外先进的私董会方法论和教练技术带给了国内的企业家，在先进理念和方法论的引导下，参与的企业家感受到了私董会的价值。2013年后，互联网特别是微信传播令私董会再次迅速走火，不只是在北上广深，全国各地尤其是温州、成都、杭州等商业规模发展到一定程度的城市，都有不少名为"私董会"的机构出现。传统的商学院也在原有课程中加入了相应版块，有的甚至将"私董会"作为分支机构独立运营。继

EMBA、富豪俱乐部之后，私董会俨然已经成为时下中国企业家高管们的新宠，真正的"明星"组织和学习方式。

据CCID（赛迪集团）统计，截至2015年，中国私董会行业规模已经达到50亿元，预计未来3年，中国私董会行业市场规模将在2016—2018年分别达到72.3亿元、99.4亿元、142.1亿元的规模。调查显示，私董会成员规模主要在1亿～10亿元的家族企业，这一规模不仅占据绝对主流，且有增长态势，从加入时的45%占比提升到目前的48%，转换来源主要是5000万～1个亿元企业（加入时占比19%，目前为16%）。而10亿元以上企业占比6%，1000万～5000万元企业占比29%，几乎无变化。

据CCID发布的《2016年中国私董会行业深度研究报告》显示，私董会服务在中国的迅速成长有五大原因：一是企业面临的世界经济和中国经济的整体外部环境变化；二是互联网思维在中国的迅猛发展；三是传统的咨询、培训、私人会所等行业转型；四是私董会天然的吸引力；五是企业家的直接需求。私董会的主要需求企业定位在已过创业期、达到一定的规模的成长型企业，这类企业的年收入规模通常处于1000万到10亿元之间。这个阶段的企业，每犯一个错误，就会付出惨重的代价，拖累企业增长。在这类企业不具备足够的资源来组建专业董事会时，私董会价值就得以充分体现。

从国内重点私董会机构名单（见表7-5）分析来看，我们认为主要可以分为以下四大类：

表7-5　国内重点私董会机构名单（18家）

服务机构	创办时间	代表人物	核心业务
五五私董会	2006年	刘佳砚	私董会、资本、培训、咨询、资源
伟事达(中国)	2009年	张伟俊	私董会、一对一咨询、专家研讨会、全球网络社区
领教工坊	2011年	肖知兴	私董会、城市体验会

续表

服务机构	创办时间	代表人物	核心业务
私董功场	/	兰刚	内外私董会、私董工作室、出版物
外滩董事会	2013年	宋岩	私董会、投资
海川生态私董会	2013年	郑敬普	私董会、咨询
蜂窝私人董事会	2013年	张建春	私董会、互联网、投资
正和岛私董会	2014年	刘东华	私董会
浙商私董会	2014年	郑博迈	私董会、培训、投资
海江私董会	2014年	殷海江	私董会、领导力、工业4.0智能
天使湾私董会	2014年	谭凯军	私董会、投资
北大汇丰私人董事会	2016年	/	私董会、培训
大企私董会	2017年	刘永忠	私董会、投资、咨询
VUCA私董会	2017年	乔朔晖	私董会、培训、游学
乔德学院私董会	2017年	王曼秋	私董会、培训
深圳力紫荆私董会	2018年	/	私董会
久久私董会	2018年	海科	私董会

注：此名单主要基于时间、紧密度、影响力维度整理而成

1. 第一类：国外引入的"伟事达"模式。伟事达（中国）、私董功场、外滩董事会，这类机构有着丰富的私董会操作经验，创始人往往是海归派，私董组织成员中多数为外企高管。是他们把国外先进的私董会操作方法和理念带到中国，并翻译或撰写了国内第一批私董会相关书籍，可以说没有他们的尝试与创新，私董会就不会这么快在国内兴起。

2. 第二类：融入本土的咨询机构"海川"模式。五五私董会、领教工坊、海川生态私董会、海江私董学院，这类私董会组织一般以私董会为唯一业务方式，私董教练或创始人一般具有深厚的咨询或培训师背景，私董会成员相对固定、持续性强、私密性好，也会向泛私董会组织和培训机构组织的私董会提供教练。因为有着深厚的咨询师或培训师背景，私董会教练往往不会局限于私董会流程引导和方法论讲解，能给私董会带来更具

思辨力和实操性的价值。"海川"模式私董会是对直接引入私董会的一个升级和创新，也是比较符合目前大多数家族企业家需求的学习方式。

3. 第三类：泛私董会，"正和岛"模式。正和岛私董会、浙商私董会、蜂窝私人董事会、久久私董会，为什么称之为泛私董会？因为这类组织中私董会是其核心业务之一，多以平台的沙龙形式出现，参加的人员不如专业私董会组织固定，往往会夹杂投资、互联网、游学、社群等功能，私董会是对他们核心业务的一种补充。

4. 第四类：培训、投资机构深入服务"大企"模式。大企私董会、VUCA私董会、北大汇丰私人董事会、深圳力合紫荆私董会、乔德学院私董会。一批真正负责并敢于创新的培训投资机构开始引入私董会的学习模式，在原有培训投资的业务中加入私董会或在培训学员中成立私董会组织。这类组织一般少有私董会教练，除少数固定私董会小组外，私董会大多数是培训的一种方式。

在私董会传播方面，私董功场创始人兰刚功不可没。兰刚著有《私董三部曲》《解码私董会》，《内部私董会》和《总裁私董》等。私董功场是私董会的全案服务平台，以内外私董会、私董工作室等形式为企业家提供全面的专业私董会服务。此前，兰刚是全球最大的私董会机构伟事达在中国的创始CEO。伟事达已有50多年悠久历史，在全球16个国家拥有1.6万多名CEO成员，帮助他们以独特的私人董事会模式发展领导力。兰刚成功地将这一模式引入中国，并建立起一个跨国企业和本地优秀企业家共同组成的国际化CEO社区。

针对民营（家族）企业群体的私董会服务，海川生态私董会已有大量的实践，被私董会组织和民营创始人所认可。海川生态私董会由郑敬普于2013年创立，致力于服务"想改变认知成就伟大的组织和个人"，包括企业家、创业者、职场精英以及私董会导师。创立前两年，私董会活动实践主要是内董会，这主要是因为发起者和践行者都是咨询行业从业者，自然会将私董会方式带入企业内部。2015年5月，又发起成立全国性私董会导师01小组。2018年4月，由01全国私董会小组裂变组建7个区域私董会小组（北京、杭州、珠海、合肥、武汉、南京、青岛），小组不断发展和扩大，导师成员不断在实践中修炼，还聚合一起进行私董会方法打磨，一边实践，一边对方法论研究、琢磨，对私董会价值与运用的理解发生非常大的变化。3年的实践结出了丰硕的成果，全国各地700多场的内、外私董会实践，数万名民营（家族）企业参与者以及与数十个平台的私董会合作。

综合分析，我们认为，面向未来5～10年，国内私董会机构将更加凸显出以下六大发展趋势：

（1）家族企业决策者甚至高管的参与度会越来越高。

（2）私董会的咨询价值和在企业中的实践价值更加受参与者的关注。

（3）会产生越来越多类似海川专家私董会的私董会教练培训和培养组织。

（4）私董会会走进企业内部，在部门、管理者之间开展，发挥更大价值。

（5）借助互联网和掌上互联技术的发展，私董会的组织模式会由传统的线下向线上发展，让私董会的开展更加便捷，跨越时空。

（6）私董会社群化，由于内部成员间的经验智慧有限，私董会未来会引入各类专家，成为企业家解决问题的平台，如基金、咨询、招聘、营销、传播等。

七、财富管理正逐步规范

中国经济40年的快速发展积累了巨额的社会财富，也造就了规模巨大的财富管理市场。这期间，民营经济的蓬勃发展使大量的富裕家庭站在了财富金字塔尖上。据兴业银行和波士顿咨询公司联合撰写的《中国私人银行2017》报告显示，中国已形成了规模达120万亿人民币的个人财富管理市场，高净值家庭（可投资金融资产超过600万人民币的家庭）达到210万户。如此迅猛的财富增长直接推动了家庭（族）财富管理市场的爆发式扩张。

一般意义上来讲，家族财富管理是指针对高净值人士的家庭（族）财富（包括物质财富、精神财富、社会资源、人力资源等）的保护、管理和传承安排，包括投资理财、资产配置、税务规划、家族慈善、子女教育等内容。

家族财富管理在欧美国家已有上百年的发展历史，著名的财富管理机构有瑞士银行、花旗银行、渣打银行等。国内家族财富管理市场起步较晚，2004年，光大银行第一支理财产品的发行，标志着中国财富管理市场的正式开启。2007年，中国银行首开私人银行业务是高净值人群专属业务的开端，此后招商银行、中信银行、工商银行、民生银行等也相继推出私人银行业务，迄今已经超过20家。2012年，平安信托发行了大陆第一支家族信托，之后信托公司也纷纷加入了家族财富管理的市场，这之后第三方财富机构也陆续开展家族财富管理业务，甚至很多投资和理财机构等也都成立了独立的家族办公室开展家族财富管理业务。

在上述四类主要的家族财富管理机构中，商业银行的私人银行是最主要的财富管理机构，占60%以上的市场份额。鉴于商业银行和信托公司绝大多数都是全资国企或者国有控股企业，在此我们不做过多表述，重点介绍以非国资成分为主的第三方财富管理机构。

第三方财富管理机构是指独立于银行、保险、信托、证券等金融机构之外，代表客户利益，根据客户需求，独立、客观、公正地为客户进行金融资产配置和理财产品筛选的专业财富管理机构。

2011年到2015年间，金融行业迎来监管松绑的发展窗口期，一时间，财富管理机构如雨后春笋般冒出。因为进入门槛较低，其数量急剧膨胀。目前，各类大大小小的财富管理机构已有上万家（见表7-6）。

表7-6 国内重点第三方财富机构名单（20家）

服务机构	成立时间	代表人物	相关业务
展恒理财	2004年	闫振杰	致力于为高净值投资人提供有价值的综合财富管理服务
诺亚财富	2005年	汪静波	设立诺亚家族财富管理中心，服务超高净值家族客户，以全权委托投资服务为重点，整合集团资源，为客户提供全方位的家族财富管理，包括资产配置、顾问咨询及增值服务。旗下歌斐资产致力于服务超高净值家族和机构客户
海银财富	2006年	王伟	设立家族财富管理办公室，探索境内高端财富管理市场创新服务模式，为高净值人士财富传承提供个性化和综合化的解决方案
宜信财富	2006年	唐宁	2015年，设立家族办公室，为客户提供综合财富管理业务
中天嘉华	2007年	刘英魁	致力于向国内国际高净值人群及家族客户提供定制化的资产配置综合解决方案
格上财富	2007年	安立欣	为中国高净值个人及机构投资者提供一站式的资产配置与财富管理服务
钜派投资	2010年	倪建达	钜景家族办公室专为特定家族提供全方位财富管理和家族服务，包括资产管理、遗产规划、传承设计、日常财务、企业管理、上市咨询、医疗健康咨询等
复华资产	2010年	王新	致力于为中国乃至全球范围内的高净值人群提供全球化、多元化、个性化、一站式的资产配置与财富管理解决方案，助其实现财富的持续稳定增长与传承；同时以全方位的360度私人银行综合服务，满足其财富增值保值、家族传承、生命健康管理等多样化需求
凯银投资	2010年	朱红	为客户提供财富管理业务和海外金融服务
蓝源资本	2010年	廖文剑	致力于将资本与智慧完美融合，成功打造了国内独特的创新金融生态系统
恒天财富	2011年	周斌	设立恒天财富家族办公室，为高净值客户以及家族客户提供全权委托的金融投资服务
大唐财富	2011年	张树林	依托内部家族办公室，利用境内外家族信托、保险等金融工具，结合税务筹划建议帮助客户制定财富传承规划，永续家业长青，财富代代传承

续表

服务机构	成立时间	代表人物	相关业务
新湖财富	2011年	曲光	为高净值客户群体提供专业化综合金融服务、实现财富资产全球配置及家族事业代际传承的高端综合金融服务企业，业务范围涉及财富管理、定制化服务等方面
嘉实财富	2012年	赵学军	以全球化视野，为客户提供全方位的资产配置服务
秋实财富	2012年	张秋林	秋实财富业务覆盖财富管理、家族办公室、资产管理
民生财富	2014年	苏刚	致力于为高净值人群提供最专业、最具价值的财富管理产品解决方案，针对客户需求按照"核心—卫星"的资产配置理念，为客户量身定制投资理财方案，并提供个性化投融资咨询服务
诺远资产	2014年	崔强	致力于通过金融创新为广大高净值人士及大众富裕群体提供优质、完善的财富管理及资产配置服务
西控财富	2014年	陈远东	为国内富裕群体提供持续专业的综合金融服务。通过科学的资产配置布局、严谨的风险控制体系、多元化的管理工具和专业的服务模式，协助目标客户群体规划财富目标、制定财富策略
汇华资本	2015年	刘金科	致力于为高净值投资人提供有价值的综合金融服务
新财道财富	2015年	周小明	运用家族信托、家族保险、家族理财、家族投行、家族治理、家族慈善、家族教育七大财富管理工具，立足目标客户的家族保障需求、家族成长需求、家族理财需求、家族投行需求、家族传承需求五大财富管理需求，为超高净值人士设计并协助执行个性化、专业化和系统化的家族财富管理解决方案

注：此名单主要基于时间、紧密度、影响力维度整理而成

根据机构的创始人背景、股东背景、业务背景等信息，可将市场上的三方财富管理机构大致分为八类①：

1. **券商系**：以诺亚财富为代表。其创始人汪静波出身湘财证券。2005年，诺亚财富创始成员从湘财证券私人金融总部出走，成立了中国最早的独立财富管理机构之一。

---

① 引用自NewBanker旗下专注财富管理行业自媒体平台"顾问云"。

2. P2P系：以宜信财富为代表。成立于2012年的宜人贷是P2P系的典型代表。随着普惠金融业务发展壮大，加上客户分层，便开始开辟高端财富管理板块服务，宜信财富于是诞生。这类机构发展为综合财富管理机构之后，往往都会淡化或者剥离P2P业务，以期实现风险隔离，让财富端更加独立。

3. 信托系：以恒天财富、大唐财富等为代表。均脱胎于中融信托财富中心，初始主营信托代销业务。

4. 地产系：以钜派投资为典型代表。钜派投资创始人倪建达原为上海第一代房地产人，钜派投资的第一大股东为易居中国，为钜派投资带来丰富的一线房地产开发商资源。

5. 私行系：以秋实财富为典型代表。中国高端财富管理最早就是萌芽于银行的私行部门。秋实财富创始人张秋林被称为"中国私人银行第一人"，原为中信银行私人银行总经理。私行系背景的财富管理机构更倾向于打造小而强、小而美的财富管理机构，而不是追求大规模扩张。

6. 基金系：以诺远资产为典型代表。基金系财富管理机构的特征是具备投资基因，擅长捕捉投资机遇。

7. 资讯数据服务系：以格上财富为典型代表。格上财富通过创办阳光私募金融产品门户网站"格上理财网"，运营"格上理财""格上私募圈"等微信公众号，积累了大量的投资者流量。其数据库为其投资提供研究支持，其人脉资源为其获取资产提供便利。

8. 综合系：除了以上具有鲜明起源特征的财富管理机构，还有其他多轮驱动的财富管理机构。

从2013年开始，针对高净值人群，财富管理业务开始由个人理财向家庭财富管理转变，各大财富管理机构纷纷开展家族财富管理业务，由单纯地向个人销售理财产品转向为家庭（族）提供综合财富管理服务。

第三方财富机构在中国的发展仅有十几年，相比国际上成熟的财富管理市场尚有不足。同时经济、技术和法律环境的发展，也将影响财富管理机构的发展。

面向未来5～10年，财富管理市场和财富管理机构如何发展，国内一些权威机构和专业人士做过如下预判。

关于未来的财富管理市场的发展趋势，源泉汇理总裁吴未央在第十二届中国投资年会·年度峰会的发言中认为：（1）产品销售转向理财规划。现金储蓄管理、债务管理、风险管理、保险计划、投资组合管理、养老退休管理及遗产规划，随着居民财富积累以及一代的集中传承潮的到来，将成为非常重要的需求。（2）个人理财转向家庭财富管理。觉醒得较早的客户，愿意把家庭整个的资产交给专业的财富机构进行打理，财富管理机构可以能看到家庭的整体负债表，从而真正为客户进行完整的家庭资产的配置。（3）从中国转向全球配置资产。未来的财富管理将是投资者参与全球的行为，并不局限于某一市场，作为高净值人士资产组合之中应该有相当一部分的海外配制。（4）需求从财富增值转向财富保值。随着投资市场起伏，更多高净值人群开始关注财富保障，通过分散投资和追求稳健收益来规避风险成为众多投资者的共识。（5）从普遍投资人转向专业投资人。市场上专业投资人与机构投资人在逐年增加，他们对财富管理的需求会更理性、更复杂。

另据权威研究机构、中金公司发布的《中国财富管理市场产品白皮书2007—2017》中认为：（1）在金融产品市场化、规范化背景下，约定收益类产品"隐性刚兑"难以为继，净值化转型势在必行。（2）随着监管趋严和行业竞争加剧，市场会提高整体集中度并催生航母级财富管理机构。（3）技术进步会推动财富管理更加智能化、移动化、社交化。

八、家族办公室发展迅猛

2012年以来，市场纷传遗产税即将开征，最高比例可能为50%；2013年2月，国务院同意并转发国家发改委等《关于深化收入分配制度改革的若干意见》，"研究在适当时期开征遗产税问题"，虽然政府还没有正式出台遗产税政策，但仍让中国高净值客户关注到家族财产的税务规划和财富传承。

由此，家族办公室渐成中国高净值家族讨论的热点。中国家族办公室于2014年年初进入公众视野，之后的两年是快速发展阶段，财富管理行业迅速进入家族办公室时代，私人银行、财富管理、资产管理、移民、留学、信托、保险等机构都在尝试经营家族办公室的具体业务。据统计，目前对外宣称"家族办公室"的机构有2000多家，主要分布在北京、上海、深圳三地，67%成立于2011—2016年，半数以上成立于2015年、2016年两年。有信托公司背景的家族办公室的比例最高，占39%，有商业银行和律师背景的各占25%，有企业家背景的占21%。而实际上，在工商局注册名为"家族办公室"的法人单位不超过60家。国内重点家族办公室名单如表7-7所示。

表7-7　国内重点家族办公室名单（20家）

服务机构	成立时间	代表人物	核心业务
诺砥家族办公室	2008年	田锴	为超高净值投资人和家庭设立离岸的合规架构以及执行整体的税务和财富规划方案，提升投资人家庭的整体专业度，协助规范投资纪律，建立家族宪章，并且在家族委员会中提供专业意见
磐晟资产	2013年	杨骐豪	专注于为超高净值家族进行全方面财富配置和管理

续表

服务机构	成立时间	代表人物	核心业务
和丰家族办公室	2014年	蒋松丞	致力于为富裕家族（企业）提供高质量的咨询服务与产品。依托中国家族企业研究中心、中国家族经营研究中心和国际性的家族办公室行业协会等国内外学术及支持平台，集聚顶级金融、法律、税务等专家与机构，通过整合全球家族（企业）支持工具与智力资源，交付高度定制化的全球化集成解决方案
磐合家族办公室	2014年	颜怀江	立足于中国，整合海内外资源，为中国的高净值人士提供专业贴心的私人金融定制服务
汉景家族办公室	2014年	景一	以专业化方式为富裕家族运作及管理私募股权母基金，专注于PE二级市场投资，亦为高净值个人、机构投资人、富裕家族提供投资顾问与资产管理等专属服务
米兰贝拉家族办公室	2015年	李魏	以保护家族成员及财富安全作为核心价值，为高端客户提供平台式、一站式、顾问式家族专业咨询服务，内容涉及家族信托与传承规划、法律保障、国籍身份规划、全球资产配置、健康管理、精英教育、税务规划、保险规划、品质生活、艺术收藏、家族慈善等
德裕世家家族办公室	2015年	张咏	面向华人家族业务客户，提供家族"创富、守富、传富、用富"一揽子完整服务
新亚家族办公室	2015年	薛若冰	集财富管理、财务咨询、法律咨询、文化服务于一体的联合家族办公室，为企业家族提供股权设计、税务规划、企业理财、资产管理等专业服务
金恪家族办公室	2015年	王琛	提供从项目源头开始到资本运作的全产业链投资管理。包含投资顾问、海外服务、法律服务、税务服务和文化艺术服务等
金承家族办公室	2015年	石昕蕊	致力于耕耘传承教育、培育家族管理委员会、建设宗族联盟、孵化家族办公室
仁和家族办公室	2015年	刘爱君	将专业知识和全球化资源配置融合，整合家族资源，提供高度定制化的家族集成方案，助力家族可持续的财富管理
睿璞家族办公室	2015年	陶炯	为富有家庭提供全方位财富管理和家族服务，以使其资产的长期发展，符合家族的预期和期望，并使其资产能够顺利地进行跨代传承和保值增值

续表

服务机构	成立时间	代表人物	核心业务
六脉环球家族办公室	2016年	何嘉编	通过整合国内外顶尖的金融专业资源，完全站在家族立场，提供财富管理服务。同时，搭建了包含法律、税务、教育、医疗、移民等专业服务在内的非金融服务平台，致力于为家族客户提供一整套完整的服务方案
凯洲家族办公室	2016年	吴欣	以家族统一账户管理、全权委托及全球资产配置等资产管理服务为主，以家族传承规划、家族事务服务为辅，提供综合家族事务管理服务
汇金家族办公室	2016年	吴波	为高净值家族量身定制资产管理、财富管理、文化传承、健康管理、奢侈品消费、定制化旅游等增值服务
银芈家族办公室	2016年	黄毅	为富有家族提供全面管理及服务的机构。以传承规划、资产投资、企业治理及家族服务为主。主要帮助并辅助高净值家族成立自己的独立家族办公室，以及协助银行及资产管理机构组建高端私行服务
赢石家族办公室	2016年	王刃	为正在崛起的中国财富贵族们提供私人化的家族财富管理方案。以全球资产配置方案满足财富个人及家族不同阶段的财务所需，并提供更加全面灵活的财务规划、资产保全、顾问咨询等一站式服务
常乐传承家族办公室	2016年	高明月	家业服务（财产与债务的安全隔离、子女婚前财产保护、婚姻与财产保护、跨境身份税务规划、家族善财传承、家风及家族内部管理制度建立等），爱与传承服务（家族慈善基金会建立、企业社会责任基金会建立、失智失能家庭传承解决方案、生前生后捐赠安排等）
诺瓦托家族办公室	2016年	韩宝石	涵盖风控、教育、慈善、生活、移民、治理、投资、法务、税务、传承、财富管理等

注：此名单主要基于时间、紧密度、影响力维度整理而成

　　家族办公室是对超高净值家族的完整资产负债表进行全面管理和治理的机构。主要功能在于负责治理及管理四大资本——金融资本、家族资本、人力资本和社会资本。家族办公室提供的是包括投资、风险管理、法律、税务、家族治理、家族教育、传承规划、慈善管理、艺术品收藏、安保管理、娱乐旅行、全球物业管理、管家服务等全能服务。

据惠裕全球家族智库发布的《中国本土家族办公室服务竞争力报告》显示，目前本土家族办公室可以大致分为三类：（1）传统财富管理或资产管理机构下属的家族办公室，如凯洲家族办公室、汇金家族办公室等，目前大多数的家族办公室都属此类。（2）由企业家设立的独立家族办公室，如汉景家族办公室。（3）由具有律师、会计师等背景的人士设立的独立家族办公室，如米兰贝拉家族办公室。报告还显示，本土家族办公室的客户群体主要特征为：一代财富拥有者为主，平均年龄为51岁，64%的客户为男性，其中76%的客户目前仍然在运营着家族企业。另据报告统计，目前大部分的本土家族办公室配置中，"代际传承财富管理"和"税务统筹"功能占比最高，配置比例都为93%；其次为"风险管理和保险"功能，配置比例为89%；"投资管理"位居第4位，配置比例为82%。不过，从各功能为机构或独立家族办公室贡献的收入来看，"投资管理"功能是主要的收入来源，其贡献的收入在总收益中占比31%。

目前，国内家族企业面临的代际传承问题越来越急迫。家族掌门人年龄的渐长及日益复杂的家族成员关系，使得家族办公室类型的服务需求量极大。因此，家族办公室的未来前景光明。

面向未来5～10年，关于国内家族办公室未来的发展趋势，一些权威机构和专业人士做过一些预判。中伦律师事务所的贾明军律师认为：

1. "全面服务与保障型"家族办公室将成为主流。对于客户来说，资产的保值、增值固然重要，但相对于财富的安全、传承来说，前述作用必然退而居其次。保值增值是"锦上添花"的作用，而财富的安全与传承却是关系"从有到无"的根本性大问题。随着客户需求侧重的日渐明确，"以投资理财"为导向型的作用，必然会向"以综合服务保障型"转移，回归到家族办公室真正的作用与意义上。

2. 由"投资机构"创办向"联合创办"发展。由于"投资导向"的原因，目前，绝大多数的家族办公室都是由投资理财机构发起创办的，其核心竞争力都是源于独特或创新的投资功能。未来，由投资、法律、会计、保险、信托、医疗、教育等领域联合创办的、多元功能的家族办公室可能会成为常态，而"投资主导型"的"利益冲突"问题会逐步得到解决。

3. "区域化"家族办公室或将大量涌现。由于家族办公室投资理财咨询方式灵活，又能突出特色品牌与特色"订制"服务，加之高净值客户的"聚集"效应，在一些经济发达的二、三线城市，也将可能有大批家族办公室孕育而生，开展具有本地域特色的财富管理服务。

4. 法律和行业监管力度加大。家族办公室的经营范围，目前不包括金融、集资、融资等特许审批的经营范围。而工商系统在2016年年初，就暂停核准包含"投资""资产""资本""控股""基金""财富管理"等字样的企业和个体户名称。如果有家族办公室机构超越了经营范围，实质从事限核业务的或将受到查处。

另据瑞士银行与Campden Wealth Research联合推出的《全球家族办公室发展报告（2017）》认为，中国本土家族办公室服务的发展应考虑以下四个方向。第一，家族办公室的定位应以服务为主，而非设立一个机构或提供一类产品。第二，家族办公室的机制设计中合伙制更优于公司制，因为精简型家族办公室的核心人员不超过10人，如邓克曼家族办公室只有4名工作人员。第三，家族办公室的业务模式应重咨询顾问、轻经纪业务。第四，在财富管理2.0的时代中，家族办公室的营利模式同样应是卖服务而非卖产品。

九、律师事务所精耕细作

1979年，中国律师制度发展的一个重大转折，即恢复律师制度。自

1980年《律师暂行条例规定》公布实施以来，随着改革开放的进程不断地对法律进行修订，律师身份从过去仅为公权力服务的"国家法律工作者"向"社会法律工作者"和"自由法律工作者"转变；律师的从业机构从最初的事业单位性质的"法律顾问处"向"律师事务所"转变；律师的服务对象从"国家"，到"社会"再向"当事人"变化；律师事务所组织结构从"国办所""合作制"到"合伙制"改革；律师的业务领域从最初的"出庭律师"扩大到工作、生活的方方面面，这时期的律师事务所业务可谓是"眉毛胡子一把抓"，哪里有纠纷，哪些有业务，就向哪里去。不论是国企、央企、外企、个体户，还是个人，都是律师事务所的客户。

经过近40年发展，中国律师行业取得了突飞猛进的发展。解读十九大报告，不难发现当代律师制度的发展与国家的经济发展休戚相关，律师工作已经渗透到依法治国全过程和经济、政治、文化、文明、生态等各个方面，是国家软实力的体现。自1993年以来，我国律师行业进入迅猛发展阶段，律师数量从1979年年初的212人发展到目前的30多万人，律师事务所从最初的数家发展到目前的近3万家。截至目前，我国律师执业人数已经达32.8万，律师事务所达2.8万家。

由于规模化律师事务所各类专业人员齐全，专业服务能力强，彼此之间合作无壁垒，更容易获得客户的信赖，尤其是在处理一些复杂重大案件上有得天独厚的优势，有利于提升律师事务所的综合实力。这其中创立较早的有君合律师事务所，其创立于1989年，已有30年历史，是中国最早的合伙制律师事务所之一。已在海内外拥有12个办公室和一支由超过220位合伙人和顾问、510多位受雇律师和法律翻译组成的逾730人的专业团队，是国际公认的中国大型综合律师事务所之一。在多年的执业过程中，君合在各个法律服务领域为国际组织、国内外政府机构及跨国集团、国内外大型企业以及成长型的中小型企业、银行、非银行金融机构、保险公司等客户提供了优质的法律服务，并由此积累了丰富的经验。从早期的生产制造和基础设施领域的外商投资项目，到近期更为复杂的并购和融资项目，君合均在其中发挥着重要作用。君合提供的法律服务覆盖银行、保险、证券、电信、石油与天然气、采矿、电力、交通、汽车、机械、电子、冶金、化工、医药、建筑、轻纺、航空、外贸、消费品、商业流通、房地产、港口等各行业领域，也包括信息技术与互联网、物流、体育、娱乐、媒体、环保等新兴行业。国内重点律师事务所名单，如表7-8所示。

表7-8 国内重点律师事务所名单（20家）

服务机构	创办时间	代表人物	相关业务
君合律师事务所	1989年	刘林飞	生产制造和基础设施领域的外商投资项目、并购及融资项目法律服务
大成律师事务所	1992年	王芳	公司综合类业务，公司收购、兼并与重组，证券与资本市场，私募股权与投资基金，国企改制与产权交易，银行与金融，私人财富管理，家族办公室，家族企业传承与治理等法律服务
中伦文德律师事务所	1992年	田磊	证券、信托、基金、能源、知识产权等28个专业领域法律服务
北京金诚同达律师事务所	1992年	袁伟	公司、证券、金融、房地产、项目融资、基础建设、资产管理、保险、并购、税务、知识产权、反垄断，外商投资、国际贸易、WTO争端解决、商事仲裁诉讼、家族企业治理与财富传承等法律服务
隆安律师事务所	1992年	徐家力	知识产权、资本市场及金融、公司、大型项目、诉讼和仲裁等领域的专业法律服务
德恒律师事务所	1993年	李忠	公司证券、金融、跨境投资、融资并购、争议解决、国际贸易、建筑工程与房地产、国际工程与项目融资、竞争法、劳动与社会保障、知识产权、企业拯救与破产、政府与公共服务、大健康、环境资源与保护、海事海商、税法、私人财富管理、家族办公室等法律服务
中伦律师事务所	1993年	王霁虹	资本市场、证券、房地产、收购兼并、诉讼仲裁、银行与金融、知识产权、家族财富管理、财富传承等28个业务领域法律服务

续表

服务机构	创办时间	代表人物	相关业务
金杜律师事务所	1993年	王玲	公司并购、证券与资本市场、私募股权及投资基金、银行与融资、竞争与贸易监管、国际贸易、劳动法、税务、海关、环境法、争议解决、知识产权等业务领域法律服务
中银律师事务所	1993年	刘宏	金融证券和法律风险管理
北京德和衡律师事务所	1993年	蒋琪	国贸海关、跨国投资、金融、保险、基金、证券、公司、知识产权、房地产、争议解决、刑辩等法律服务
广东广信君达律师事务所	1993年	王晓华	一体化法律服务、家族企业法律服务
海华永泰律师事务所	1995年	张诚	金融、证券、房地产与建设工程、公司与商事、国际业务、刑事业务、知识产权和争端解决法律服务、家族财富研究法律服务
广和律师事务所	1995年	童新	房地产开发经营、建设工程、知识产权、争议解决、金融证券、并购与重组、私募股权与风险投资、国际投资、海事海商、互联网金融、环保和新能源、反垄断与反不正当竞争、婚姻家庭与家族信托、劳动、税务、医疗、交通、保险、外贸、海关等领域的专业法律服务
广东金轮律师事务所	1995年	陈向斌	家族及财富管理、知识产权、公司法、保险法、民事法法律服务
北京市中凯律师事务所	1995年	陈凯	策划推动中华遗嘱库的启动，是中国唯一一个亲力打造5A级慈善基金会的律师，受托管理着数百亿元的家族财富和遗产管理事务，是多个大型家族信托设计者，中国第一个家族慈善信托设计者
锦天城律师事务所	1998年	郭璇玲	公司、商业与并购、证券与资本市场、银行与金融、房地产与建筑、争议解决（诉讼与仲裁）、国际贸易、知识产权保护等业务领域、家族财富管理、家族企业治理、传承法律服务
国浩律师事务所	1998年	管建军	证券与资本市场、公司与商业、金融与银行、国际投资、家族企业产业升级、代际传承等所有经济发展的重点领域法律服务
泰和泰律师事务所	2000年	李剑	一体化法律服务

续表

服务机构	创办时间	代表人物	相关业务
盈科律师事务所	2001年	李正	国际贸易、海外投资、公司、资本证券、两岸事务、私募、投融资与并购、知识产权、房地产、环境保护、海商海事、企业家财富管理与财富传承等专业领域法律服务
北京百恩律师事务所	2016年	于琦	家庭律师服务，全国首家专做、只做离婚业务的律师事务所，擅长家族企业财富传承、家族财富传承纠纷法律服务

注：此名单主要基于时间、紧密度、影响力维度整理而成

由于经济的发展和社会价值的凸显，民营（家族）企业规模越来越大，越来越重视法律方面的专业化服务，也越来越能为专业服务付出相应的费用。国内律师事务所看到民营（家族）企业这块大蛋糕，纷纷向民营（家族）企业抛出橄榄枝。律师事务所参与民营（家族）企业服务，主要有以下四种做法：

1. 从风险规避角度，为中国豪门望族制定、执行财富保障传承综合方案。在家族企业研究领域最深入的要数大成律师事务所的王芳律师。大成是中国成立最早、规模最大的合伙制律师事务所之一，有50个亚洲办公室，其服务范围几乎覆盖中国全部的省、直辖市与自治区。自2007年开始，大成更启动了全球法律服务网络建设战略，并于2015年与Dentons律师事务所实现了合并。目前大成律师事务所服务超过66个国家，业务遍及全球。依托完善的法律服务网络，大成律师能够在全球范围内共享项目信息、专业知识、业务经验等各类资源，为客户提供更好的服务。大成律师事务所的主要专业领域包括：公司综合类业务、公司收购、公司兼并与重组、证券与资本市场、私募股权与投资基金、国企改制与产权交易、银行与金融等。

王芳律师在私人财富管理领域被钱伯斯评为亚太地区第一等律师，是

中国首创研究家族财富保障及传承专业化的律师，她将金融理财、信托、保险、移民、税收与法律相结合，开创出一整套为高端人士"家业与企业双轨保驾护航"的服务模式，并特别擅长为中国豪门望族制定、执行财富保障传承的综合方案，成为部分家族的私人律师。2017年，和丰家族办公室与大成律师事务所王芳律师家族办公室达成战略合作协议。

2. 举办传承、财富峰会和论坛，吸引家族企业的目光。锦天城律师事务所成立于1998年，是一家提供全方位法律服务的律师事务所，总部设在上海。2016年5月14日，由中国新闻社浙江分社、香港家族办公室协会、蓝源资本携海峡两岸及香港、澳门华人家族财富管理机构共同举办的2016第一届国际家族办公室大会在浙江宁波举行。经过专家委员会评审，锦天城（深圳）律师事务所郭璇玲律师团队以其为高净值客户提供的"家族财富整体风险评估和财富传承顶层设计方案"获得香港家族办公室协会颁发的"最具特色法律筹划服务奖"。在本次大会的圆桌会议环节，锦天城两位合伙人郭璇玲律师、李立坤律师分别就"借力专业服务实现家族企业再发展"的主题和"家族企业治理、传承、转型之解决路径"的主题，从专业律师的角度，与知名企业家、海内外金融界、海内外家族办公室代表等展开圆桌对话。

3. 参与家族传承或上市公司继承报告研究或发布。国浩律师事务所成立于1998年，是中国最大的跨地域合伙制律师事务所之一。为了给家族企业产业升级、代际传承提供综合法律服务，2017年6月，国浩南京办公室签下首单由律师事务所牵头，联合家族办公室为家族企业量身定制涉及家族企业转型、企业税务筹划、家族传承等的综合法律服务。与此同时，国浩律师（南京）事务所还参与家族传承论坛组织以及参与撰写《江苏省上市公司婚姻/继承大数据报告》。报告显示，目前，江苏上市民企的传承压力不小。江苏上市民企对外披露的281位实际控制人中，51岁以上的企业家达到179人，超过六成。报告建议，从企业传承和私人财富管理的角度看，企业传承的年龄可分为三个阶段（按实际控制人的岁数为线）：41岁到50岁之间为"黄色预警阶段"，可以关注企业传承安排事宜；51岁到70岁之间为"红色预警阶段"，应安排传承、已在安排传承或安排传承完毕；71岁以上为"黑色预警阶段"，实际控制人应将传承放在"第一要务"。这些报告，对地区的（民营）家族企业开展有效传承提供了重要的决策建议。

4. 建立家族企业研究中心或研究院，增强服务家族企业的专业性。成立于1998年的海华永泰律师事务所，于2017年成立了家族财富研究中心，专门为家族企业提供法律和财富传承方面的服务。2018年，由德恒律师事务所主办，德恒金融专业委员会承办的德恒道富家族办公室研究院挂牌仪式暨德恒家族财富管理首次培训活动成功举办。

未来，类似大成王芳律师、锦天城郭璇玲律师这样的专业研究家族企业的律师会越来越多，开辟单独机构为家族企业服务的律所也会不断增加。

综合分析，笔者认为，面向未来5～10年，国内律师事务所将更加突出以下四大发展趋势：

1. 家族企业对私人律师的依赖性将更强，需求将更旺盛。随着法制中国建设持续推进，更多的家族企业聘请私人律师将成为一种重要趋势，不仅能满足家族企业规范安全经营的需要，而且也能更好解决家族冲突、财富安全等问题。增强法律意识和规避法律风险，已成为民营（家族）企业创始人和利益相关者的必修课。

2. 参与家族企业论坛组织、报告发布等，还将扩大延伸到区域。重庆百君律师事务所，在家族财富法律与金融服务领域深耕多年，调研汇集并发布《重庆地区上市公司实际控制人财富报告》，并联合举办高峰论坛。该高峰论坛深挖家族财富风险点，从法律视角，就上市家族企业财富管理的特点、主要问题、上市公司股东离婚股票分割实务、财富安全与保障等问题进行了探讨。并从私人银行财富管理、家族信托、保险配置、境外投资等金融理财视角进行了探讨，研讨各类财富管理与传承工具，分享了国内前沿的股权家族信托、房地产家族信托操作实务，为上市公司实际控制人家族财富安全及传承提供了有效的解决方案。

3. 依托律所风险防范的专业性，将更深入参与到企业治理能力建设。一般家族企业出现了诉讼纠纷，表面上看是法律问题，但往往反映了深层次的管理漏洞。作为企业的法律顾问，参与到公司内部治理中，不断完善公司管理运营与监督控制的权利配置，实现公司的经营目标并最终实现公司利益最大化，而不仅仅只是停留在咨询建议和事后补救方面。

4. 以律师事务所牵头，成立财富传承联盟将成为一种新形式。公明财富传承集团成立于2011年，由北京市中凯律师事务所高级合伙人陈凯创办。是一家运用高端遗嘱、国内家族信托和事务代理服务满足客户家族财富保护传承需求的机构。其旗下包括律师事务所、高端遗嘱、事务代理、国内家族信托、慈善等多个独立机构。策划推动中华遗嘱库的启动，是中国唯一一个亲力打造5A级慈善基金会的律师，受托管理着数百亿元的家族财富和遗产管理事务，是多个大型家族信托设计者，也是中国第一个家族慈善信托设计者。目前，中华遗嘱库和财富传承管理师联盟已经形成蓬勃之势，逐渐获得普遍认同，成为客户信赖和依靠的公信力组织。

十、新生代组织如雨后春笋

从2008年第一个新生代概念的组织接力中国青年精英协会在上海成立以来，目前全国已有超过300家新生代企业家组织，他们或以商会、协会、联谊会、青委会、俱乐部等形式出现。

这一类型的新生代企业家组织，在不同程度上和各地的组织部、统战部、人事部、团市委、工商联等有着千丝万缕的关系，接受这些政府部门组织的领导和监督并得到支持和发展壮大。国内重点新生代组织（商会、协会）名单，如表7-9所示。

表7-9　国内重点新生代组织（商会/协会）名单（20家）

服务机构	创办时间	代表人物	相关业务
晋江青年商会	1995年	李子兴	交流合作、提升自身素质、拓展创业平台
接力中国青年精英协会	2008年	闫凯镜	为所有成员搭建一个相互学习、共同交流的平台，并为他们提供针对性的咨询服务
浙商少帅会	2010年	郎英旻	拜访名家、考察游学、高端对话、品质休闲和时尚社交等活动
广东省青年企业家创业发展促进会	2011年	谢萌	以"培养各行业明日青年领袖"为目标，致力于打造民营企业二代自我成长的平台
广东省客家商会	2011年	温纯青	搭建客商信息资源平台
慈溪市"创二代"联谊会	2011年	孙平范	会员增进联系合作、提升自身素质、拓展创业平台
温州市新生代企业家联谊会	2011年	余进华	搭建一个开展培训、研讨、交流、考察的平台，培养一批推动企业传承发展、积极履行社会责任、富有竞争活力的新一代优秀企业家
义乌市留学生联合会创业投资联盟	2011年	虞江波	提供论坛、异地投资、企业融资、品牌融资等服务，以及扶持与孵化有好项目但缺资金的青年创业者
石狮青商会	2011年	杨紫明	高端培训、国内外考察学习、创业创新大会
永康市留学人员和家属联谊会	2012年	胡忠怀	开展海外引智、引才、引资工作，搭建联谊、交流、合作、发展的有效平台
宁波市创二代联谊会	2012年	徐立勋	教育、培训、考察等服务平台
无锡市青年企业家协会	2012年	龚育才	交流学习、沟通合作、休闲聚会
浙江省新生代企业家联谊会（浙江创二代商会）	2013年	宗馥莉	高端培训、国内外游学、高端峰会

续表

服务机构	创办时间	代表人物	相关业务
厦门总商会青委会	2014年	陈朝宗	学习、交流，整合资源
吉业长青俱乐部（吉林省青年精英的代表俱乐部）	2014年	修远	抱团发展、公益慈善
青岛青年企业家商会	2014年	纪建奕	大力开展培训和红色传统教育，信息互通、抱团发展，积极参与公益事业
北京市青年企业家商会	2015年	李萌	高端培训、项目资金对接
全国新生代温商工作委员会	2016年	苏新	在大平台里相互促进、共同学习、共同发展
NGCC（新生代协同中国）	2016年	李叶	NGCC课堂、国际创业交流、创新社会工程
中国下一代教育基金会继创者联盟	2017年	杨宗岳	举行互访交流、慈善帮扶，传播正能量，打造一个专属于年轻一代非公有制经济人士的公益平台

注：此名单主要基于时间、紧密度、影响力维度整理而成

过去的10年，全国各地的新生代组织的自我发展和壮大，主要表现为四大特点：

1. 新生代组织主要聚集于沿海发达地区，特别是上海、广东、浙江、福建、江苏等地，这些地区具有极强的引领带头示范效应。这很大程度上与内在需求和外在的环境变化有关，这些发达地区经过40年的改革开放，最早起步的民营（家族）企业已成长发展壮大，创二代群体也已经进入企业锻炼阶段。与此同时，社会对创二代群体的关注度持续发酵，使得创二代群体在寻找更适合自己成长的组织。

近10年来，接力中国青年精英协会，一直秉承"汇聚商界精英、接力中国经济、影响世界未来"的使命，紧紧围绕"自律、平等、开放、卓越、担当、利他"的核心价值观开展工作，汇聚了200多位来自中国民营500强企业的后继者以及青年企业家，会员遍布包括我国港澳台在内的26

个省市以及美国、加拿大等国家及地区，平均年龄32岁，有80%以上都处在公司的决策层。2016年，接力中国会员所在企业总资产约人民币2.3万亿元，占中国民营企业总资产的12.8%。

2. 新生代组织的发起人，大多数都是在该地区或行业内有较大影响力企业的优秀二代，这个群体的创二代敢担当、敢作为，善奉献，充分表现了这个群体创二代的雄心壮志。成立于2011年的广东省青年企业家创业发展促进会（简称"广东青英会"），其发起人是谢萌，广州正佳集团实际控制人、副董事长兼执行董事。广东青英会作为珠三角具有影响力的民营企业二代组织，汇聚了珠三角地区大型民营企业的二代，会员有90%是"80后"。成立于2013年的浙江省新生代企业家联谊会（简称"浙江创二代商会"），其发起人是宗馥莉，浙江娃哈哈宗庆后的女儿，首批会员近200人，掌控约千亿元资金平台。以及成立于2011年的广东省客家商会，目前有会员单位1000余家，部分会员企业已发展成为广东乃至全国的龙头企业或骨干企业，会员企业资产总额超万亿元。

3. 新生代组织不单满足于相互交流、彼此学习、精神鼓励，更注重与时俱进，创新组织运营模式。这很大程度上和发起人金融投资的背景、经历有关，也和这个阶段的"大众创业、万众创新"的大时代背景有关。义乌市留学生联合会创业投资联盟于2011年成立，通过整合当地优势企业的资金、信息，创设的一个新型投资平台，重点对符合义乌产业需求特点、具有竞争优势的创新项目进行投融资，目前该联盟已从父辈企业中筹集了5亿元投资资金。2014年，厦门总商会青委会成立，共同成立启诚创投基金，以创投为媒介，通过商业化的运作，支持年轻人创业，为传统企业寻找新的成长点。从开始的70多名会员，发展到300多名，青委会集结了众多本地"企二代"，并吸纳了不少青年创业者。

4. 由媒体人发起成立的新生代组织，借助媒体影响力和正面积极传播，对扭转社会对创二代正确认知大有益处。依托《浙商》杂志在浙江以及浙商群体中的力量，2010年成立的浙商少帅会，在全国有口皆碑，2014—2016年连续3年举办中国民企少帅大会，传播正能量，凝聚新共识，推动少帅群体的不断发展壮大。由网易财经发起成立的中国青年企业家"00派"俱乐部，为新一代企业家打造了价值链传播平台，提供包括新领袖公开课、新鲜小知、青年论坛、闭门会、企业实战案例分析、商务考察、企业互访、研究报告等专业服务。

综合分析，我们认为，面向未来5~10年，我国新生代组织将以更加饱满的热情、激情，以更富创新的勇气自我革新，将更加凸显以下四大发展趋势：

1. 更加注重新生代组织服务内容创新。具有好内容，组织才会有更强大的凝聚力和生命力。好内容需要有用心的团队去经营，缺少经营的组织没有未来，也会逐渐丧失公信力。在这个方面，温州市新生代企业家联谊会青蓝接力"5M"行动模式可借鉴。从2011年成立联谊会以来，搭建一个开展培训、研讨、交流、考察的平台，培养了一批推动企业传承发展、积极履行社会责任、富有竞争活力的新一代优秀企业家。其中倡导、建构充满生机活力的"5M"行动模式功不可没，重点包括师徒团队（Mentorship Team）、微讲坛（Mini-Forum）、同馨思享吧（Minds Sharing Salon）、双月谈（行）活动（Dual-Monthly Activity）、年度乐享会（Annual Enjoyment Meeting）。我们相信，未来将会出现更多类似于"5M"行动模式的服务内容创新。

2. 更加注重新生代组织品牌栏目创新。好栏目、好品牌，使新生代组织更具凝聚力和爆发力。无锡市青年企业家协会下设的慈善、交流、外联、文体四部，已拥有独具特色的品牌活动：慈善部举办的"川西德格多康大慈寺慈善学校酥油捐赠""川西送药送温暖""马盘民工子弟学校联谊""毅行公益""慈善晚会";交流部举办的"走近企业家""青企夜话""每月书籍、课程推荐";外联部举办的"走近高级顾问""早茶会""各地青企行业商会互动";文体部举办的"舌尖上的俱乐部""十公里徒步""协会篮球、羽毛球友谊赛""集体旅游"。这些好栏目,积累出的好品牌,不是短时可以打造的,需要时间积累和用心付出。

3. 更加注重新生代组织跨国连接,连接全球的创二代。全球华人一家亲,在全球各地的创二代数量庞大,连接起来,团结起来,引导其回国创业、回报祖国,意义重大。北京市青年企业家商会自成立以来,大力整合资源,扩大合作,成功举办了一系列务实活动,与广东、吉林、浙江、湖北、陕西等70余家省、市及地方商会组织,以及香港、澳门、台湾及国外等多家青年商会组织结成了战略联盟,覆盖全国 6000 余家知名企业。NGCC (新生代协同中国)面向海外以家族新生代青年企业家为核心群体,为创新发展、社会正能量传递与慈善事业联合出力,搭建了一个对接国际、帮扶创业发展、商务合作与交流、会员成长共建的正面先锋平台。

4. 在商帮发展基础上,构建起数量更多、区域更广、影响力更强的覆盖式新生代组织势不可挡。例如浙商、温商,2016年全国新生代温商工作委员会成立,目前由该委员会在全国成立的新生代温商联合会共有121家。全国新生代"1+31+X"的网络体系已逐步完善,"1"指全国新生代温商工作委员会,"31"指31个省级新生代联合会,"X"指各地市新生代联合会。在大平台里相互促进,共同学习,共同发展。可以预见,未来全国各地的重要商帮也将出现类似于新生代组织的联合会,对地区、全国,甚至全球都将产生重大意义。

(陈小永　管　怀　张盛东)

第九章 ///

学术研究助推家族企业健康发展

　　家族企业是全世界最为常见的组织类型，几乎各行各业都存在家族所有和家族控制的企业，即便是上市的大型公众公司仍然有极高的比例是家族制的。我国的民营企业创立时间不长，具有全球家族企业的共性——一家人如何掌控和经营企业不愿为外人所知，政府和学术界一度认为家族制的企业不具备两权分离的专业性，不像支薪经理控制的现代工业企业那样能够登堂入室，就连企业家自己也担心"家族企业"的帽子会影响企业的声誉。在很长时间内，我国缺乏对这种历史悠久、有很强环境适应力的组织的充分研究，甚至一度认为它是低效率的代名词。中国学者对这种传统而又遍布广泛的组织类型的研究，先后发挥了为其"正名""扬名"和助其健康发展"解放思想"的作用。

一、家族企业研究学术共同体

　　从全球学术界来看，也是直到20世纪80年代开始，人们逐步看到了家族企业在抗风险能力强、经营稳健、兼顾利益相关者、担当更多社会责任等方面的优势。1988年，《家族企业评论》（*Family Business Review*）杂志在美国创刊，成为家族企业学术研究具有合法性与必要性的一个标志，与创业学研究、中小企业经济与管理研究学者一道，凝聚并加速形成了家族企业研究的学术共同体。中国家族企业研究学术共同体形成更为不易。

因为20世纪50年代的公私合营，家族制工商业出现历史断层。在整个20世纪，适合创富家族创新、创业的稳定制度环境唯有改革开放之后的20余年时间。当欧美家族企业研究能够登堂入室之时，因为缺乏足够的家族企业数量，中国未能彰显出家族企业研究的必要性。20世纪末期的家族企业研究更像是创业企业或者中小企业抑或者民营企业的研究。企业处于家族所有并由家族经营的草创阶段，唯有家族内部才愿意提供金融资本、关系资源和人力资本。既然多数只是创业期，那么还谈不上有事业、财富或者精神可以传承，研究中很少去测度家族的跨代传承意愿。小部分从改革开放之初（甚至有的从改革开放前的社队企业就已开始）就创业的农民企业家，虽然已经积累了不少的财富，但全国尚处在刚刚提出建立社会主义市场经济的阶段，财富能否自然而然地由子女传承还心有疑虑。

20世纪90年代末，我国学者对家族所有兼家族经营的两权合一型企业研究具有一定的前瞻性。浙江大学陈凌教授在《经济研究》刊发论文指出：鉴于中国社会低规范程度的信息特征，家族制比市场和科层制可能更有效率，形成有别于西方的家族化、地方化和网络化的市场经济制度特征（陈凌，1998）。中山大学管理学院李新春教授在《中国社会科学季刊（香港）》上发表文章，更是指出，家庭制度推动了市场，为改革作了巨大的贡献。如果缺乏家族企业的研究，将对中国经济特别是企业组织的发展难以准确把握（李新春，1998）。中山大学岭南学院储小平教授在《中国社会科学》上发表的综述性论文梳理了中国坚韧的家文化对国人心理和行为的影响，认为家族观念和家族制度是其他民族所无法比拟的，指出当下家族企业研究是一个具有时代意义的话题（储小平，2000）。20世纪末三位学者在权威学术期刊发表的文章揭示出了企业家族制的经济合理性与文化适应性，也指出了家族制度对企业可能带来的"双刃剑"作用。为此，学术界提倡社会应全面理解家族企业。家族制具有是否"适合"的问题，本身没有"好"与"坏"的价值评价，它是很多企业主所选择的经济组织模式，尤其在当前中国市场经济初步建立的阶段，家族制适应了制度环境（陈凌、王昊，2013）。如果将家族制等同于"落后"的组织，那么很难解释企业主动选择并长时间坚持这种"落后"的方式还获得了巨大的财富这一事实。

以家庭（家族）为基本单位的创业精神和创富行为，是中国经济的内在动力。改革开放以来，家族企业作为非公有制经济的主要组成部分，参与和见证了市场经济在中国的"边缘革命"。中国市场经济大发展并不源于其中心，而是在其边缘、在国家控制最弱的地方。由农户发展而来的家庭式作坊、个体工商户、乡镇企业、私营企业，以及带着资金、技术、管理理念的外资企业构成多元化的市场经济主体，这些一度被贬为落后的、被边缘化的群体，游离在政府机构和中央计划之外，在原有体制下饱受歧视，在默许的政治环境下萌芽、壮大直到将自己带入正式赛道（科斯、王宁，2013）。发轫于"私"的领域，采用不为外人道的家庭作坊，在计划经济掌控最薄弱的地方，因为满足市场的需求，像雨后春笋般展示出勃勃生机。

21世纪初的家族企业研究仍然烙有时代的印记。在国有资产流失、企业的管理体制、公司治理等主题的定性讨论中，往往把家族企业作为负面的组织形态，并将家族企业与关键人大权独揽，集控制权、执行权和监督权于一身，或者操控股东大会，董事会与监事会形同橡皮图章等现象混为一谈（如姚乐，2005），警惕国企改革后走向家族企业（陈文科，2005），民企也要走出家族制，否则内部人控制影响可持续发展（何光辉、杨咸月，2005）。当时学术界就郎咸平提出的"私营经济未必比国有经济好"以及"国有经济未必低效率"等"孰是孰非"进行了更多属于价值观层面上的争论。"郎顾之争"到"郎张之争"把家族企业这种组织类型拉入了讨论。需要重点指出的是，仍然有一些研究如宰守鹏（2005）认为欧美企业产权上家族控股而经营上可以与职业经理人兼容，借助家族权威和亲情纽带，构建有利于传承和百年家族企业的文化，这样的观点至今仍然具有影响力。

创业与家族企业国际研讨会的举办，标志着中国家族企业学术研究共同体的成立。该学术研讨会由浙江大学发起主办至今已经14届，中山大学、浙大城市学院等兄弟院校参与了联合主办。伴随年会的是我国企业界、政府和社会越来越客观认识该组织类型——家族企业不是一种特殊的企业类型，而是观察民营企业成长的一种视角。从上到下逐步达成共识，家族企业健康发展要上升到我国经济可持续发展的高度。这14届年会上，有1500余位来自海内外近百所院校的研究者提交了1900余篇学术论文参加交流。另外，工商管理学科尤其在家族企业研究领域活跃的海外知名学者徐淑英、Bradley L. Kirkman、Sara Rynes、Jess Chua、Mike Hitt、Llyod Steier、Alfredo De Massis、Sabine Klein、Peter Jaskiewicz、Kosmas Smyrnios、Tan Wee-liang，Justin Craig、陆亚东、李海洋、张燕、罗小薇、吕文珍等做了主题演讲和学术成果分享，还有新儒学的领军人物哈佛大学杜维明教授分享了儒家思想与儒商的责任，带动了家族企业的跨学科研究，提升了国际家族企业研究成果的中国本土化以及中国家族企业研究国际化的水平。

二、家族企业研究的主题

家族企业研究首先要回答家族企业如何不同、为何不同。因为家族的涉入，企业战略、行为与绩效发生了什么影响。越来越多的学者达成一个共识，家族企业不可能被简化为同质的群体。将企业划分为家族企业和非家族企业的二分法，暗含着将家族企业作为同质性组织。正视家族企业异质性问题，就要在家族涉入的连续变量基础上，引入调节变量（Moderators）以及中介变量（Mediators），观察如何最终影响了家族企业的创新、国际化、传承、职业化和利益相关者协调等战略行为。

家族企业研究必须要回答家族企业组织的经济贡献。不仅在中国，全球家族企业研究的学术界都绕不开的一项工作就是测量这种早期被忽视的组织在本国经济中的比重。例如，Klein（2000）对德国的研究，Morck和Yeung（2003）对瑞典的研究，Astrachan和Shanker（2003）、Heck和Stafford（2001）对美国的研究，得出共性的结论：无论是企业数量、GDP总量、解决就业、提供税收还是创新投入等方面，家族企业是最大的经济力量。中国民营经济研究会家族企业委员会、全国工商联研究室联合浙江大学、中山大学等学术研究机构组建课题组，借助两年一次的全国私营企业大调查时机，于2011年出版了第一部全国性的、以家族企业为主题的报告——《中国家族企业发展报告2011》，全国性的调研数据摸清了中国家族企业的现状与趋势。如果按照家族控股权的定义标准，抽样数据中85.4%的民营企业是家族企业；如果按照更为严苛的条件，家族所有并由多位家族成员共同经营，那么也有超过一半的民营企业（55.5%）是家族企业。重视家族企业的健康成长，支持家族企业就是支持民营企业。如果考虑到中小规模的民营企业贡献了50%以上的税收、60%以上的GDP、70%以上的创新、80%以上的城镇就业和90%以上的企业数量，那么支持家族企业可持续发展就是保证我国的税收、GDP、创新与就业。既然当前中国家族企业最关注的是传承与转型，那么学术界参与并推动的中国家族企业摸底调查研究，为政府支持民营经济发展提供了指南和重要的政策抓手。之后中国民营经济研究会家族企业委员会联合浙江大学、中山大学、中国社科院等越来越多的研究机构围绕民营企业发展的各个重点展开了专题分析，先后出版了《中国家族企业社会责任报告2013》《中国家族企业传承报告2015》《中国家族企业年轻一代状况报告2017》。尤其从传承报告开始，各研究机构对海峡两岸及香港、澳门的家族企业进行了比较研究和经验分享，拓宽了社会对家族企业认知的视野。浙江大学陈凌、窦军生团队从2012年开始进行家族企业健康指数报告的出版，响应了党中央关注非公有制经济人士健康发展和非公有制经济健康发展的统战工作精神，得到全国工商联研究室的支持。

中国家族企业研究主题离不开制度环境。无论是以法律和规则构建的正式制度，还是以习俗与文化构成的非正式制度，一起组成了微观企业战略决策的制度环境。中国家族企业本土化研究是立足于政府与市场资源配置方式并存的制度转型特征和以差序格局为核心的泛家族主义文化这种特殊情境展开的。我国学者基于转型经济特征的情景化研究，蕴含着能够超越特殊情境为管理学知识做出贡献填补理论空缺的机会。同时，家族制本身是一种企业的情境，对其研究能为现有的经济和管理理论做出贡献。在"家文化"影响下，企业主在家族成员之间，在自家人、自己人和外人之间配置产权，体现了关系原则和能力原则的微妙平衡。即便是情境专属的华人文化研究，虽然很难普适化为西方理论做出贡献，但是关注到了重要的管理现象助益中国管理实践。最近几年的研究表明，家族企业拥有特殊的韧性，在特定制度环境下做出各种适应性安排。具有跨代传承意愿的创富家族，表现出更高的社会责任和长期导向。

中国家族企业研究得益于创富家族与民营企业的资助。2001年，中山大学率先成立了中国家族企业研究中心。香港思源基金会、择善基金会在2004年捐助成立了浙江大学城市学院家族企业研究所。2007年，方太集团在浙江大学捐赠成立了方太家族企业研究基金，资助优秀学术成果，在一定程度上激发了该领域的广大学者特别是年轻学者的研究兴趣。2012年，新加坡陈江和基金会在香港科技大学创立陈江和亚洲家族企业与创业研究中心。2013年，凯风公益基金会赞助中欧工商管理学院成立中欧凯风家族传承研究中心。2014年方太的茅氏家族捐赠成立了浙江大学管理学院企业家学院。2011年以来，李锦记集团先后支持出版了多部中国家族企业研究报告。

三、助力家族企业传承与转型

中国传统家族企业需要现代化转型。一方面，如果只看到家族企业中的裙带关系和家族冲突，忽视这类企业在我国经济中的重要贡献，显然是一种成见。家族企业本身所具有的初创成本低、家族成员可信度高、内部凝聚力强等特点，使它表现出极大的活力。特别是在市场经济体系还不完善的中国，有限信任基础上的合作局限在血缘、亲缘和地缘为纽带的人际关系网络内，人格化交易本身也是一种现实的选择。另一方面，如果只看到家族制的可行性，而忽视了传统家族制的变革，那么无法支持家族企业的成长。随着我国民营企业走过初创期，市场交易规则逐渐被认可和遵从，人们的信任半径不断扩展，非人格化交易极大提升了法制基础上的市场容量，分工的细密性和拓展性促使家族企业突破原有主要依托家族及其亲朋好友的经营模式，在更广阔的要素市场（包括资本市场、职业经理人市场等）上整合资源（陈凌，2018）。传统家族企业需要主动转型为现代家族企业（茅理翔，2008）。完全走出家族制并非民营企业的必然走向，但要在产权结构、人才队伍、组织模式和文化观念等方面进行积极变革（栗战书，2003）。值得一提的是，从封闭走向开放的家族企业成长之路，暗含着宏大叙事的线性思维惯性。企业的复杂性可能超出了学者们理想式的阶段论。迄今为止，家族企业的现代转型理论研究和经验总结非常有限，欧美国家的已有经验不一定适合中国大陆的社会政治环境，也不一定适合中国传统家族文化，而这恰恰是需要国内学者着力研究的领域，值得大家为之共同努力。

家族企业现代化转型首先需要稳定的、适合民营经济发展的制度环境。中国社会自宋代开始就形成了两种生产方式并存的特征，一个是具有活力的民间的小资本主义生产模式，这一模式包含了千千万万以家庭和家族为单位的农业和手工业生产者，他们面向广阔的市场展开激烈竞争；另外一个是围绕国家机器和封建统治阶级（包括皇宫和各地官僚）的贡品生产模式，包括大片皇家土地、庄园、矿产、规模庞大的宫廷工场和国家专卖的盐铁等战略性资源产业。美国汉学家Hill Gates把那些微不足道的小生产者看作是"中国的发动机"，用以解释近千年中国历史生生不息的活力。中国改革开放40年经济的高速增长，重要原因是家族制民营经济能够在国有企业的夹缝中顽强成长，成为重要的经济力量，甚至逼迫着中国国有企业的改革发展，最终形成一种具有中国特色的，国有企业与民营企业双重引擎互相补充、互相竞争又协调发展的强大市场经济微观主体。在法律上，公有制经济和非公有制经济财产权"两个不可侵犯"；在政策上，一方面做大、做强、做优国有企业，另一方面毫不动摇鼓励、支持和引导非公有制经济发展；在执行层面上，还需要进一步开放市场准入门槛，降低民企融资和经营成本，实现民企与国企的权利及机会的平等，将"两个毫不动摇"落到实处。

家族企业现代转型还需要企业与企业家做好准备。第一代企业家利用国企的缝隙以及巨大的市场化改革机会完成财富积累。创业的模式多属柯兹纳套利经济：利用模仿、降低环保要求、规模经济等获取低成本的竞争优势，以区域间和体制间的套利赚取暂时的利润。企业多为短期导向，船小好调头，从矿产到房地产，再到金融、小贷和P2P，他们容易跟风投资。一方面，表现出强大的韧性，度过多次国际性经济危机的冲击，什么赚钱做什么。市场套利的机会稍纵即逝，政府行政许可蕴含的套利机会尚存。之所以认为要正视企业家精神衰退，是因为很多企业家只盯住政府手中的套利机会，与个别权力官员勾肩搭背、设租寻租，形成人格化的市场交易模式。这种套利模式遇到十八大后的强力反腐，企业家的投机机会急剧下降。另一方面，缺乏专注和专业的战略选择。当前国内家族企业普遍通过资本化、多元化、出口导向等层次的转型升级，还没有能够从套利经济转型到熊彼特的创新经济。创新不是简单进入新的行业，从不怎么赚钱的业务脱身找到赚钱的业务。重要的是创新的精神，不断有新思想进行商业运用。有创新精神才能给予企业长期复利。

家族企业现代转型还需要企业家的家做好准备。与现代发达市场经济国家的企业相比，中国历史上的家族企业鲜有能够突破家族范围以外的成功经验（近代晋商票号可能是弥足珍贵的例外），"富不过三代"一直是困扰中国家族企业成长发展的重大难题。中国家族企业普遍还处于从第一代到第二代的传承进程，而国外的经验表明，一般家族企业是在家族内部完成第一次代际传承，而现代转型发生在从第二代到第三代之间的传承。这表明，中国家族企业的现代转型会发生得更早，相应的准备必须适当提前。当前家族企业应该尽早启动家族治理方面的制度建设。为了"家族"和"企业"的长远发展，规范家族内、跨家族以及家族—企业之间的家族成员行为和利益协调的制度安排，这是公司治理的有效补充。家族治理的制度安排可以包括构建家族内部开放型的沟通文化；在所有家族成员中获得一致认可的家族价值观、使命和愿景；建立家族成员共同决策机制，为家族及其财富的延续提供有效的代际传承计划等。在计划生育政策松绑、创富家庭的家庭规模变大的情况下，家族人力资源的准备以及众多家族成员之间的治理显得尤为重要。

在中国民营经济健康发展的植物园，有长成参天大树的家族企业，也有灌木般大小耐寒耐旱耐涝的家族企业，还有花花草草般的家庭式个体工商户，既需要阳光雨露的制度呵护，也需要蚯蚓、蜜蜂等利益共同体人士的陪伴，还需要园丁的辛勤劳动。中国家族企业研究学者从20世纪末开始，为企业的"正名""扬名"发声，为其健康成长出谋划策，培养专业人才与创富家族同行，产学协同共生共荣实现中国梦。

（朱建安　陈　凌）

第十章

关于家族企业的提案

提案是人民政协履行政治协商、民主监督、参政议政职能的重要形式，办理好政协提案是各级党政机关的重要职责。

李锦记集团董事、李锦记健康产品集团主席兼行政总裁李惠森作为全国政协委员，自2008年至2019年，在第十一届、第十二届和第十三届全国政协会议期间，连续11次提交有关家族企业的提案，并多次得到中央统战部和全国工商联的答复函。

2017年9月，李惠森委员《关于对家族企业年轻一代展开调研的提案》被全国政协评为优秀提案。全国政协十二届第一次会议至第五次会议共立提案23950件，其中政协委员个人获奖提案153件。

一、李惠森提交的家族企业政协提案（2008—2019年）

（一）2008年

提案：关于为家族企业传承换代持续发展营造良好环境的建议

十届全国人大五次会议上，温家宝总理在政府工作报告中强调，要鼓励、支持和引导个体私营等非公有制经济发展。依法保护非公有制企业合法权益。加强对非公有制企业的引导和管理，促进企业依法经营。温家宝总理的政府工作报告充分显示了国家对非公有制经济的肯定和支持。

2008年，全国民营企业约530万家，从业人数占全国劳动力的60%，

GDP占全国的52%，税收占全国的40%。这其中家族企业占民营企业的70%。显然，充分关注并为家族企业传承换代持续发展营造良好的环境，是落实国家对非公有制经济肯定、支持方针的重要一环。

所谓"家族企业"是企业资产控股权归属于家族所有，创业者与其以血缘延续的后代家族成员发挥主导作用，并且具有能将所有权合法传于后代的企业组织。由于家族成员间特有的血缘关系使家族企业内部具有强烈的凝聚力，其心理契约成本也较低。家族企业因亲缘信任基础、强烈延续的动机和稳定发展的愿望而具有旺盛的生命力，其业绩的表现平均优于非家族企业。《财富》世界500强中，超过三分之一的公司是家族企业就是有力的数字证明。

但在改革开放后出现的中国的家族企业，相形于现代国有大型企业、外资公司、跨国集团，家族企业的社会形象就成了"任人唯亲，小富即安，家族成员矛盾重重，家长式的、粗放型的管理"的形象。

全球17种语言都有"富不过三代"的谶语，根据国际上的调查数字显示，由第一代顺利过渡到第二代的家族企业只占33%，只有16%左右的家族生意可以由第二代过渡到第三代，能由第三代过渡到第四代的家族企业仅占4%。中国目前的家族企业平均寿命为3年的现实，令不少家族企业主不敢或不愿承认自己的企业是家族企业。这一串数字亦佐证了家族企业要攀越传承换代持续发展关隘之险阻。特别值得关注的是，大量的研究表明，第一代创业家的平均退休周期为24年，从20世纪80年代的个体户经济开始，中国绝大多数家族企业主显然已经进入到这个"24年"关口。有关专家预估，家族企业换代的悲喜剧将在未来5～10年大量上演。

基于家族企业在改革开放30年来为国家创造的GDP和上缴大量的税收，以及解决了大量的劳动力就业问题的事实，证实了其在国民经济中不可替代的地位。继续支持促进家族企业在保持特有的优势的同时，再呈现现代管理的强势，走出一条中国特色的现代家族企业持续发展的道路来，这对国家的经济繁荣、社会和谐将又是一重大贡献。

值得关注的是，现在中国家族企业的第一代创业者已岁近年迈，却捧着家业不知传给谁、如何传，一些家族企业"家不和，业不兴"，在"富不过三代"的谶语中倒下，给社会的和谐安定，经济的稳定发展造成隐忧。

为此，对家族企业传承换代营造良好的环境，以逐步改变社会上对家族企业诟病、指责和简单否定的态度，营造为家族企业正名，以肯定、开放和多样化的视角来理性地审视家族企业的良好环境，推动家族企业走上持续发展的轨道，绝不只是相关家族的家事，而应该把它纳入科学发展大业中占重要一席的大问题，亦是构建和谐社会不可或缺的重要一环。为此，我有如下建议：

第一，由政府的相关机构划拨专项资金，以家族企业持续发展为命题，分配给有关院校作为科研专题，对家族企业进行全面的考察，从理论对家族企业进行全面的剖析和研究，以期：

①树立家族企业的正面形象，改变社会对家族企业的偏见，消除家族企业群体中部分企业主不敢承认家族企业身份的负面心态，帮助家族企业挺胸昂首阔步向前。

②以成功传承换代家业长青的家族企业作为个案研究，供国内家族企业群体分享、借鉴。

③为政府相关机构制定民营经济政策、管理制度提供参考资料。

第二，举办家族企业持续发展、家族企业生命周期等主题的研讨会，由政府搭台，学者、媒体与家族企业主共同参与。透过学者、媒体与企业主，企业主相互之间进行理论与实践的交流讨论，为国内家族企业群体敞开思路，明晰方向，顺利启动传承换代历程以指导和支持。

第三，以"为有助于家族企业的持续发展找到更多创新意念，扶助家族企业成长，促进家族企业成功及持续发展"为宗旨，由有成功经验，有先进性和代表性的家族企业作为发起人，并由全国工商业联合会为组织者，筹组中国家族企业经济研究会。研究会的使命是：倡导家族企业以科学发展观为指导，推动家族企业成功传承换代，把传统的家族企业打造成为优秀的现代的家族企业，为社会和谐与经济发展作出贡献。

研究会可以在以下诸方面给家族企业以指导和帮助：

①举办相关的论坛，透过学术研究、个案分享、媒体宣传，树立家族企业正面形象，为家族企业正名，支持家族企业树立信心。

②探讨家族企业共同关心的问题，寻找符合国情的家族企业发展理念、模式。

③作为家族企业群体与政府相关机构沟通桥梁，向政府传递家族企业的心声，向企业传达政府的政策导向。

④设立专家组，为家族企业"把脉出诊"，提供符合企业实际的科学发展策略。

第四，发挥中华全国青年联合会的作用，组织家族企业第二代的青年企业家就中国家族企业的传承接班及家族企业长青的话题进行分享、研讨、培训，为优秀的家族企业掌门人提供学习、成长的机会。

第五，加强内地与港澳地区家族企业间的交往、联络，走出去请进来，相互分享传承换代持续发展的心得。

（二）2009年

提案：关于进一步关注经济危机下家族企业持续发展的建议

2008年3月，我曾提交了《关于为家族企业传承换代持续发展营造良好环境的建议》的提案，已经由大会秘书处提案组转呈至几个有关部门了，提案组认真负责的态度和高效率的工作作风给了我们信心和鼓励。

277

一年多来李锦记家族的家族企业群体事务部先后参加了六次内地和香港举办的关于家族企业传承换代及持续发展方面的国际论坛和研讨会，走访了一些家族企业，切实地感受到家族企业传承换代和可持续发展的问题在国内外都有相当高的关注度。

新中国成立60年家族企业从诞生至今已有30年，其由小到大、由弱变强的路子是怎样走过来的？今后的发展前景令人关注。

家族企业属于民营企业，但不等同于非家族式民营企业，它们有家族治理和传承的问题，而传承的好坏直接影响家族企业的持续发展，对国民经济的发展亦会造成不小的影响。

家族企业在当今社会仍未得以"正名"，一部分家族企业主不愿意承认自己的企业是家族企业，家族企业主仍被传统、保守、任人唯亲、小富即安、家族成员矛盾重重和家长式、粗放式的管理等色彩笼罩。

当今不管是发达国家还是发展中国家，家族企业在其国家的经济领域中都占有相当重要的地位，世界500强企业超过三分之一的公司是家族企业，其雇佣的劳动力占全国劳动力的60%～70%，家族企业持续发展和传承模式都受到各国学者和家族企业群体的高度关注，很多国家每年都会有家族企业基本状况的调查报告公布于世，以便于给学者和家族企业群体丰富的数据。但据我所知，至今可能是世界上拥有最多家族企业的中国却连一份较全面的家族企业统计资料都很难找到。我们经常听到相距甚大的相关资料，更难于得到为研究家族企业所需的资料。这不能不算一个很重要的缺失，这种状况得不到改善，对国际学术交流和营造家族企业传承换代持续发展的良好环境都是十分不利的，所以认真做好当前家族企业基本情况的调查报告是十分重要的。为此，我提出以下建议：

①在全国工商联的主导下，通过全国各地的工商联机构做一次"当今家族企业基本状况"的调查，全面掌握家族企业发展30年至今的基本情

况，为"家族企业传承换代持续发展营造良好环境"提供确切的数据。

②建议宣传部门在院校专家研究成果的基础上，对家族企业30年来在国民经济发展中的作用，家族企业承担社会责任的作为，家族企业现代化模式的管理，家族企业不断创新打造"中国制造"品牌的成就，做一系列的报导和评论，为家族企业正名作舆论导向。

③对年已30岁的家族企业面临第一、二代交接期，又适逢经济危机困境的家族企业更多地给予关注，由工商联、中小企业管理机构等部门，有针对性地搞一些论坛、研讨会，为家族企业"把脉开方"，增强家族企业战胜困难的信心。

④在工商联等部门的主导和支持下，打造家族企业沟通的平台，透过家族企业群体的沟通、互助、分享和借鉴，增强家族企业的活力，推动代制传承的顺利完成。

在家族企业面对经济危机为生存而战的时候，为何我们要提出上述建议？古人有云"上医治未病"，在家族企业传承的问题让位于家族企业的生存问题的时刻，传承问题变成次位的问题，就如"未病"；如果由此而忽略"未病"，当经济危机渡过以后，再来下方急救已是"下医治已病"之事了。现在提出这些建议是我们感到家族的治理和传承是一个大的工程，绝非一年半载可毕之事，乘现在非主要矛盾之时，相关部门对家族企业的重视（如做基本状况的调查）、倡导（如媒体正名的举措）、行动（如举办高档次的论坛、研讨）正是治"未病"之举，大可振作家族企业主们的信心，如若失去先机，待到病入膏肓时则晚矣，故我们认为用一年的时间做好前期工作是十分必要和可行的。

（三）2010年

提案：关于国家关注家族企业传承与发展的建议

胡锦涛总书记在2010年2月就加快经济发展方式转变重点工作提出的

8点意见，不但对我国改革发展稳定大局具有十分重要的意义，其中有关"注重自主创新，加快提高自主创新能力"和"加快推进经济社会协调发展，加快发展面向民生的公益性社会服务"等观点的阐述，更为我国众多家族企业在传承与发展的道路上指明了方向。

改革开放以来，我国民营经济发展迅速，成为我国经济发展中极为重要的力量。目前，全国民营企业约530万家，从业人数占全国劳动力的60%，GDP占全国的52%，税收占全国的40%。另据统计，未来5～10年我国民营经济将在以下四个方面保持高速增长：一是民营经济将会保持年均10%以上的增长速度，对我国整个国民经济增长贡献率也将保持在60%左右。二是民营经济领域的工业增加值也将保持15%左右的增长速度。三是民营经济每年将吸纳1000万左右的新增从业人员。四是民营经济的出口将保持30%的增长速度。更令人瞩目的是，我国的民族企业中90%是家族企业。

早在十届全国人大五次会议上，温家宝总理就在政府工作报告中强调，要鼓励、支持和引导个体私营等非公有制经济发展，依法保护非公有制企业合法权益。温家宝总理的政府工作报告充分显示了国家对非公有制经济的肯定和支持，同时说明，关注并为家族企业传承换代持续发展营造良好的环境，是落实国家对非公有制经济肯定、支持方针的重要一环。

许多世界知名企业的发展史，就是一部家族企业的发展史。

不管是发达国家还是发展中国家，家族企业在其国家的经济领域中都占有相当重要的地位，世界500强企业超过三分之一的公司是家族企业，其雇佣的劳动力占全国劳动力的60%～70%。所以，关注家族企业就是关注民营经济、也是关注国家整体经济、关注社会的和谐发展与稳定。在国外，家族企业持续发展和传承模式都受到各国政府、学者和家族企业群体的高度关注。据我了解，我国至今可能是世界上拥有最多家族企业的国家，改革开放以来发展迅速，但是也面临传承、持续发展等诸多问题。为此，我提出以下建议：

①国家应大力关注家族企业在传承与发展中存在的问题。

传承问题关系到家族企业的持续经营与发展，也关系到国家整体经济的持续发展，也必然关系到社会和谐与稳定的发展。

国际调查显示，由第一代顺利过渡到第二代的家族企业，只占33%，只有16%左右的家族企业可以由第二代过渡到第三代，能由第三代过渡到第四代的家族企业仅占4%。而中国目前的家族企业平均寿命仅为3年。

经过30多年的发展，我国家族企业的第一代创业者已岁近年迈，却捧着家业不知传给谁、如何传，一些家族企业由于交接班的失败在"富不过三代"的谶语中倒下，给社会的和谐安定，经济的稳定发展造成隐忧。

②国家应鼓励与支持对家族企业传承与发展进行多层次、多元化的研究。

目前，国内的家族企业研究多在大学、研究机构，少有企业参与。因此，建议国家鼓励搭建有政府、大学、研究机构、家族企业共同参与的"官、产、研"三位一体的多层次、多元化平台，树立家族企业的正面形象，改变社会对家族企业的偏见。

成立有企业、大学、研究机构共同参与的机构。

举办相应活动、搭建交流平台：包括研讨会、座谈会、论坛等，为企业提供分享经验、总结教训、相互交流与合作的平台，为研究机构提供发布理论研究成果依据和有效指导企业持续发展的桥梁，也是企业与政府间沟通的纽带，还可为政府相关机构制定民营经济政策、管理制度提供参考资料。

发挥中华全国青年联合会的作用，组织家族企业第二代的青年企业家就中国家族企业的传承接班及家族企业长青的话题进行分享、研讨、培训，为优秀的家族企业掌门人提供学习、成长的机会。

加强内地与港澳台地区乃至国外家族企业间的交往、联络，走出去请进来，相互分享传承换代持续发展的心得。

我已连续两年就家族企业的主题进行提案，并得到了全国政协提案部门及相关部门的积极回应。目前，我所在的香港李锦记集团正与全国工商联合作，筹建"全国工商联中国民营经济研究会家族企业传承与教育委员会"，并积极筹备"家族企业传承与发展论坛"（暂定名），希望借此对我国的家族企业传承与发展有所贡献，为积极构建和谐社会、实现加快经济发展方式转变和国家的繁荣昌盛奉献绵薄之力。

（四）2011年

提案：关于重视培养家族企业接班人的建议

去年"两会"期间，胡锦涛主席在讲话中指出，非公有制经济是社会主义市场经济的重要组成部分，要进一步促进非公有制经济健康发展和非公有制经济人士健康成长。

家族企业是非公有制经济的重要组成部分，家族企业的创业者和接班人是非公有制经济人士队伍的重要成员，家族企业的可持续发展是非公有制经济健康发展的重要方面。

未来5～10年是家族企业传承换代的关键时期，随着这个交接高峰期的来临，越来越多的企业家二代将接过父辈的接力棒，成为家族企业新的掌舵人。他们必然也将会成为推动我国企业转型的重要力量，成为转变经济发展方式的重要参与者和完善市场经济体制的重要推动者。

家族企业的两代人，在生活阅历、思想观念、知识结构、价值取向和市场把握等方面普遍存在较大差异。企业家二代已成为一个崭新的社会群体，与他们的父辈不同，他们大都受过良好教育，还有相当数量的人有在国外学习、工作的经历，但也因此使其人生观、价值观具有多样性和不稳定性。同时，他们对父辈早期艰辛创业、企业的发展历程、本土创业的环境、中国国情状况也都不够熟悉。

如今，许多家族企业和社会机构已经意识到加强企业家二代培养的重要性、紧迫性和艰巨性。社会上各种有关家族企业传承和教育的培训机构大量出现，主要有早期出现的中小民营企业研究机构，他们的服务对象主要是一般的民营企业家；还有其后出现的大学商学院，他们的优势主要是理论教育，偏重培训有学历背景的企业家；以及近年崭露头角的海外培训机构，面对的是受过良好教育的高端企业家。但是，由于缺乏统一的规则和监管，这一培训市场鱼龙混杂，也不乏一些专为所谓"富二代"服务的投机牟利机构。

然而，如何有利于企业家二代的成长，有利于家族企业的传承发展，仅靠培训机构是远远不够的。实践证明，全社会的重视和家族企业的自我教育才可能是解决问题的根本之道。二代企业家的培养教育，并非一个机构一所院校的理论培训能够解决的，更重要的是需要他们自身的学习思考和实践历练，需要企业家之间、父辈和二代之间的沟通和分享。至于他们在人格道德上的修养，更多的则要靠早期的家庭教育和社会风气对其的影响。

我本人是李锦记家族的第四代传人，在创业经营中遍尝个中滋味，深知传承发展之不易，以管窥豹，也使我对整个中国家族企业的兴衰和命运格外关注。我认为应该从中华优秀传统文化精髓"治未病"的角度，未雨绸缪，防患于未然，关注家族企业的顺利传承与持续发展。同时，作为一名全国政协委员，也理应对此承担一份应尽的社会责任。

为此，我在2008年和2009年两次提案，题目分别是《关于为家族企业传承换代持续发展营造良好环境的建议》和《关于进一步关注经济危机下家族企业持续发展的建议》，得了国家相关部门的高度重视，使我深受鼓舞。

在此期间，我的公司专门成立了家族企业群体事务部，并把它作为李锦记家族承担企业社会责任的一种创新。我在与其他家族企业的沟通中了解到，有众多家族企业都有着相同的想法，都面临着共同的问题需要解决。为此，我们多次走访中央统战部和全国工商联等部门，就家族企业的传承与教育问题交换意见。

2009年7月24日，全国工商联在《对政协十一届全国委员会第二次会议第4605号（轻重工业类238号）提案的答复》中对我的提案给予了正面而积极的回应，从而推动了中国首家民间家族企业组织的诞生。2010年5月，在中央统战部和全国工商联支持下，中国民（私）营经济研究会家族企业传承与教育委员会在北京成立，委员会的主要成员由家族企业人士构成。

该委员会成立后，已先后举办了三次大型考察与研讨活动，分别在广东新会李锦记生产基地、福建泉州匹克集团和浙江慈溪方太集团举行，全国有数十家家族企业积极参与，两代企业家敞开心扉，畅所欲言，自我学习，相互促进，分享在家族传承和二代培养方面的心得和体会，形成了极大的认识共鸣，并获得了许多创造性的意见和建议。

我们还和浙江大学、中山大学及全国工商联一起完成了首份《中国家族企业发展调研报告》的撰写工作，计划2011年在北京举行的中国家族企业可持续发展论坛上发表。

以上这些经历，使我体会到，企业家二代的培养工作，离不开社会各方面的支持，那些正规的培训机构，会对家族企业后备人才的培养起到积极作用，但家族企业群体自身成立的组织，通过自己教育自己的尝试和实践，能够让企业家面对面、切中要害地进行代际沟通，发掘出企业家和二代接班人之间内心深处的真实想法，从而形成相对于外部培养更为有效的自我教育和成长的机制。

故此，我建议：

①未雨绸缪"治未病"。目前，占中国经济半壁江山以上的家族企业经过30多年的发展，大多数第一代创业者已步入老年，大部分家族企业面临着如何顺利交班的问题。"上医治未病之病"，建议国家充分关注家族企业接班人的培养和教育问题。

②国家相关主管部门在关于企业家二代培养工作方面，应鼓励和扶持这些家族企业自主成立的组织，对于这种新的企业制度建设形式，进行引导和监督，了解他们的真实情况和真实想法，并根据他们的实际需求，有针对性地帮助他们做好非公有制经济人士中这部分特殊群体的培养工作。

③建议在社会和媒体上用"创二代"取代"富二代"的提法。这一新称谓将表达出家族企业传承作为一种重要社会现象，所应强调的创业和创新的内涵，这就从建设性的角度来审视中国民营企业发展所遇到的现实问题。这也有助于家族企业群体自身将企业传承作为一种具有社会责任感的二次创业来看待。在一定程度上，"创二代"的提法，还有助于人们反思目前出现的利用"富二代"进行炒作，引起"富二代"和"穷二代"对立这种不利于社会和谐的现象。

（五）2012年

提案：关于鼓励建立家族企业可持续发展分享平台的建议

第一，改革开放以来，在国家高度重视和大力扶持下，源于个体、私营等非公有制经济的家族企业得到迅猛发展，在国民经济中发挥着越来越重要的作用。

曾经作为国民经济"补充"的家族企业，在经历了30多年发展历程后，已经遍布各个行业和地区，在整个民营企业中，家族式经营的企业已经占到了90%以上。他们对于经济社会发展的贡献越来越大，在解决就业、活跃市场、刺激投资、增加税收、扩大出口等方面起着不可替代的作用，被誉为"中国市场转型的重要成功要素之一"。

家族企业的发展得益于国家的高度关注和大力扶持。

"十二五"规划建议明确提出，要坚持以公有制为主体、多种所有制经济共同发展的基本经济制度，营造多种所有制经济依法平等适用生产要素、公平参与市场竞争、同等受到法律保护的体制环境。

胡锦涛主席在2010年全国"两会"期间曾经指出，非公有制经济是社会主义市场经济的重要组成部分，要进一步促进非公有制经济健康发展和非公有制经济人士健康成长。家族企业是非公有制经济的重要组成部分，其可持续发展是非公有制经济健康发展的重要方面，而家族企业的创业者和接班人则是非公有制经济人士队伍的重要成员。胡锦涛主席在高度肯定非公有制经济发展历史性贡献的同时，还提出非公有制企业要在加快经济发展方式转变、保障和改善民生、提升自身素质三个方面有更大作为。其中，提升自身素质就是要求家族企业为主体的民营企业要在加强自我认知、自我教育的基础上实现健康有序的发展。

第二，家族企业的传承是一个世界性的课题，也是我国民营经济发展到一定阶段面临的新课题，它既具有其他民营企业所具有的特征和问题，同时更具有其自身的特殊性和问题，这就是如何优化传承换代的环境，如何实现交接班与企业升级转型，如何顺应转变经济发展方式潮流，使我国民营经济在新的起点上持续健康的发展。

据全国工商联和国家工商总局统计，我国民营企业总数已经超过900万户，其中约90%是家族式经营。家族企业的特点是企业资产控股权归属于家族所有，创业者与其以血缘延续的后代家族成员发挥主导作用，并且具有能将所有权合法传于后代的企业组织。与其他类型的企业相比，家族企业具有极为鲜明的特殊性，即"家"的概念。家族企业的传承与发展不仅建立在商业原则的基础上——维系企业生存和发展的不仅是利益关系，更重要的是个人之间的情感和血缘关系。很多家族企业在传承之时面临自身难以解决的矛盾和问题，亟须得到帮助和引导，但是传统的文化观念、目前的社会环境以及家族企业自身原因等因素，决定了他们不太愿意把企业内部的问题公之于众，而是更倾向于在家族企业群体之间进行分享。

有研究表明，第一代创业家的平均退休周期为24年，目前我国家族企业在未来5～10年将走入传承换代的关键时期。从20世纪80年代的个体户经济开始，绝大多数家族企业主显然已经进入甚至超过这个"24年"的关口。许多家族企业的第一代创业者多已过退休年龄，却捧着家业不知传给谁、如何传；一些家族企业"家不和，业不兴"，在"富不过三代"的谶语中倒下，给企业自身的延续、国家经济的发展，乃至整个社会的和谐造成隐忧。

第三，建议国家在传承这个关键时期继续给予支持，鼓励建立家族企业可持续发展分享平台。

近年来，国内外一些学术机构已经开始研究家族企业并纷纷发布研究成果，但多是些个人的不同观点和意见；社会上一些组织则以盈利为目的，推出各种名目的辅导、培训、会议等商业活动，并大打"富二代"牌；一些境外机构也进入到内地来举办有关家族企业的活动，并出版宣传品。这一切，虽满足了部分家族企业渴望求知的参与冲动，但对于整个家族企业群体的健康发展并无正面清晰的导向。

至于多数家族企业，他们开始走进传承的关键时期，面临着出现的各种问题，逐渐意识到自身可持续发展的紧迫性和重要性，产生了开展群体间分享和沟通的极大需求。据我所知，在民营经济发达的珠三角地区和长三角地区，有许多家族企业已经率先开展各种家族企业间的交流和分享，并且通过分享获得了许多有效的创造性意见和建议。他们迫切需要一个分享平台，以利于经常性地相互交流、相互切磋和相互借鉴，分享只有他们之间愿意理解和才会理解的"家事"。

我从2008年开始，连续4年在全国政协大会期间提交了数份建议国家关注家族企业传承与发展的提案，得到了国家相关部门的高度重视，不仅使我深受鼓舞，更使我切身感受到国家对家族企业的关怀。

一年多前，我参与了由全国工商联、大学和部分家族企业合作调研、撰写首份《中国家族企业发展报告》的工作。在工作中接触到的家族企业，都表现出对建立一个家族企业群体分享平台的愿望。该报告不久前一经发布，就获得了中外媒体的广泛报道，可见社会对这个群体的关注程度。

因此，我建议国家有关部门因势利导，在当前实现社会管理创新的过程中，鼓励建立家族企业可持续发展的这类分享平台，从"治未病"的高度，提前关注家族企业的可持续发展，减少家族企业在传承与交接中可能产生的负面问题。

鼓励建立家族企业可持续发展分享平台，不仅可以实现家族企业群体之间沟通和分享的愿望，还可以推动整个家族企业群体加强自律、自我教育和自我提升；通过这种平台，还可以实现政府与家族企业之间的有效沟通，加深政府对家族企业现状的了解，更好地实现对家族企业群体的指导和管理；同时，这种平台还可以屏蔽不良机构对家族企业的影响和渗透。

我认为，尽管家族企业愿意坐在一起讨论自身的问题，但企业的延续又绝不只是家族企业的"家事"，它事关非公有制经济组织的发展和非公有制经济人士的成长，事关全面建设小康社会和构建和谐社会。随着我国家族企业交接班高峰期的来临，越来越多的企业家接过父辈的接力棒，成为家族企业新的领导者，他们将会是完善我国市场经济体制的重要践行者和推动者。

（六）2013年

提案：关于重视家族企业在经济发展中作用的建议

过去30多年中国经济快速发展的历史，亦即民营企业的发展史，同时也是家族企业的发展史。家族企业已成为国民经济不可忽视的重要力量，作为非公有制经济的重要组成部分，家族企业的创业者和接班人是非公有制经济人士队伍的重要成员。

改革开放以来，第一代企业家开拓了家族事业并完成了资本的原始积累，如今他们的子女正长大成人，越来越多的家族企业面临着代际传承问题。家族企业的接力棒如何交接，这不仅是经济领域的话题，同时也是文化和社会问题，如何在传承中将家族企业二代培养成"创二代"，是改革开放30多年中国经济发展中面临的又一重大课题，值得全社会关注。

家族企业的传承不仅是家事，同时也是国事、天下事。家族企业的代际传承，直接关系到企业生命的延续，也在一定程度上关系到中国经济的整体发展。据最新数据显示，登记注册的包括家族企业在内的私人企业已超过1000万家，同比增长12.6%；投资者人数2163.5万人，同比增长11.6%；从业人员8907.9万人，同比增长9.4%，总计超过1.1亿人，吸纳就业能力十分突出，提供了全国近80%的就业岗位。目前，以家族企业为主体的民营经济创造了全国近一半的税收，在GDP中的比重已经超过60%。

按照中共十八大所勾画的蓝图，中国从全面建成小康社会的2020年到全面建成现代化国家的2049年，需要30年的努力奋斗。而在这个时期，正是中国家族企业第二代，乃至第三代为社会创造财富的时期，如果第二代传承不好，将直接影响到这一战略目标的实现。如果传承得好，他们势必会成为推动我国企业转型的重要力量，成为转变经济发展方式的重要参与者和完善市场经济体制的重要推动者。

如今，有越来越多的家族企业通过自身的经历，认识到二代培养的重要性、紧迫性和艰巨性。鉴于家族企业的特殊性，他们已经开始重视与自己的"同类"沟通和分享，分享他们之间才能理解的"家事"，形成相对于外部培训更为有效的自律教育和成长机制。还有越来越多的家族企业正通过成立自己的组织，规范交流形式，提升学习水准，不仅自身获得了积极有效的创见，同时也为社会带来了正能量。

我作为全国政协委员，同时也是李锦记家族的第四代传人，十分关注家族企业群体的发展，并把这种发展与国家未来的经济发展大计联系在一起思考。

为此，我在第十一届全国政协委员任期，先后五次提交了有关家族企业内容的提案，并得到了国家相关部门的回复和重视，使我深受鼓舞。

同时，我的公司还专门成立了家族企业群体事务部，并把它作为李锦记家族承担企业社会责任的一种创新。我在与其他家族企业的沟通中了解到，有众多家族企业都有着相同的想法，都面临着共同的问题需要解决。为此，我们多次走访国家相关部门，就家族企业的传承与教育问题交换意见。

在中央统战部和全国工商联的支持下，我们通过成立家族企业组织，多次举行考察与研讨活动，全国有数十家家族企业积极参与，两代企业家敞开心扉，畅所欲言，自我学习，相互促进，分享在家族传承和二代培养方面的心得和体会，形成了极大的认识共鸣，并获得了许多创造性的意见和建议。

2011年，我们和全国工商联、大学和其他家族企业一起完成和发布了首份《中国家族企业发展报告》，获得了社会广泛反响。2013年，我们还计划发布首份《中国家族企业社会责任报告》。

以上经历，使我体会到，家族企业二代的培养，离不开国家主管部门的重视，离不开社会各方面的支持，那些正规的培训机构，固然对家族企业人才的培养会起到积极作用，但家族企业群体自身成立的组织，通过自己教育自己的尝试和实践，更能够让企业家面对面、切中要害地进行代际沟通，发掘出家族企业两代人之间内心深处的真实想法，从而形成相对于外部培养更为有效的自我教育和成长机制。

因此，我建议：

①建议国家有关部门因势利导，在当前实现社会管理创新的过程中，鼓励建立家族企业可持续发展的分享平台，扶持家族企业群体自主成立的组织。通过这一渠道，实现政府与家族企业之间的有效沟通，了解家族企业群体的真实情况和想法，并进行指导和监督，从"治未病"的高度，提前关注家族企业的可持续发展，减少家族企业在传承与交接中可能产生的负面问题。

②建议国家相关主管部门重视家族企业二代培养问题，有针对性地做好非公有制经济人士中这部分特殊群体的教育和培养工作。同时，建议在媒体上用"创二代"取代"富二代"的提法，虽然只是一字之差，却表达出家族企业传承作为一种重要社会现象所应强调的创业和创新的内涵。提醒社会从建设性角度审视家族企业发展所遇到的现实问题，同时也有助于家族企业群体将传承作为一种具有社会责任感的二次创业来对待。

（七）2014年

提案：关于重视和鼓励家族企业承担社会责任的建议

社会责任是一种富有文化理念的企业道德理想，同时也是企业获得社会承认的有效途径。当企业以种种形式回报社会的时候，并不能简单视之为一种单方面的给予，而是自身获得立身之本的必要付出。如今，越来越多的企业开始认识到，积极履行社会责任，既是对于社会理应的付出，也是自身发展的需要。

在我国，以家族企业为主体的民营企业在为国家创造巨大社会财富和大量劳动就业，拉动整体经济增长，为维护社会稳定打下坚实基础的同时，也在承担社会责任方面做出了突出贡献。它们贡献了全国60%的GDP，税收比重超过50%，提供了80%的城镇就业岗位，在基础设施方面投入达60%，完成了75%以上的技术创新。2012年6月，在民政部中民信息中心发布的《2011年度中国慈善捐助报告》中，民营企业捐款达到281.2亿元，占当年各类企业总捐助485.75亿元的57.9%。

然而，这个庞大的家族企业群体却难以承载社会对于它们和国有企业等量齐观的期待。家族企业的社会责任活动由于影响面小，未能获得社会及媒体应有的关注和鼓励。例如，中国社科院2012年11月发布的《中国企业社会责任报告（2012）》认为，中国企业社会责任发展指数平均仅为23.1分，整体指数较低，多数企业处于旁观阶段。其中，民营企业仅得15.2分，远低于国有企业的40.9分。

作为中国家族企业大家庭成员之一的李锦记，我们在承担企业社会责任方面有一定的体会。我们发现在了解了民营企业的具体营商环境后，这一结论值得进一步探讨。中共十八大报告明确指出：要"保证各种所有制经济依法平等使用生产要素"，在市场经济环境下，不同所有制企业本应在同一法律、制度和政策环境下公平竞争、共同发展。但在现实中，使用国有资源和全民财富经营的国企和仍处于"保生存、谋发展"中的民企，尤其是家族企业在融资和经营环境中存在着诸多不平等现象，而它们在履行社会责任时却往往被要求站在同一起跑线上。

一些背靠制度资源的垄断型国企，旱涝保收地赚取超额利润。它们在盈利尚无普惠全民，甚至产生巨额亏损时，却享受着企业社会责任大奖的殊荣。而众多苦于日益增加的成本压力，寻求贷款无门，却又在自掏腰包做慈善的家族企业，却往往被挤到了社会责任排行榜的末席。

与此同时，我们也看到确有部分家族企业对于社会责任存在着认识上的缺失。例如，它们仅关注履责中的自身核心利益，欠缺行动的广泛社会性；忽视长远规划和机制建设，倾向于应急和短期行为；多由企业所有者个人偏好主导；形式以传统慈善如赈灾，捐赠希望小学为主；缺乏对具体项目社会效益的评估等。

还有些家族企业认为，承担社会责任只会单方面增加自身成本，而且主要应是国企的事情。这种认识与中国尚未形成成熟的公民社会，以及整体企业社会责任的发展水平偏低有关，同时也局限于家族企业的自身发展水平，说明它们在社会责任方面还有很长的路要走。

现代中国家族企业发展时间短、力量弱小、成长艰辛，在其成长环境中，法制不健全，市场发育不完善，信用缺失，这一切都影响着家族企业的发展，也因此使得社会责任应成为中国家族企业亟须补充的一课。这不仅关系到家族企业在中国的形象问题，更关系到家族企业能否长远发展下去。

现实告诉我们，家族企业在初创期间，经济实力薄弱，它们会首先关注自身、创造利润，较少主动承担非强制性的社会责任。进入成长期后，企业开始注重品牌培育和市场信誉，对股东和员工、消费者、社区和环境负起责任，在履行法定义务的同时，还能主动开展更多社会公益和环保活动。到了成熟期，家族企业的经济利益与社会责任开始相互促进。为谋求可持续发展，家族企业会更多地投入非强制性的社会责任，通过不断累计企业自身的道德资本，为消费者和社会树立标杆，提高正面形象和影响力，这将会对社会产生不可估量的影响。

2011年，在中央统战部和全国工商联的指导下，我倡议并和其他家族企业与大学研究人员合作，推出了首份《中国家族企业发展报告》，在社会上产生很大影响。2013年，我们又联合海峡两岸及香港、澳门的学者，共同推出了首份包括港、澳、台在内的全国《中国家族企业社会责任报告》。在推动这项工作的实践中，我切身感受到做好企业社会责任不仅仅是企业的义务，还需要配以完善的制度环境和法制环境。企业的社会责任不可能无限扩张，不能也不应把本属于政府的责任全部转移给企业。

因此，我建议：

①国家应鼓励建立家族企业可持续发展分享平台，通过这类民间组织，开展自我教育，认识承担社会责任对企业的重要意义。政府还可通过这一平台，了解家族企业的现状和要求，更好地实现对家族企业群体的指导和管理。

②国家应重视家族企业的社会责任建设，由于这个群体在产业领域、规模大小、治理方式等方面存在差别，较难用统一的社会责任标准规范其社会责任行动。相关部门应在尊重其内在差异性原则下，为社会责任的内容、管理和绩效评价等方面设定标准，鼓励它们拥有选择承担社会责任形式的自主权，以及符合企业自身经营特点和发展阶段的要求，开展履行社会责任创新。

③国家应发挥引导和协调作用，客观公正地采取共同但有区别的责任原则，在社会上树立典型，表彰先进，推广成功的企业社会责任模式，激发家族企业履行社会责任的积极性和主动性，促进社会责任在家族企业群体中的推广。

④国家应要求主流媒体像对待国企一样对家族企业履行社会责任给予同样的宣传报道，传播不管大企业还是小企业都应做好事，好人有好报的理念。单个家族企业由于社会影响面小，社会责任行动不易像国企那样获得关注，以及产生社会影响和实现经济绩效回报，因此，应更多地给予激励和扶持。

（八）2015年

提案：关于改进和创新家族企业新生代培养方式的建议

家族企业作为世界上最普遍存在的企业形式，无论是在发达国家还是发展中国家都有着举足轻重的地位。从20世纪70年代末，我国的家族企业开始成长，随着国家对民营经济在国民经济中地位的认可，占据民营经济绝大比例的家族企业得到了长足发展。据数据显示，截至2014年全国已有1200万民营企业和4400万个体户，国民生产总值的贡献率超过60%，提供了80%以上的城镇就业岗位和90%以上的新增就业岗位，由此可看出，家族企业已经成为我国经济发展的重要力量。

近年来，随着第一代家族企业创业者年龄的日益增长，家族企业代际传承问题逐渐浮出水面，如何使大批继承父辈财富的"富二代"树立正确的人生规划，避免走上"挥霍浪费、坐吃山空"的歧途，成为"承前启后、创业创新"的新生代企业家，使家族企业实现可持续发展，已成为政府、企业和社会各界普遍关注的问题。

目前，从中央到地方，从政府部门到社会组织，围绕家族企业新生代培养开展的活动数量繁多、类型多样，但同时我也发现一些现象值得关注：

第一，针对新生代企业家群体的培养方式难以满足实际需求。由于家族企业代际传承问题日益突出，为更好地推动非公有制经济健康发展和非公有制经济人士健康成长，国家相关部门围绕家族企业针对新生代企业家的培养开展了许多工作。但面对年龄段集中在"80、90后"，具有文化水平高、市场观念强、开放意识强、创新精神强等鲜明时代特点和独特优势的新生代企业家，单纯地用开会学习、传达文件的方式已不能满足对新生代培养与群体自身提高的需求。官员、学者在上面讲，企业家坐在下面听，这样的沟通方式显然过于固化，企业家的心声和反响往往被忽视，政府部门也较难了解企业家群体的真实现状，对培养和教育新生代企业家的效果收效甚微。

第二，凝聚新生代企业家群体的组织尚未充分发挥应有作用。随着社会各界对家族企业群体关注度不断提高，各地涌现出数量众多的新生代企业家组织。它们举办的活动多停留在联谊、社交、商机拓展等层面，缺少对企业文化、企业家精神、企业社会责任的宣导与弘扬，不利于社会对家族企业及新生代企业家群体的客观评价。同时，此类组织对新生代群体状况的宏观了解和分析相对欠缺，难以为政府部门提供政策依据，未能发挥社团组织被赋予的助手及桥梁作用。

第三，围绕新生代企业家群体的专业机构缺少指导与监管。正规学术机构介入家族企业研究领域较早，但大多停留在理论层面，案例也多来源于海外企业，面对国内家族企业大量、紧迫的传承需求，还缺少足够多、可供借鉴的案例，以及相对成熟、适用的方式方法，滞后于实际发展需求；虽然律师事务所、会计师事务所、私人银行等专业机构表现活跃，却缺乏对家族企业整体的深入了解，仅以急功近利的发展和维系客户为目的，难以提供有利家族企业成长全面系统的需求；部分商业培训机构和少数媒体，更抓住中国家族企业缺少接班人培养经验和病急乱投医的心理，打着传承、接班的旗号，甚至冒用知名企业、机构及人士的名义，出于商业目的，夸大宣传、牟取暴利，带来了恶劣的社会影响。

为此，我提出以下建议：

①创新工作模式，开展符合新生代需求和特点的活动。突破原有的单向的填鸭式、灌输式培养方式，针对新生代群体学历高、起点高、思想活跃，以及相对应的实践经验少、承受压力大、社会责任感较弱等特点，多开展互动式、体验型的活动。同时借助家族企业的社团组织，开展跨地域、跨代际、跨行业的分享交流，听取老一辈企业家的经验，说出新生代企业家的心声，在学习过程中加深家族企业两代人的相互理解，减少分

歧，增强对家族、企业以及社会的责任感，实现"富二代"向"创二代"的成功转变。

②创新组织平台，政府部门应支持和协助设立有资质的、规范的家族企业社团组织。该组织应接受政府相关部门指导，以家族企业人士为主体，同时整合学术机构、专业机构、媒体等资源，开展多角度、多层次的活动，关注家族企业面临的普遍问题和新生代企业家的需求，研究中外成功家族企业的经验，提供借鉴与方法，全方位助推企业健康发展，新生代企业家健康成长。该组织还应全面了解家族企业及新生代企业家群体的生存环境和发展趋势，为政府部门提供政策依据，成为政府和新生代企业家之间的沟通桥梁。

③规范相关机构行为，营造家族企业及新生代企业家健康成长的良好社会环境。政府主管部门应对商业机构加强监管，规范和限制那些名实不符的所谓培训活动，扶持和推介正规家族企业社团组织，引导新生代企业家参与切实有益的交流活动。家族企业的传承期也是企业发展的机遇期，政府部门在秩序维护及路径引导中需发挥应有的作用，指引家族企业新生代的培养工作进入自发自觉、有正规社团组织推动的规范化和系统化的发展阶段，促进非公有制经济人士的健康成长和家族企业的可持续发展。

（九）2016年

提案：关于对家族企业年轻一代展开调研的建议

中国民营企业经过30多年的快速发展，占其大多数的家族企业第一代创业者已届退休年龄，开始进入代际传承阶段。据2015年发布的《中国家族企业传承报告》数据显示，表示愿意接班的年轻一代仅占调查样本的40%，有15%明确表示不愿接班，另有45%对于接班态度尚不明朗。在当前全面深化改革、经济增速放缓、企业结构转型新常态下，企业的延续已不仅是家族企业的"家事"，它不仅事关非公有制经济的健康发展和非公

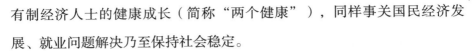

有制经济人士的健康成长（简称"两个健康"），同样事关国民经济发展、就业问题解决乃至保持社会稳定。

习近平总书记2015年在中央统战工作会议上指出，要引导非公有制经济人士特别是年轻一代致富思源、富而思进，做到爱国、敬业、创新、守法、贡献，明确凸显了国家重视和加强家族企业年轻一代培养的重要性。年轻一代不仅是家族企业的接班人，还是企业经营管理的核心要素，对企业的发展具有决定性作用，甚至对推动国家的产业结构优化升级和快速转变经济发展方式都会起到重要作用。然而，要做好对他们的引导工作，首先就要了解这年轻一代。

家族企业中的年轻一代，与他们的父辈成长路径明显不同，企业所在领域差异很大，思想状况也大相径庭。以"80、90后"为主体的年轻一代，主要包括自主创业的青年才俊和准备接班及已经接班的二代，由于后者在数量和影响力方面的重要性，应该是我们了解和调研的主要方面。家族企业年轻一代和他们的父辈相比，今天面临着更为复杂的内外部发展环境。两代人之间，在是否专注传统产业还是进军新兴行业、善用人脉资源还是遵守政策法律、依赖商业直觉还是注重市场研判、凭借个人权威还是重视制度管理等方面，由于生活阅历、思想观念、知识结构、价值取向、市场把握能力等方面的不同，极易出现相左的看法进而产生矛盾甚至冲突。即使在年轻一代的群体中，也存在着出国留学归来的"洋二代"和留在国内和父辈一起打拼的"土二代"之间的差异。

有统计显示，我国私营企业平均生存期仅3～5年，而上述差异往往是部分家族企业难以为继甚至破产倒闭的主要原因。要实现企业的平稳交接和可持续发展，打造百年老店，就需要注重对年轻一代的培养。我本人在2014年的政协提案中，曾总结近年通过接触和调研了解到年轻一代企业家的特点，包括"充满朝气、受教育水平高、知识更新快、善于利用前沿技术"等，但同时也注意到，他们在传承过程中也存在一些迫切需要解决的困惑和问题。

家族企业的传承，其核心应该是财富和物质的传承，还是文化和精神的传承？当今的年轻一代因为成长环境优越，片面强调财富传承，只会助长拜金、享乐的倾向，不仅无法树立自身良好的社会形象，甚至会给整个年轻一代企业家群体带来负面影响。年轻一代往往缺少父辈吃苦耐劳、创新进取的企业家精神，同时在思想意识方面，偏重企业快速发展和成就个人价值，在艰苦创业、诚信经营等方面还有待提高，因此，在不断提高他们的科学管理水平和自主创新能力的同时，还需要不断引导和加强企业家精神教育，把扶危济困、产业报国作为企业长久的社会责任。

当前，家族企业年轻一代作为一个新的社会群体，国家主管部门已意识到对他们培养的重要性、紧迫性和艰巨性。社会上对家族企业的关注也在不断升温，一些从事家族企业研究和家族企业成员组成的组织先后出现，尤其是大量有关家族企业的培训机构纷纷成立，这类商业培训机构大都对家族企业缺乏了解，无法有针对性地专业指导，往往只重视工具性的培训，无助于年轻一代成为具有全球战略眼光、市场开拓精神、管理创新能力和社会责任感的优秀企业家。

除商业培训机构外，国家相关部门围绕家族企业年轻一代也开展了许多工作，但由于方式方法传统，加之缺乏相关数据，较难了解这个群体的真实状况，在引导工作中无法满足对方实际需求，收效有限。

鉴于上述情况，为更好地贯彻落实关于"两个健康"的目标，引导和培养好家族企业年轻一代，我建议：

①通过中央统战部和全国工商联系统，展开一次全国性的调研，全面了解和掌握家族企业年轻一代的整体特性。组织专家团队，分析研究这个群体的自身特点、价值取向、成长规律以及在传承等方面遇到的各种问

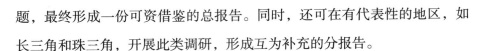

题，最终形成一份可资借鉴的总报告。同时，还可在有代表性的地区，如长三角和珠三角，开展此类调研，形成互为补充的分报告。

②鼓励和支持家族企业研究机构，利用对家族企业年轻一代调研结果，分类量身定制培养内容，根据不同地区、不同行业、不同层次、不同需求，有目的、有步骤地为年轻一代提供可供选择的培训、学习、分享、交流计划。

③在提供培养内容的同时，注重收集和反馈家族企业年轻一代的意见和需求。整合双向资源，对成功传承的家族企业进行剖析，提炼整理出具有中华文化特征的典型案例。

④支持家族企业年轻一代组建健康、自律的学习分享平台。有针对性地开展符合年轻一代企业家需求和特点的活动，创新教育和培养方式。比如，开展一代与二代的互动交流，提倡企业家以老带新、新老共进的传承培训；建设年轻一代培训基地，可选取有传承经验的家族企业进行实地教学，开设"学、做、教"式的工作坊培训，提供正面引导和专业建议；发现和培养从"富二代"向"创二代"成功转换的典型人物，为年轻一代健康成长树立标杆，进而为企业发展争取更多的职工认同、社会理解和舆论支持。

（十）2017年

提案：关于深化家族企业年轻一代培养工作的建议

习近平总书记曾指出"青年最富有朝气，最富有梦想，是未来的领导者和建设者"，在2015年中央统战工作会议上更有针对性地提出，要引导非公有制经济人士特别是年轻一代致富思源、富而思进，做到爱国、敬业、创新、守法、贡献。

作为非公有制经济重要组成部分的家族企业，其年轻一代正是中国家族企业的未来，他们作为我国经济发展中的新生力量，不仅肩负着新常态下企业转型升级、新老交替的重任，更有不少人成为乐于创业、勇于创新的主角。

面对家族企业代际更替，年轻一代不仅面对的是财富的传承，更需要对企业文化和企业家精神的承接。因此，对年轻一代的培养是一项系统而复杂的工程，造就一支高素质的企业家队伍，需要政府、企业、社会共同努力，深入研究其特点和成长规律，引导他们走出一条既能推动企业健康发展，又能更好地实现自身价值的新路，对促进非公有制经济人士健康成长和非公有制经济健康发展有着重要意义。

改革开放以来，中央统战部和全国工商联高度重视家族企业发展，为更好地贯彻落实习近平总书记的讲话精神，多次针对家族企业及其年轻一代开展调研，召开研讨会并形成专题报告。2016年，全国工商联针对家族企业年轻一代开展了广泛深入的调研，作为有着128年历史的李锦记家族第五代也接受了家族企业专业组织——中国民营经济研究会家族企业委员会的专题采访，就家族企业年轻一代如何理解家族事业和看待家族文化，以及对未来发展前景的期待进行了深入沟通，使我感受到民营经济主管部门对家族企业年轻一代群体的高度关注和重视，以及区别以往在调研工作中的务实和创新。

随着社会各界对家族企业及其年轻一代的关注，我也注意到围绕着对年轻一代的调研和培养存在着一些需要改进和提高的方面。

第一，要做好对家族企业年轻一代的教育和引导工作，首先要了解他们。目前还缺乏对这个群体全面、客观、深入的了解，尤其是作为一个整体所面临的问题。

例如，近年来，随着一代创业者逐渐退休，家族企业交接班问题迫在眉睫，虽然政府、学术界和越来越多的金融、法律、培训机构等开始给予关注，对这一群体展开形式多样的调研，但同时也出现调研覆盖面有限、代表性不强，调研对象参与率低等情况，依旧无法准确把握他们的"脉搏"，较难了解到他们的所想所需，也因此缺少具有代表性、可供借鉴的典型人物。

第二，由于政府相关部门重视对家族企业年轻一代的引导和教育，在这一背景下，各地陆续成立了一批年轻一代组织，而一些组织存在着专业性不强、规范性欠缺等问题。

一些青年企业家组织在成立之初活动频繁，表现活跃。但因为这些组织中的核心成员均担负着企业经营发展的重任，参与社会活动的持续力不足，对家族企业传承问题解读及重视程度有限，加之部分组织管理不够规范，后继乏力，渐渐名存实亡。甚至还有少数组织，靠举办奢侈活动张扬，逐步演变为所谓的"富人俱乐部"，这些组织从建立伊始到名存实亡，不仅造成较大的资源浪费，同时也令真正有交流及解惑需求的年轻一代在寻找平台的时候遇到困惑与苦恼。

第三，随着家族企业交接班问题引起社会的广泛关注，围绕传承开展的各项培训和课程越来越多样化，应打造更多有正能量的家族企业案例。

我们看到，很多家族企业花费大量金钱到国外家族企业去取"传承经"，却往往忽略国内现有的已完成交接班的成功案例。在对年轻一代的培养过程中，前辈们将工作中积累的经验，以及家族文化和核心价值观传给下一代，同样具有举足轻重的作用。有着相近经历的家族传承案例，同样会使年轻一代得到大量信息，帮助他们重新思考和调整各自的思维与目标。通过这种互动，会使家族成员对家族企业产生更深的认识，激发他们的使命感。

综上所述，为积极有效地引导帮助家族企业年轻一代健康成长，更好地发挥他们作为国家未来建设者、创造者的作用，我建议：

①鼓励和支持对家族企业年轻一代的调研工作。目前对年轻一代开

展调研工作的机构多为民间组织，由于缺乏资源和权威性，只能完成局部和地区性的调研工作；学术机构虽有研究和分析能力，但缺乏成规模的调研对象和相关数据。如国家主管部门能和这些民间组织及学术机构开展合作，提供支持和进行指导，集合各方优势，则能进行全面、权威的大规模调研工作，完成具有全局性和能够定性定量的调研结果，得到有关家族企业年轻一代整体性的大数据，从而有利于相关政策的制定和实施。

②扶持和规范专业的家族企业年轻一代沟通平台。国家主管部门应关注社会上不断出现的各式年轻一代组织，进行信息收集和整理，并对这些组织进行思想影响和工作指导，定期开展培训，从政策等方面给予鼓励和支持，使他们成为政府联系家族企业的沟通桥梁。例如，中国民营经济研究会家族企业委员会，该委员会联合海峡两岸及香港、澳门的大学和多家研究机构，自2011年已连续推出了三本中国家族企业系列报告，不仅对家族企业历史、现状多方面进行了展示和分析，更收集了大量最新数据和推出众多成果。他们还通过组织家族企业交流和分享活动，以及运用微信群和公众号等互联网手段，对家族企业年轻一代不断产生正面和广泛的影响。政府主管部门可借助这类组织，对年轻一代开展培训和扩大影响，有针对性地改进和创新培养方式，如设计符合年轻一代特点的各种活动，开设生动活泼的"学、做、教"工作坊，组织参访优秀企业，通过考察、座谈、体验、讲课等形式分享交流，帮助他们学习符合国情、可实践、可操作的传承经验，具备良好的企业家精神与社会责任感。

③树立有代表性家族企业年轻一代的示范典型。发现和培养在企业经营、传承发展、创业创新、承担社会责任等方面崭露头角的年轻一代代表性人物，用他们从"富二代"向"创二代"成功转型的事例，为其他年轻一代树立标杆，引导他们自我学习、自我教育、自我提升，从而以点带面，为中国家族企业年轻一代健康成长打造生生不息的优质生态圈。同时

利用媒体等手段，营造有利于年轻一代健康成长的社会氛围，并随时了解和帮助他们解决所遇到的困难和问题。

（十一）2018年

提案：关于为家族企业年轻一代传承创业营造良好环境的建议

近年来，国家对包括家族企业在内的非公有制经济人士，尤其是对年轻一代培养的高度重视。从中央到地方，各级政府为年轻一代的健康成长做了大量工作。中央统战部、全国工商联等相关部门多次对民营企业年轻一代展开调研，鼓励和引导他们坚定理想信念，继承老一辈企业家精神，增强发展信心，促进非公制经济的健康发展。

作为家族企业成员，我始终关注着家族企业年轻一代的培养和成长问题，不仅多次提交了相关内容的提案，还参与了中国民营经济研究会家族企业委员会编著的《中国家族企业年轻一代状况报告》相关工作，使我对更多家族企业年轻一代有了更新的认识。家族企业年轻一代努力学习、积极进取，不仅创造了出色的经营绩效，同样显现出令人欣喜的创新意识和社会责任感。

十九大报告指出，要激发和保护企业家精神，鼓励更多社会主体投身创新创业。更多的人意识到，创新是引领经济发展的重要动力，而广大民营企业正在成为推动科技创新和转型升级的重要力量，其中年轻一代发挥着独特作用。我结合报告内容和调研实践，发现围绕年轻一代在传承创业方面仍存在诸多困惑和问题，亟待重视和解决。

第一，在政府"大众创业，万众创新"号召下，伴随着工商登记制度的改革，年轻一代的创业创新热情明显高涨，他们在为社会创造财富、提供就业、缴纳税收的同时，也随时面临着失败风险。数据表明，我国小微企业的生存期平均不到3年，此外，社会上对年轻一代传承创业的认识还流于片面，仍然存在着所有制歧视和偏见。

第二，近年围绕着家族企业年轻一代，由银行、律师、会计师组建的专业机构纷纷成立，各种培训机构设置的课程五花八门。尽管这些组织和机构主办的初衷都是为了帮助家族企业年轻一代的成长，但其多以盈利性为主，各自为政，往往起不到正确引领的作用，并可能会造成诸多社会资源的浪费。

第三，除传统的思想教育外，年轻一代还需要加强在社会责任和商业伦理方面的引导与培养。家族企业两代人因成长环境、生活阅历、知识结构、价值观念的差异，年轻一代欠缺对国情、政策的了解，同老一辈之间存在代沟，不利于他们在传承和创业过程中形成正确的价值观。

为此，我建议：

①鼓励年轻一代传承和创业热情。要营造一个接好老一辈班，勇于创新创业的社会氛围。针对年轻一代的不同需求，有计划地开设类似"学、做、教"工作坊，促使他们在具体的工作实践中，逐渐实现报效祖国与实现个人理想和谐统一。同时运用媒体宣传，表彰在各个领域做出优异成绩的年轻一代。重视领导型人才的培养，推动实现国家人才发展规划。

②打造传承创业的良好生态体系。鼓励和提倡像中国民营经济研究会家族企业委员会这类的组织，切实为非公有制经济健康发展和非公有制经济人士健康成长努力工作。将政府支持创办的、年轻一代自发成立的社会组织，以及各种专业机构和培训机构在形成共同目标的基础上，合作促进，有效协同，整合和发挥各方独特资源，建立起良性生态体系，进而取得引领年轻一代为富国强民而奋斗的更大社会效益。

③强化年轻一代的社会责任与商业伦理。培养家族企业年轻一代树立"我们大于我"的正确价值观，帮助他们在传承创业过程中站在全局高度，自觉实践义利兼顾、以义为先的理念，共同为社会创造价值，承担起应有的社会责任。同时，支持学术和培训机构开展家族企业研究，收集整

理年轻一代案例，提供量身打造的培养计划、创业知识和技能培训，进一步巩固我国经济发展的微观基础和促进新兴业态的发展，为新时代产业转型升级和高质量发展提供驱动力。

（十二）2019年

提案：关于激发新时代家族企业年轻一代企业家活力的建议

经过改革开放40余年的飞速发展，我国已经进入追求高质量发展的新时代，占民营经济主体的家族企业在我国经济发展中发挥着重要作用，成为稳定增长、促进创新、增加就业、改善民生的重要力量。年轻一代企业家作为家族企业的接班人，对企业的稳定和长远发展具有决定性作用，是产业结构优化升级、经营模式调整转变的重要实施者和推动者，更是社会经济发展的生力军。扶持和造就一批具备广阔视野与踏实肯干的家族企业年轻一代，培养和激发他们创新创业的活力与动力，不仅是企业的"一家之事"，也是值得全社会高度重视、认真规划的"大事"和"要事"。

近年来，国家对包括家族企业在内的非公有制经济人士，尤其是对年轻一代的培养高度重视，从中央到地方，各级政府为年轻一代的健康成长做了大量工作。但是，全面分析目前家族企业年轻一代企业家的成长现状，还存在一些亟待解决和改善的问题。

第一，由于各地区不同部门对于根据宏观经济政策出台的具体措施和实施细则落地有先有后，并在贯彻上存在着差异性，造成部分年轻一代企业家对政策的理解不够清晰，再加上有些企业自身目前正面临交接班和转型升级的困惑与困难，导致年轻一代对企业发展前景产生疑虑动摇，缺乏对接班和创业的热情与信心。

第二，年轻一代企业家成长的外部环境有待优化，教育引导触角延伸有限，覆盖面不够宽；培训工作参与部门多，但主体模糊，分工与定位不够明晰，资源整合程度不高；教育形式偏传统、较陈旧，不能很好地吸引年轻一代企业家主动参与；政府在政策扶持、创新支撑、融资服务、环境营造等方面还有待进一步完善。目前的情况是，虽多方参与，却各自为政，起不到有效引领的作用，而且可能会造成诸多社会资源的浪费。

第三，要进一步加强对年轻一代的企业家精神引导与培养，提倡实干精神和工匠精神。受社会环境影响，年轻一代企业家中"搭便车"的功利意识有所抬头，投资意愿偏重脱实向虚，普遍对实体经济兴趣不大，重点关注的是通过轻资产配置，挣大钱、挣快钱，缺少对企业长期稳定发展的计划和安排。

为此，我建议：

①强化政策支持，保护和鼓励年轻一代企业家接班和创业的激情。对在转型升级中又恰逢交接班的家族企业给予更多关注，一方面由管理机构搭台，有针对性地开展诸如论坛、研讨会、报告会等活动，为家族企业"把脉开方"，提升年轻一代战胜困难的信心；另一方面，针对年轻一代的不同需求，有计划地开设类似"学、做、教"工作坊，发挥示范和榜样作用。同时，注重领导型人才的培养，推动实现国家人才发展规划，助力家族企业特别是中小型企业的转型升级。

②建立长效机制，打造创新创业的良好生态体系。通过整合资源，将包括政府支持创办的和年轻一代自发成立的社会组织，以及各种专业机构、培训机构等，在形成共同目标的基础上，合作促进，有效协同，发挥各自所长，建立良性生态体系。同时，支持学术机构开展家族企业研究，收集整理年轻一代案例，提供量身打造的培养计划，营造一个接好老一辈企业家的班，勇于创新创业的社会氛围，进而引领年轻一代企业家树立为富国强民而奋斗的信心与决心，创造更大的社会效益。

③加强引导年轻一代继承发扬企业家精神，提高投身实体经济的激情和热情。通过老一辈艰苦创业的经历鼓励人，以年轻一代创新发展的优秀

事迹表彰人，加强家族企业年轻一代社会责任和商业伦理的培养引导，帮助他们从"我们大于我"出发，站在全局高度，自觉实践义利兼顾、以义为先理念，树立实业兴邦的信念和决心。同时，对在实体经济的发展建设中表现突出的年轻一代予以表彰，鼓励他们以饱满的创业热情和充沛的创新活力为社会创造价值，在实现伟大"中国梦"的历史进程中承担起更多的社会责任，发挥出更大的力量和作用。

（李惠森）

二、中央统战部和全国工商联的答复函

（一）对政协十一届全国委员会第二次会议第4605号（轻重工业类238号）提案的答复

李惠森委员：

您提出的关于进一步关注经济危机下家族企业持续发展的提案，现答复如下：

纵观当代世界经济发展历史，家族企业的产生既是必然现象，也是普遍现象。

从国内看，改革开放以来，在国家的政策指引下，我国非公有制经济快速发展，对经济社会发展的贡献越来越大，已经成为经济的重要组成部分。家族企业源于个体、私营等非公有制经济，它是在中国经济体制发生重大变革的背景下产生的。在非公有制经济领域，家族企业遍布各个行业和地区，其血缘关系所产生的强大凝聚力，决策的果断，经营的灵活，是一般国有企业无法比拟的，它们往往抓住一两次稍纵即逝的机会，就能在很短的时间内迅速成长壮大。据不完全统计，目前在我国私营企业中，家族式经营的企业至少占到了90%以上。

从国际看，据美国《商业周刊》调查显示，在标准普尔500指数的成分股公司当中，有177家属于家族企业。如果按10年平均值计算，美国家族企业的股票投资回报率为15.6%，而非家族企业的股票授资回报率则只有11.2%；在资产回报率、年度收入增幅两项重要指标当中，家族企业分别达到了5.4%和23.4%，非家族企业则为4.1%和10.8%。因此，无论从历史经验还是企业发展的现状来看，不少家族企业往往比非家族企业的生命力更旺盛。

随着全球经济一体化的日益深化，生产要素在全球范围内自由流动和优化配置进一步加剧，家族企业的管理构架与现代企业治理结构规范化、家族企业产权主体一元化与现代企业产权多元化发展的矛盾逐步开始显现，一些家族企业在资产规模不断壮大、经营范围不断拓展的过程中，逐渐暴露出了这些弊端，致使社会上对家族企业产生了一些偏颇认识，"传统、保守、任人唯亲、小富即安"似乎成为了家族企业的代名词。您在此刻呼吁社会广泛关注家族企业持续发展，可以说恰逢其时，意义重要。中国当代的家族企业正处在一个新的发展阶段，面临着新老交替、企业交接等一系列挑战，如何进行管理创新，如何融合现代企业制度的优势优化治理结构，如何实现家族企业转型等问题，的确需要有关方面组织力量认真研究和探讨。

全国工商联一直以来都十分关注家族企业的发展，从1993年开始每两年做一次全国范围的私营企业抽样调查，在近两次的调查问卷内容中已经初步涉及了家族企业，并在调查报告中也有所反映。您提出的对家族企业状况做基本调查以及召开家族企业发展的论坛、研讨会等建议，是一件很有意义的事，我们将予以积极关注和适当支持。

感谢您对中国家族企业和民营经济发展的关心和支持。

全国工商联办公厅

2009年7月24日

（二）对政协十一届全国委员会第四次会议第1267号（统战综合类041号）提案的答复

李惠森委员：

您提出的关于重视培养家族企业接班人的提案收悉。感谢您对非公有制经济健康发展和非公有制经济人士健康成长的关心和支持，现就您所提建议答复如下：

家族企业作为非公有制经济的一个重要部分，交接班问题不仅关系企业自身兴衰和非公有制经济健康发展，更关系到非公有制经济代表人士队伍的可持续发展。《国家中长期人才发展规划纲要（2010—2020）》对加强民营企业的培养培训提出了明确任务和具体要求。根据中央人才协调小组的统一部署，我部牵头研究加强非公有制经济组织人才队伍建设的问题，拟就包括加强家族企业管理人才和技术人才在内非公有制经济组织人才工作提出政策意见，促进非公有制经济可持续发展。同时，我部也将研究制定《加强非公有制经济代表人士队伍建设的意见》，对这项工作提出要求。相信这两个文件的出台将对非公有制经济组织人才和代表人士的培养取得有效的促进作用。

希望能继续得到您的宝贵意见和建议。

中央统战部

2011年6月30日

（三）对政协十一届全国委员会第五次会议第1985号（轻重工业111号）提案的答复

李惠森委员：

您在全国政协十一届五次会议提案第1985号中建议，"国家有关部门因势利导，在当前实现社会管理创新的过程中，鼓励建立家族企业可持续发展分享平台，从'治未病'的高度，提前关注家族企业的可持续发展，减少家族企业在传承与交接中可能产生的负面问题"。我们认为，该建议符合当前国家对社会管理创新的总体要求，顺应家族企业代际传承的现实需要。

1. 家族企业是经济社会发展的重要方面

家族企业是国内外广泛存在的一种企业组织形式。随着改革开放的不断深入，家族企业已经成为我国社会主义市场经济的重要方面。据国家工商总局和全国工商联统计，我国私营企业总数已经超过900万户，其中约90%属于家族式经营。家族企业的发展经历了由少到多，从传统行业到信息、生物等高新技术领域，从零星、分散的家族小作坊到跨行业、跨地域甚至跨国的大型企业集团的快速发展过程，呈现出规模由小到大、作用由弱变强、发展由慢变快的发展趋势，在我国经济增长、吸纳就业、增加居民收入、增加税收、刺激投资、扩大出口、结构调整等方面发挥了重要作用，在促进全面小康社会建设、构建和谐社会等方面作出了积极贡献。

2. 当前家族企业正处于代际传承的关键时期

改革开放30多年来，许多家族企业已经完成了资本的原始积累，在未来的5～10年内，越来越多的家族企业将面临着成长的挑战，进入代际传承的关键时期。家族企业的代际传承是一个复杂的过程，它涉及所有权和经营权的交接、企业家精神的传承、企业"人脉"的传承、企业文化的传承等等。家族企业代际传承能否顺利进行，不仅关系家族企业家业长青、实现百年老店的梦想，更对我国经济能否实现可持续发展产生重要影响。

3. 建立分享交流平台有利于家族企业可持续发展

家族企业的研究还是一个方兴未艾的领域，目前已经有很多的研究机构和社会群体关注家族企业，如何抓住家族企业代际传承关键期这一时机，推动形成一个加强指导、沟通信息、分享经验、提供服务的平台，对促进

家族企业的可持续发展具有重要意义，也符合社会管理创新的总体要求。

全国工商联作为党和政府联系非公有制经济人士的桥梁纽带，政府管理和服务非公有制经济的助手，在促进非公有制经济健康发展和非公有制经济人士健康成长中具有不可替代的重要作用。中央统战部和全国工商联一直非常关注家族企业的发展问题，并以中国民（私）营经济研究会为平台，参与家族企业的相关研究，完成了第一本《中国家族企业发展报告》，对家族企业的发展状况、存在的问题进行了初步的研究与探讨。

今后，中央统战部、全国工商联将指导中国民（私）营经济研究会为家族企业搭建交流、分享、服务平台，为家族企业顺利实现代际传承创造有利条件。同时，我们将积极整合社会各方研究力量，继续推动家族企业的专题研究，更好地指导家族企业的发展实践，不断提高企业家的自身素质和能力，为家族企业实现可持续发展营造良好、宽松的舆论环境。

全国工商联办公厅

2012年6月21日

（四） 对政协十二届全国委员会第一次会议第1435号（社会管理类106号）提案答复的函

李惠森委员：

您提出的关于重视家族企业在经济发展中作用的提案收悉。感谢您对我国非公有制经济健康发展和非公有制经济人士健康成长的关心和支持，现答复如下：

1. 关于家族企业传承发展问题

家族企业是非公有制经济的重要组成部分。长期以来，中央统战部和全国工商联高度重视包括家族企业在内的广大非公有制企业的发展，多次就相关问题开展调研，召开专题研讨会，共同形成了有关专题报告。家族企业的传承与发展是一个世界性课题，也是我国非公有制经济发展到一定阶段后面临的新课题。据中国社科院的一项调查数据显示，目前，我国85.4%的民营企业是家族企业，在未来5～10年内，全国有大约四分之三的家族企业将面临传承问题。

家族企业能否顺利传承与交接，既关系到我国非公有制经济的健康发展，又关系到中国特色社会主义现代化建设和中华民族伟大复兴"中国梦"的实现。实现家族企业的可持续发展，一方面，需要党和国家深入了解企业发展中遇到的困难和问题，不断优化企业发展的政策环境，营造有利于家族企业传承与交接的社会氛围；另一方面，也需要家族企业自身加快技术创新、调整产业结构，把家族企业治理模式转型为现代企业制度。

我们将继续整合社会各方面研究力量，深入了解和关注家族企业在传承发展过程中遇到的新情况、新问题，加强对家族企业在内的非公有制企业的引导和支持，帮助他们改善治理模式、加快转型升级，为非公有制企业健康发展创造有利条件。全国工商联将把中国民（私）营经济研究会作为家族企业研究的载体，为实现家族企业可持续发展提供服务和指导。

2. 关于家族企业二代培养问题

家族企业的创业者和接班人是非公有制经济人士队伍的重要成员。近年来，面对非公有制企业普遍开始转型升级和代际更替的新情况，中央统战部高度重视，并会同全国工商联多次开展相关问题调研。一些地方通过成立青年企业家协会、"新生代"企业家联谊会等组织，举办形式多样的学习培训、专题论坛、聚会活动，在非公有制企业接班人教育培养方面进行了有益的探索。一些社会力量也积极参与"创二代"的教育培养，比如，方太集团创始人茅理翔创办了家业长青接班人学院，成为中国第一所专门培养家族企业接班人的学校，通过近年来的发展，社会反响较好。

企业的传承，不仅是简单的财富和资产的传承，更是企业核心价值观及其社会责任的承接。因此，"新生代"的培养是一项系统而复杂的工程，造就一支高素质的"新生代"企业家队伍，需要国家和企业本身共同努力。我们将支持有关方面深入研究"新生代"企业家的特点和成长规律，继续加强与他们的联系和交流，鼓励社会力量参与教育培训，积极搭建实践锻炼平台，把综合素质好的"新生代"企业家纳入非公有制经济代表人士后备队伍。从企业自身来说，也应重视企业二代的磨炼和积累，在实践中提高现代企业管理能力，逐步培育企业家精神。

随着我国改革开放的不断深入和非公有制经济的逐步发展，必然会遇到一些新情况、新问题，需要我们各级统战部门和工商联解放思想、深入研究、扎实工作，也需要政府部门和社会各界人士的共同参与。我们也希望继续能得到您的宝贵意见和建议。

再次感谢您对我国非公有制经济发展和非公有制经济人士成长的关心和支持。

中央统战部

2013年6月24日

（五）全国工商联关于政协十二届全国委员会第五次会议第4077号提案答复的函

李惠森委员：

您提出的《关于深化家族企业年轻一代培养工作的提案》收悉，现答复如下：

企业家是经济活动的重要主体，企业家队伍是我国人才队伍建设的重要组成部分。近年来，改革开放初期发展起来的民营企业相继进入新老交接时期，大批大学毕业生、留学归国人员、企业年轻管理技术人员及务工人员等自主创业。正如您在建议中所述，年轻一代是中国家族企业的未来，是经济发展中的新生力量。在全面深化改革持续推进、企业转型升级加速的新形势下，加强对家族企业年轻一代的教育培养，是服务家族企业接续发展的现实需要，是激发非公有制经济活力和创造力，促进经济社会持续健康发展的必然要求。

工商联系统高度重视年轻一代的培养工作。有的地方工商联成立了年轻一代商会、促进会等组织，加大年轻一代教育培养力度，加强对他们的引导服务。去年，中央统战部、全国工商联开展了年轻一代非公有制经济人士思想状况专题调研。今年5月，为深入贯彻落实习近平总书记关于"要注重对年轻一代非公有制经济人士的教育培养"的重要指示，中央统战部、全工商联举办全国年轻一代民营企业家理想信念报告会，中共中央政治局常委、全国政协主席俞正声出席会议并讲话。他指出，要把年轻一代民营企业家教育培养工作摆在重要位置，为他们干事创业搭建更大舞台，努力培养一支有信念、有梦想、有本领、有贡献的年轻一代民营企业家队伍。报告会上，6位年轻一代民营企业家作了发言，在企业家中引发热烈反响。

下一步，我们将继续认真贯彻落实习近平总书记重要指示精神和俞正声主席讲话精神，加强对年轻一代非公有制经济人士的教育培养。

一是加强思想政治引领，深化国情党情教育。把年轻一代企业家纳入人才培训总体规划，加大党校、社会主义学院、行政学院等机构对年轻一代的教育力度。探索建设一批改革开放教育、现代科技教育和革命传统教育基地，打造民营企业家实践教育平台。积极引导他们继承发扬老一代民营企业家爱党爱国、艰苦奋斗的优良品质，引导他们履职尽责，致富思源、富而思进，奉献社会。

二是加强对年轻一代组织的支持指导。收集整理相关组织的信息，加强沟通、建立联系，及时了解这部分企业家群体的动态。针对年轻一代的实际需求，探索建立形式多样、有吸引力的教育培训模式。同时，积极组织年轻一代参与社会公益、扶贫开发、经贸活动、产业发展、模式创新等各项活动，使他们在活动中受教育。

三是持续做好年轻一代调研工作。整合各类社会资源，与民间组织、学术机构合作，开展规模性和专项性调研，建立年轻一代资料库。保持与年轻一代的紧密联系，关注他们的思想动态，了解他们的实际需求，帮助解决思想上的困惑和发展中的困难。

四是加强对代表人士的培养管理，发挥先进典型的示范引领作用。建立全国年轻一代非公有制经济代表人士人物库，加强跟踪联系和重点培养，对特别优秀的代表人士做适当政治安排。加大正面宣传力度，开展年轻一代企业家典型专访，大力宣传他们传承发展、创新创业的先进事迹和对经济社会发展的贡献，激励更多年轻一代坚定理想信念、弘扬企业家精神。

感谢您对年轻一代教育培养工作的关心支持！

中华全国工商业联合会

2017年8月28日

从家族企业走向家族事业

一

2018年11月底，在浙江台州举行的中国民营经济发展论坛期间，笔者和一些家族企业朋友进行了深度交流，感触良多。

有人对未来前景不可捉摸，有人对营商环境仍有微词，有一种感慨更令笔者深思。一些企业家扪心自问：这么多年来做企业究竟是为了什么？这种带有哲学意味的思索，多出自草根出身的第一代企业家，改革开放40年来大浪淘沙中的佼佼者。

和其他企业家所不同的是，他们大都经历过家族企业从无到有，从小到大的发展全过程，遍尝了创业的酸甜苦辣，饱受了切肤的跌宕人生。他们在搏击商海的每一阶段，演绎着各自不同的传奇故事，在倾力把持着不可偏行的航道时，却不经意间留下了自己独一无二的社会印记。

初创期的家族企业因实力薄弱，首先关注的只是自身发展，攫取利润，野蛮生长，较少地主动承担非强制性的社会责任。俟发展到成长期，也就是到了企业扩展和正规化期，他们开始注重品牌培育和市场信誉，对所有利益相关方负起责任，在履行法定义务的同时，主动开展更多社会公益和环保活动。达至成熟期后，此时的家族企业经济利益与社会责任开始相互促进，为谋求可持续发展，开始更多的投入非强制性的社会责任，不

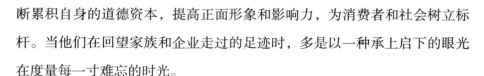

断累积自身的道德资本，提高正面形象和影响力，为消费者和社会树立标杆。当他们在回望家族和企业走过的足迹时，多是以一种承上启下的眼光在度量每一寸难忘的时光。

如今，相当多的家族企业开始同时进入思考期，这些对国内外市场风雨高度敏感的企业家，在2018年冬季最严寒的日子里放缓了脚步，却同时脑洞大开。面对不确定的外部世界，无论是小概率的"黑天鹅"还是大概率的"灰犀牛"，以及内部亟待转型的企业和对接班模棱两可的儿女，他们该如何从当初仅为生存和温饱打拼的家族企业，到今天摸索和思考该怎样走向"家族事业"呢？

二

家族企业和家族事业仅一字之差，其内涵和外延却有着不同的深度和广度。简单地说，如果家族企业还只是停留在物质层面的话，那么家族事业则已上升到了精神层面。家族企业与家族事业既有区别又有联系，二者同样是商业组织，但家族事业至少还包含以下两大维度：

一是长度，即持续性。在已经完成或正在完成代际传承的家族企业中，这种传承不仅包括物质财富还包括精神财富，诸如社会责任、企业文化、价值观等。这些超越商业价值之外的要素，不仅在家族内部代代相传并发扬光大，而且可以在整个企业中进行传递和实施，在实施过程中，不是建立在个别应急或短期项目上，而是应抽象成为正式的家族哲学和行为规则，并使企业员工对此有清晰的了解和统一的执行力。譬如，方太茅理翔家族在一代和二代之间的"创业式传承"过程中，提炼出"口袋理论""人品、企品、产品三品合一""为了亿万家庭的幸福"等理念。方太还通过创办研习儒学的"家业长青接班人学院"，以及捐资浙江大学建立企业家学院，为培养更多优秀的家族企业年轻一代，对社会做出了长期的承诺。

二是深度，即专业性。除了制定商业计划，家族事业还会根据企业的自身发展需要，制定长远规划，加强机制建设，设立专职人员和部门，或聘请第三方专业机构，用以支持其经营理想和社会价值。譬如，李锦记家族就专门成立了家族委员会，他们制定家族宪法，建立家族议会、家族办公室和家族基金以及家族学习与发展中心，这些机构由家族成员分工负责打理。李锦记还在公司成立了家族企业群体事务部门，作为履行企业社会责任的创新。这些探索和努力，正得以引领一个百年传统家族走上现代家族治理与传承的道路。

古人云："所营谓之事，事成谓之业。"家族企业所营，多具三大特征：一是产权明晰，正所谓有恒产者有恒心；二是要传承，故多作长期取向；三是爱惜羽毛，格外珍惜家族荣誉。笔者曾在东京丰田中心看到丰田章男总裁的一段话："正如你们所知，我是丰田创始人的孙子，所有车辆上都印有我的姓氏——丰田。我会比其他人更希望丰田汽车是安全可靠的。"

有学者研究表明，那些在社会责任方面做得好的企业，也往往拥有更长的生命周期，而家族企业所追求的也正是健康传承的可持续发展。家族企业不能没有商业价值，否则无法生存，但在追求商业价值的同时创造社会价值，则是企业家精神的焕发和企业内涵的升华，这也是家族企业发展到一定阶段所需承担的历史责任。事实证明，只有家族企业走向家族事业，才有可能成全百年老店甚至千年老店的追求。

家族事业所涉及的理论和实践，与中华传统文化中蕴藏的道德伦理"义利观"息息相关。家族企业自古就有以财富回报乡土的传统，不乏"富且仁"，真诚回馈社会之士，善行公益、扶危济困一直是中华商道的崇尚之风，经久未绝。

安德鲁·卡内基曾说："那些从经济繁荣中获益最多的人，有义务用他们的财富和才华使这个世界变得更美好。"中国内地家族企业因历经数度社会动荡，还没有机会孕育出像西方罗斯柴尔德、摩根家族等那样的百年典范，缺少多代成功传承及具备家族事业特征的范例，但这并不妨碍人们用更长的历史尺度来观察和期待中国的家族企业。

三

改革开放40多年，以家族企业为主体的民营经济"给点阳光就灿烂"，如同雨后春笋般迅猛生长，它们多从产业链最低端舍命打拼，含辛茹苦，锲而不舍，建基立业，在自身赢得财富和荣耀的同时，也为整个社会做出了不可或缺的巨大贡献。

2018年10月，笔者收到全国工商联原副主席、中国民营经济研究会会长庄聪生寄赠的大作《中国民营经济40年》，书名的副题是一连串数字：从零到"五六七八九"。

在此前后，这一连串数字曾出现在2018年3月"两会"期间全国政协副主席、全国工商联主席高云龙的讲话中；曾出现在2018年8月刘鹤副总理主持的国务院促进中小企业发展工作领导小组的会议中；曾出现在2018年9月国家发改委新闻发言人的发布会中；还曾出现在2018年11月习近平总书记在民营企业座谈会上的讲话中。

尽管这一连串数字近年曾多次在各种民营经济的会议上被提及，但如此密集地出现在国家层面高规格的场合中，并被领导人亲口讲出却属首次。

最新数据显示，截至2018年8月底，全国拥有个体工商户6962.5万户、私营企业3000.2万户，占全部市场主体的95%以上。把民营经济对国家的贡献概括起来，就得出了"五六七八九"这一连串易记易懂的数字：即贡献了50%以上的税收、60%以上的GDP、70%以上的技术创新成果、80%以上的城镇劳动就业和90%以上的企业数量。

在过去的40多年，正是因这一连串数字，从根本上改变了中国的经济结构和社会面貌。如今的民营经济，作为天然市场经济主体，继续在填补市场空缺、解决农村和城市剩余劳动力就业、推动政府职能转变、拓展国际市场和启蒙市场经济观念等方面发挥着不可替代的作用。

有研究机构预测，今后这一连串数字还会继续发生变化：在未来的10年，民营经济对GDP的贡献将提升至75%，并可能长期保持这一比例；对外投资将超过国企，并向70%乃至更大比重发展。未来的20年，民营企业在中国企业500强中会占据多数，其中相当部分还会跻身世界500强——2018年已有28家。中国的民营经济将因此影响和改变世界的面貌。

四

家族企业涵盖了商业企业的全部特征，无论在发达的市场经济国家还是处于制度变革的发展中国家，都呈现出历久不衰的优势和魅力。在当今全球主要经济体中，有三分之二的企业依然是家族企业，即使是大型上市公司和跨国企业，也有相当大的比例由家族控制，他们贡献着全世界大部分的就业和GDP。许多中国旅游者在海外购买的奢侈品和名牌，就多出自这些家族企业之手。

笔者数年前在美国底特律的亨利·福特博物馆参观时——这家庄园式的博物馆，无论从规模还是藏品都可堪称为国家博物馆。看到过董事长小威廉·克莱·福特的一段话："好的企业与伟大的企业之间是有差别的，一家好的企业可以提供优秀的产品和服务，一家伟大的企业也可以提供优秀的产品和服务，但它还要努力地让这个世界变得更美好。"

年轻的中国家族企业与西方家族企业的发展阶段不同，但他们中的大多数在向"好的企业"方向发展，他们中尽管少有像比尔·盖茨和巴菲特家族那样为了人类健康和全球环保而捐其所有，也鲜见成立类似洛克菲勒和古根海姆家族那样的慈善基金会。但他们在用自己的方式，在做"好的企业"应该做的事情。

2018年12月，全国工商联在北京发布《中国民营企业社会责任报告》。报告分别从履行经济责任、法律责任、环保责任、公益慈善事业和助力脱贫攻坚五个方面总结了民营企业履行社会责任的基本状况。

报告显示，民营企业一直是中国公益慈善捐赠的主力军，占比超过50%，最高时达到64.6%，超过国企和外企的总和。在助力脱贫攻坚方面更为耀眼，截至2018年6月底，全国共有5.54万家民营企业参与"万企帮万村"，精准帮扶到756万名贫困人口，产业投入597亿多元，公益捐赠115亿多元，安置就业近55万人，为全球的减贫和进步事业贡献出中国方案。

而就在5年前，也就是2013年，还有权威研究机构在对外发布的报告中称，民营企业在履行社会责任方面只是个"旁观者"。对此，中国民营经济研究会家族企业委员会通过全国性私营企业调研问卷，在获得有效大范围样本数据基础上进行分析研究，真实客观地对家族企业承担社会责任做出全面的描述，推出了《中国家族企业社会责任报告》，受到社会各界的关注与肯定。

尽管创造利润和增加财富是家族企业作为经济组织承担社会责任的本源，然而随着社会发展和进步，企业的决策与经营，包括对投资者自身和员工、消费者、供应商、社区乃至自然环境产生的影响越来越被社会大众所关注。家族企业在全球范围内被期待承担更多的社会责任，不仅包括经济和法律责任，而且被期待遵守社会道德和公共利益。

《易经》中说，举而措之天下之民，谓之事业。简言之，就是做了自己喜欢的事情，却又帮助了他人。在词典中"事业"一词有多种含义，主要概括有四种：其中就有两种是："指人们所从事的，具有一定目标、规模和系统的对社会发展有影响的经常活动"和"有时事业也可以是一个家庭幸福的意义"。因此，家族企业在走向家族事业的过程中，既在对社会产生积极影响，也会使家庭幸福，而这也正是家族企业世世代代所追求的应有之意。

五

在追求家族事业的进程中，家族企业多伴随着与之并行的代际传承和转型升级，而后者的成功，也为实现前者这一目标奠定了实践和理论基础。研究发现，大凡成功的家族企业，多是老一辈企业家首先认识到可能遭遇的风险并准备预案和提出对策，主导传承和转型，而最为理想的做法，则是两代人一起相互认同，平等磋商，通过各自的优势，汇集和采取各种方式，共同准备未来，把风险降到最低，使企业保持正轨。

尽管代际传承和转型升级已成为家族企业的头等大事，然二者相比，在部分老一辈企业家看来，代际传承并不显得那么急迫，说起来都知其重要性，行动上却缺乏必要的制度和法律准备。当企业经营得顺风顺水时，很少顾及交接班安排，而一旦企业面临下行压力自己又力不从心时，会感叹未能提前物色和培养接班人，使心中的百年老店之梦可望而不可即。

其实，多被老一辈企业家摆在第一位的转型升级，并非可以一蹴而就，它受制于科技水平、产业配套、消费市场、经济周期、政府政策等外界变化，更与企业领导人自身的素养与眼界有关。

至于代际传承，自主权却可以掌握在自己的手里，无论是未雨绸缪，或是亡羊补牢，始终是家族企业绕不过去的一道坎儿。当前，鉴于家族企业的数量和能量，以及转型期的集中化，代际传承已不再是企业一家一户的问题，这一社会现象的进退，甚至在一定程度上会影响到整个民营经济的发展。

因此，在强调传承是引领创新思维和转型机遇的同时，还应鼓励家族企业将传承作为一种具有社会责任的二次创业看待，从而提醒整个社会，需从建设性角度看待家族企业发展所遇到的这一重大现实问题。

据中国民营经济研究会家族企业委员会2015年发布的《中国家族企业传承报告》数据显示，相比于老一辈较高的交班意愿，年轻一代的接班意愿却不高。明确表示愿意接班的仅占样本的40%，有15%明确表示不愿意接班，另有45%对于接班态度尚不明确或要自行创业。由此可见，家族企业在传承过程中面临着并非两相情愿的窘境。

老一辈在企业的权威多建立在法律意义上的创始者，更在于其丰富的经验、广泛的人脉乃至独特的个人魅力。家族企业的传承是一个复杂的系统体系，不仅包括企业股权、管理权、现金、不动产等财富的传承，还包括价值观、家风、家规、老一辈的管理经验和社会关系等精神财富的传承。

长期以来，在家族企业从事的传统行业中，管理模式多是早期的家族式管理。相当多的企业缺乏自主品牌、核心技术和市场竞争力，在严酷的市场变化和高科技日新月异的今天，面临着严峻的生存困境。

因此，家族企业利用好年轻一代传承接班这一契机，向现代企业管理制度转型，提升科技含量和产品附加值，是实现可持续发展的重要机遇期。而那些得以顺利传承的家族企业，其实也正在顺利的转型过程中，并在向家族事业迈出了更大的步伐。

就在多数年轻一代循着接班和创业的常规路径奋斗时，还有一部分人在按照自己的兴趣和理想选择生活与事业。他们比老一辈接受过更现代系统的教育，拥有更多彩的经历和更开阔的眼界，以及更多元的价值观和更丰富的生活乐趣。他们可能会像欧美一些古老家族企业的后代那样，仅仅持有股权，而把精力放在从事自己所学习和喜爱的领域中，例如艺术教育、公益慈善、社会活动等，以自己的所长为社会做出贡献。

其实，这也正是由于老一辈创造的财富，才使他们有机会去实现自身追求，这对于两代人乃至整个社会而言，都应是十分值得欣慰的现象，同时也体现出财富的价值所在。

然而，家族企业年轻一代又属于社会上的特殊群体，正如哈佛大学公开课《公平的起点是什么》所说："即使是努力本身，很大程度上也依赖于幸运的家庭环境。"因此，他们的一举一动总会招致不同的目光，当然，也不排除有人是戴着有色眼镜。人们在赞扬和羡慕接班有成的青年才俊时，也会对含着银匙的炫富者嗤之以鼻。

六

同样是在2018年年底的那次中国民营经济发展论坛上，重庆市原市长、中国国际经济交流中心副理事长黄奇帆在发言中讲到他在浙江诸暨农村见到的情形：一座仅有600多人的村子竟有600多家家族企业，每家一座四层小楼，最底层是生产车间，其他几层分别住着家人和雇工，外来务工人数是本地人的两倍。农民已不用进城打工了，而是自己在家里做起了老板，孩子们用手机收发订单，全世界都有他们的客户。

笔者当时心想，一个村如此，那么一个乡呢？就会有几千家家族企业吧，那么一个省、一个国家呢？而且毛利率高达两位数以上。

在中国历史上，除官办企业外，社会上与之并存着一种来自民间且颇具活力的生产力，这就是遍布城镇乡村千千万万个以家庭为单位的手工业者和农业从业者。70多年前，费孝通曾在《乡土中国》中，对其所提"差序格局"这一概念所隐含的经济文明进行过亲身验证，而近些年来，研究这一现象的美国学者葛希之则把这些看似微不足道却规模庞大的小生产者干脆称为"中国的发动机"。近千年中国经济社会的历史车轮，不管是蓬勃前行，还是滞后放缓，支撑其前进的始终是这一"发动机"生生不息的动能。

改革开放以来，在创造中国经济奇迹的过程中，家族企业又一次延续和显示出强大的生产力。"没有花香，没有树高，我是一棵无人知道的小草"，无论是挣扎在政策歧视的夹缝中，还是拼搏在残酷的市场竞争中，潮起潮落，不眠不息，生生死死，有死有生，在市场经济舞台上，终成一股具有中国特色的生命活力和健康力量，而其内涵正是家族企业旺盛的内生动力和不竭的企业家精神。

随着国家一系列理论上的突破和政策调整，家族企业浴火重生，快速发展并开始向着家族事业的方向行进。作为我国经济制度的内在要素和民营经济中的"关键多数"，家族企业正在借助外部环境的改善，更好地与社会资源相融合，为企业发展争取员工认同、社会理解和舆论支持，不断克服自身的局限性，更新和重塑外在形象与精神品格，名副其实地成为中国这个世界第二大经济体背后的"隐形发动机"。

中国民营经济研究会家族企业委员会秘书长　赵　兹